VICTOR PARKER

UNTERSUCHUNGEN ZUM LELANTISCHEN KRIEG UND VERWANDTEN PROBLEMEN DER FRÜHGRIECHISCHEN GESCHICHTE

FRANZ STEINER VERLAG STUTTGART
1997

Die Deutsche Bibliothek - CIP-Einheitsaufnahme

[Historia / Einzelschriften]

Historia : Zeitschrift für alte Geschichte. Einzelschriften. –
Stuttgart : Steiner
    Früher Schriftenreihe
    Reihe Einzelschriften zu: Historia
NE: Historia-Einzelschriften
H. 109. Parker, Victor: Untersuchungen zum Lelantischen Krieg
    und verwandten Problemen der frühgriechischen Geschichte.
    - 1997

Parker, Victor:

Untersuchungen zum Lelantischen Krieg und verwandten
Problemen der frühgriechischen Geschichte / Victor Parker. –
Stuttgart : Steiner, 1997
    (Historia ; H. 109)
    Zugl.: Heidelberg, Univ., Diss., 1992
    ISBN 3-515-06970-4

ISO 9706

VICTOR PARKER

UNTERSUCHUNGEN ZUM LELANTISCHEN KRIEG
UND VERWANDTEN PROBLEMEN
DER FRÜHGRIECHISCHEN GESCHICHTE

HISTORIA

ZEITSCHRIFT FÜR ALTE GESCHICHTE · REVUE D'HISTOIRE
ANCIENNE · JOURNAL OF ANCIENT HISTORY · RIVISTA
DI STORIA ANTICA

———

EINZELSCHRIFTEN

HERAUSGEGEBEN VON
HEINZ HEINEN/TRIER · FRANÇOIS PASCHOUD/GENEVE
KURT RAAFLAUB/WASHINGTON D.C. · HILDEGARD TEMPORINI/TÜBINGEN
GEROLD WALSER/BASEL

HEFT 109

FRANZ STEINER VERLAG STUTTGART
1997

Optimis parentibus
fratrique carissimo

INHALT

VORWORT

Dieses Buch stellt die überarbeitete Fassung meiner Dissertation dar, die im Jahre 1992 der Heidelberger Fakultät für Orientalistik und Altertumswissenschaften vorlag. Seitdem erschienene Literatur ist, soweit sie mir bekannt wurde, eingearbeitet oder doch mindestens kurz erwähnt worden; da unsere bibliographischen Hilfsmittel heutzutage nicht mehr auf dem neuesten Stand sind, verdankt ein heute wirkender Althistoriker die Kenntnis manch wertvoller neuer Arbeit ohnehin nur dem Zufall: man kann unmöglich jede Zeitschift durcharbeiten, die unser Fach berührt. Umso mehr muß der Grundsatz gelten, daß die Arbeit an den Quellen den Vorrang hat.

Der Krieg zwischen den beiden euboiischen Städten Chalkis und Eretria, den man heute den „Lelantischen" zu nennen pflegt, ist zwar oftmals Gegenstand von gelehrten Aufsätzen geworden. Doch muß eine gebührende Untersuchung dieses Krieges manche Fragen aufgreifen, auf die im Rahmen eines Aufsatzes kaum eingegangen werden kann. Daher erschien die Behandlung in der Form eines Buches angebracht, in dem die vielen Nebenuntersuchungen zu ihrem Recht kommen könnten. Diesem Sachverhalt ist in dem gewiß schwerfällig wirkenden Titel Rechnung getragen worden.

Ich möchte meinem Heidelberger Lehrer, Herrn Prof. Dr. Fritz Gschnitzer, herzlich dafür danken, daß er mich ermuntert hat, dieses Problem in Angriff zu nehmen, und daß er die Arbeit stets mit größter Sorgfalt betreut hat. Ohne sein unvergleichliches Wissen auf dem Gebiete der frühen griechischen Geschichte hätte diese Arbeit wohl nicht geschrieben werden können. Der vielen Gespräche, die ich mit ihm um fachliche Probleme im Zusammenhang sowohl mit diesem Buch als auch mit anderen Arbeiten führen durfte, werde ich stets dankbar gedenken. Zudem gebührt dem Zweitkorrektor, Herrn Prof. Dr. Hans Armin Gärtner, für nüchterne Kritik und wertvollen Rat mein aufrichtigster Dank. Partien dieses Buches haben die Herren Professoren Dr. Karlheinz Deller, Dr. Tonio Hölscher und Dr. Wolf-Dietrich Niemeier gelesen bzw. mit mir besprochen. Ihnen allen spreche ich meinen Dank aus.

Auch bei meinen Lehrern in Amerika, Herrn Prof. Dr. Ernst Badian und Herrn Prof. Dr. Pericles Georges, möchte ich mich dafür bedanken, daß sie mich auf die Aufgaben eines Althistorikers so gut vorbereitet haben.

Herrn Prof. Dr. Heinz Heinen und Herrn Prof. Dr. Kurt Raaflaub danke ich freundlichst für die Aufnahme dieses Buches in die Historia Einzelschriften sowie für die Mühe, die sie sich mit meinem Manuskript gegeben haben.

Ganz besonders muß ich auch denen danken, die sich der wenig erfreulichen Aufgabe der sprachlichen Korrektur dieser Arbeit annahmen: den Herren cand. phil. Wolfgang Blösel, Hilmar Klinkott und nicht zuletzt Kai Kaniuth, welcher den Erstentwurf las und folglich auch das meiste zu korrigieren hatte; was er mit ebenso großer Geduld wie Sorgfalt tat. Wenn bei der Lektüre dieses Buches dem deutschen Leser die Ohren nicht allzu sehr weh tun, so ist dies das Verdienst dieser meiner Freunde.

Ein Wort des Dankes möchte ich schließlich denen ausprechen, die einzelne Probleme mit mir erörterten oder mir während meiner Jahre in Heidelberg Worte der Ermunterung zukommen ließen: Ina Berg, Dr. Angelos Chaniotis, Birgit Haskamp, Franz Sevenich, Dr. Ralf Scharf, Dr. Catherine Trümpy, Anja Ulbrich, Dr. Elnathan Weissert.

Für die noch verbleibenden Fehler sprachlicher wie sachlicher Natur trage ich allein die Verantwortung.

Christchurch, Neuseeland
März 1996

KAPITEL I:
EINFÜHRUNG IN DIE QUELLEN

Antike Quellen wissen von einem alten Krieg zwischen Chalkis und Eretria, den zwei größten Städten Euboias, zu berichten. Diesen Krieg nennt man heute den Lelantischen, und zwar nach der fruchtbaren Ebene, die zwischen diesen Städten liegt. Schon die durch den Namen implizierte Annahme, daß dieser Krieg um der Ebene willen ausgefochten worden sei, ist an sich jedoch umstritten.[1] Fürs erste muß darauf hingewiesen werden, daß diese Bezeichnung modern ist, denn die Griechen sprachen lediglich vom „Krieg zwischen Chalkis und Eretria"[2] oder vom „Krieg gegen die Eretrier [aus der Sicht der Chalkidier]."[3] Solange man sich darüber im klaren ist, kann der übliche Name ohne weitere Bemerkungen verwandt werden.[4]

Die Nachrichten über den Krieg sind zerstreut und oft nur bei späten Autoren zu finden. Nichtsdestoweniger gibt es eine relativ hohe Anzahl von Nachrichten bei frühen Autoren, während anderes Textmaterial nachweislich auf frühe Quellen zurückgeht. Dennoch hat ein Forscher, Detlev Fehling, aufgrund der freilich etwas schattenhaften Überlieferung vorgeschlagen, daß der Krieg nie stattgefunden habe[5]: die Pseudonachrichten über ihn sollen nichts anderes als eine Verkettung gewagter Mutmaßungen und reiner Erfindungen mitsamt fingierten Beweisstücken sein. Fehling befaßte sich aber nur mit den literarischen Zeugen. Bevor wir nun auf diese zu sprechen kommen, wäre es vielleicht besser, zuerst einiges vom archäologischen Befund, der im nächsten Kapitel vollständig beschrieben werden wird, hier in aller Kürze anzuführen, um die von Fehling geäußerten Zweifel an der Historizität eines großen Krieges auf Euboia in der archaischen Zeit ein für allemal zu beseitigen.[6] Eine Stadt am östlichen Rande der Lelanti-

---

1 Siehe unten Kapitel 7.

2 Z.B. Thuk. 1,15.

3 Plut. Amatorius, 17, p. 760. (Die Handschriften sprechen vom Θεσσαλικὸς πόλεμος πρὸς Ἐρετριεῖς, dem „thessalischen Krieg gegen die Eretrier," was aber sicherlich falsch ist. Wie auch immer wir emendieren wollen, die von Wilamowitz vorgeschlagene Emendation – Ληλαντικὸς πόλεμος, „Lelantischer Krieg" – müssen wir ablehnen, denn diesen Namen gab es im Altertum nicht.)

4 Die Einwände Bakhuizens, Chalcidian Studies 3 (Studies of the Dutch Archaeological and Historical Society 5) Leiden 1976, 34 mit Anm. 139, gegen diesen Namen können wir beiseite lassen.

5 D. Fehling, Zwei Lehrstücke über Pseudo-Nachrichten, RhM 122, 1979, 199–210. Kämpfe auf Euboia habe es zwar gegeben, aber sie seien ebenso schwer wie die Gefechte auf Thasos gewesen, von denen Archilochos (siehe unten zu Anm. 416) ebenfalls berichtet (204). Diese Scharmützel hätten außerdem vielleicht zwei Jahre gedauert (206). Daß Chalkis der Kontrahent Eretrias war, sei übrigens kaum sicher (203).

6 Einen ähnlichen Versuch werden wir gleichzeitig entkräften können: P. Gardner, A Numismatic Note on the Lelantian War, CR 34, 1920, 90–91, meinte, daß das Prägen chalkidi-

schen Ebene, die mit großer Wahrscheinlichkeit die Mutterstadt Eretrias war, zerstörten äußere Feinde um 700.[7] Zudem begruben die Eretrier einige vornehme Bürger, wahrscheinlich Kriegshelden, im ausgehenden achten und beginnenden siebenten Jahrhundert in einer abgesonderten Nekropole; diesen Kriegern begann man ein paar Jahre später heroische Ehren zu erweisen.[8] Des weiteren erbauten die Eretrier kurz nach 700 eine Wehrmauer um ihre Stadt.[9] Alles zusammen spricht doch dafür, daß es um diese Zeit einen schweren Krieg auf Euboia gab.

Nach diesen Ausführungen wenden wir uns den literarischen Zeugen zu. Einen Krieg, an dem Euboier beteiligt waren, erwähnt der frührchaische Dichter Archilochos:

> οὔτοι πόλλ' ἐπὶ τόξα τανύσσεται, οὐδὲ θαμειαὶ
> σφενδόναι, εὖτ' ἂν δὴ μῶλον Ἄρης συνάγῃ
> ἐν πεδίῳ· ξιφέων δὲ πολύστονον ἔσσεται ἔργον·
> ταύτης γὰρ κεῖνοι δάμογές εἰσι μάχης δεσπόται Εὐβοίης
> δουρικλυτοί.[10]

> „Nicht viele Bogen werden gespannt werden, noch werden die Schleudern häufig sein, wann immer eine Schlacht in der Ebene geschlagen wird; statt dessen wird die vielstöhnende Arbeit Schwertern gehören, denn die kriegerischen Herren Euboias sind in dieser Art des Kampfes erfahren."

Da wir die Lebenszeit dieses Dichters im vierten Kapitel in aller Ausführlichkeit behandeln werden, genügt fürs erste die schlichte Feststellung, daß diese Zeilen wohl der Mitte des siebenten Jahrhunderts zuzurechnen sind. Das Tempus der Verben τανύω, „spannen," und εἰμί, „sein," ist nun das Futur. Demnach weist Archilochos auf eine kommende Schlacht hin, die in einer besonderen Art ausgefochten werden wird. Es fragt sich also, wie Archilochos denn von einer zukünftigen Schlacht wissen könne. Die Frage kann man auf zweierlei Weise beantworten: 1.) Der Krieg ist bereits erklärt worden, aber die erste Schlacht hat noch nicht stattgefunden. 2.) Der Krieg ist schon seit einiger Zeit im Gange, obgleich zum

---

scher sowie eretrischer Münzen nach demselben Standard zeige, daß eine bittere Feindschaft der beiden Städte im achten oder siebenten Jahrhundert nicht bestanden haben könne. Da die Eretrier frühestens um 525 anfingen, Münzen zu prägen (Auskünfte für Chalkis sind nicht vorhanden), ist mir unerfindlich, was das Prägen von Münzen aufgrund desselben Standards im letzten Viertel des sechsten Jahrhunderts mit Feindschaft im späten achten oder frühen siebenten zu tun haben soll. Gardner selbst ging eigentlich von sehr hohen Daten des Beginns der griechischen Münzprägung aus. Zu den verschiedenen Datierungen der ersten griechischen Münzen jetzt C.M. Kraay, Coinage, CAH 4², 435–437, der für die Zeitspanne 570–560 eintritt. Was die Münzprägung Eretrias anlangt, siehe jetzt F. Cairns, ΞΡΕΜΑΤΑ ΔΟΚΙΜΑ: I.G. XII,9,1273 and 1274 and the Early Coinage of Eretria, ZPE 54, 1984, 145–155. Cairns argumentiert, daß diese beiden Inschriften entgegen der üblichen Auslegung nicht auf Münzen hinwiesen, und datiert die ersten Münzen Eretrias gegen Ende des sechsten Jahrhunderts. Die betreffenden Inschriften datiert L.H. Jeffery bei Cairns, ebenda, 148, um 525.

7   Siehe unten Kapitel 2, Teil 3.
8   Siehe unten Kapitel 2, Teil 2, C.
9   Siehe unten Kapitel 2, Teil 2, B.
10 Archil. Fr. 3 West = Plut. Thes. 5,2–3. In Z. 4 lese ich mit West δάμονες.

Zeitpunkt der Niederschrift nicht gekämpft wird (weil es Winter ist?). Den Vorzug verdient die zweite Lösung, weil das Verbum συνάγω, „zusammenführen, (eine Schlacht) schlagen" im Konjunktiv steht. „Wann auch immer es eine Schlacht gibt, dann wird man so kämpfen," sollte man dementsprechend übersetzen. Archilochos scheint also genau zu wissen, daß die Euboier immer so kämpfen, wodurch impliziert wird, daß den Euboiern jene Kampfesweise eigentümlich ist. Wie aber hätte Archilochos sie kennen sollen, ohne daß die Euboier sie zuvor angewandt hätten?[11] Die Euboier muß er infolgedessen zu einem früheren Zeitpunkt im Kampf gesehen haben, im allerschlimmsten Falle hatte er lediglich von einer ihrer Schlachten gehört. Um einen Krieg zwischen Chalkidiern und Eretriern muß es sich dabei keineswegs gehandelt haben, doch bleibt dies das Nächstliegende, denn die von Archilochos geschilderte Kampfesweise beruhte, wie wir im fünften Kapitel noch sehen werden, auf einer Vereinbarung der beiden Städte und war anscheinend auf euboiische Kriege beschränkt. Archilochos spricht also vom Kriege auf Euboia, und zwar von einem Krieg, der bereits begonnen hatte.

Von den Teilnehmern am Kriege sagt Archilochos nichts Genaueres, aber die Redewendung δεσπόται Εὐβοίης, „Euboias Herren,"[12] müßte doch die wichtigsten euboiischen Städte mindestens einbeziehen, d.h. Chalkis und Eretria. Sie kämpften nun ἐν πεδίῳ, „in der Ebene". Ist dies wörtlich gemeint, so gibt es gar keinen Zweifel daran, daß die Städte, welche am Kriege teilnahmen, Chalkis und Eretria waren, denn „die Ebene" auf Euboia kann keine andere als die Lelantische sein. Andererseits aber bleibt möglich, daß dieser Spruch formelhaft ist und daß Archilochos nur „auf dem Schlachtfelde" meint, denn Schlachten fanden gewöhnlich in Ebenen statt. Dieser Schwierigkeiten ungeachtet drängt sich der Gedanke an einen Krieg zwischen Chalkis und Eretria dennoch auf, wenn man diese Verse liest.

Noch ein anderes Fragment des Archilochos hat man in Zusammenhang mit dem Lelantischen Krieg gebracht:

Γλαῦχ᾽, ὅρα· βαθὺς γὰρ ἤδη κύμασιν ταράσσεται
πόντος, ἀμφὶ δ᾽ ἄκρα Γυρέων ὀρθὸν ἵσταται νέφος,
σῆμα χειμῶνος, κιχάνει δ᾽ ἐξ ἀελπτίης φόβος.[13]

11   Die andere Möglichkeit wäre, daß er über den Abschluß des die Wurfwaffen verbietenden Vertrages (dazu Kapitel 5, Teil 1) ausführlich unterrichtet war. Angesichts dessen aber, daß er vom Vertrag nicht redet und lediglich auf die Tatsachen selbst hinweist, ist zu erschließen, daß ihm der Vertragstext unbekannt war. Bei Polybios und Strabon, welche den Vertrag kannten, ist die Rede von τηλεβόλα, „Fernwaffen," und Waffen, die ἄδηλα, „unsichtbar," waren. Derartige Waffen sind doch die Bogen und Schleudern bei Archilochos, der nichtsdestoweniger von den Waffen selbst sprach und die Terminologie des Vertrages nicht benutzte. Des weiteren erwähnte er auch die Waffe, deren sich die Euboier am liebsten bedienten. Diese hätte er dem Vertrag sicherlich nicht entnehmen können, denn der Vertrag sprach, soweit wir wissen, nur von den verpönten Waffen. Deswegen vermuten wir, daß Archilochos nicht den Vertrag gelesen, sondern die Tatsachen selbst gesehen hatte.

12   Wenn die Wendung „Euboias Herren" im Sinne von „die über Euboia herrschen" zu verstehen ist, dann kann sie zu den vielen ähnlichen Formulierungen im Schiffskatalog gestellt werden: οἳ ... εἶχον, „die (eine Stadt oder Landschaft) hielten, beherrschten"; οἳ ... ἐνέμοντο, „die ... besaßen, regierten."

„Glauchos, siehe: die Wellen des tiefen Meeres sind schon getrübt; ferner steht eine regelrechte Wolke um die Höhen Gyrais, ein Zeichen eines Sturms. Da zittert man plötzlich vor Furcht."

Sir Maurice Bowra argumentierte, daß die in diesem Fragment erwähnten Höhen von Gyrai auf Euboia gelegen hätten und daß der sich zusammenziehende Sturm eine Anspielung auf den Lelantischen Krieg gewesen sei.[14] D'Arcy Thompson[15] und F.H. Sandbach[16] ist es jedoch gelungen, diesen Vorschlag zurückzuweisen, so daß diese Stelle für uns ausscheidet.

Von einem Krieg auf Euboia kann aber ein anderes Gedicht gesprochen haben, welches Edgar Lobel Archilochos zuschreibt.[17] In den folgenden Versen werden die euboiischen Städte Eretria (Z. 7) und Karystos (Z. 6) sowie einige Kriegswaffen (Z. 1, 5 und 14: τετράφαλος [κυνέη], „Helm," ἀσπίς, „Schild," bzw. θῶραξ, „Brustpanzer") erwähnt:

]ηντὲτραφαλον[   ]νὸπήνθωρή[
]τοῖcινέβηταχύ[15   ]νανδραδιιξ.[
]ὲνγαρτοῦτέποcα[   ]cὲχέτωδόμο[
]ιcινὲναπρόμον[   ]ανερα· τὼcφ.[

13 Archil. Fr. 105 West = Herakleit. All. 5,2. Bei der Namensform Γυρέων folge ich West, der sich auf die *stirps* θ der Plutarchüberlieferung stützt (De superstit. 8, p. 169).

14 Sir Maurice Bowra, Signs of Storm, CR 54, 1940, 127–129. Er verbindet die ἄκρα Γυρέων, „die Höhen Gyrais," mit den Γυραὶ πέτραι, „den Felsen Gyrai," in der Odyssee, 4,500 und 507. Dieses Felsenriff lokalisieren die Scholiasten auf Mykonos, obgleich es andere Dichter auf Euboia verlegen – Prokl. Homeri Opera 5, Allen, p. 108, oder Quint. Smyrn. Posthomericis, 14,568–572. Das Riff setzt Sir Maurice dem Berge gleich und transportiert anschließend beide nach Euboia kraft einer Anspielung bei Dion von Prusa (Orationes, 7,6). Ein Felsenriff aber ist zum einen kein Berg, wie schon ein Blick in LSJ, s.vv. ἄκρα und πέτρα, zeigt; und zweitens veranschaulichen gerade die einander widersprechenden Angaben bei den Scholiasten und den Dichtern, daß man darüber nicht mehr Bescheid wußte. J.S. Clay, Ἄκρα Γυρέων: Geography, Allegory, and Allusion (Archilochus Fragment 105 West), AJPh 103, 1982, 201–204, hat jüngst argumentiert, daß die ἄκρα Γυρέων bei Archilochos kein geographisches Merkmal, sondern eine literarische Anspielung auf die oben erwähnten Γυραὶ πέτραι sei. Auch sie vergißt, daß ein Berg kein Felsenriff ist.

15 D'A. Thompson, Archilochus, Fr. 56 [=105 West], CR 55, 1941, 67, macht auf die Schwächen des Arguments von Bowra aufmerksam und emendiert den Text wie folgt: ἄκρα γ' οὐρέων, „die Höhen der Berge." Wolken um einen Berg seien seit uralten Zeiten ein Zeichen eines bevorstehenden Gewitters, und nichts anderes sei hier gemeint.

16 F.H. Sandbach, AKPA ΓΥΡΕΩΝ once more, CR 56, 1942, 63–65, argumentiert auf überzeugende Weise, daß der Berg auf Tenos lag. Denn während eines Aufenthaltes auf Delos spricht Cicero (Att. 5,12) von der ἄκρα ΤΗΠΕΩΝ, welche man anscheinend von Delos aus sehen kann. Schneidewin hatte seinerzeit die Cicerostelle zu ἄκρα Γυρέων emendiert, was D.R.S. Bailey, Cicero's Letters to Atticus 3, Cambridge 1968, 211, mit Hinweis auf den Aufsatz Sandbachs akzeptiert hat. Ist die Emendation Schneidewins richtig, dann waren die Höhen Gyrais von Delos sowie von Paros aus sichtbar. Entscheidend für eine Lokalisierung auf Tenos ist die Anwesenheit eines Volkstammes namens Γυραεῖς auf dieser Insel (IG 12,5,872 und 877) oder ΓΥΡΑ (IG 12,5,873 und 875). Siehe ferner Hesych. s.v. Γύρας ὄρος ἐν Τήνῳ, „ein Berg auf Tenos").

17 E. Lobel, POxy 2508 mit Kommentar.

5   ].αϲὰϲπιδαϲαὰμφ̣[   ]λοϲέβη[
    ].τείνηιϲικαρύϲ[   ].ωϲέφε̣[
    ]ονχρονερετρ.[20   ]άδων.[
    ]νέργονεμήϲατ̣[   ]ηϲὰντ̣[
    ]πάλωνβὸυϲινέ.[   ]εμουτ̣[
10]ηϲὲπ̑αγακτορ[   ]άληιϲὺν[
    ]δυϲμένέωνέ[   ]ἐπαυϲε[
    ]υϲαμένειδ[25   ]ληϲαίτ̣[
    ]ωνδ'εῖπετάδ[

Es sei zunächst eingestanden, daß diese arg verstümmelten Zeilen von gar keinem Krieg handeln müssen, geschweige denn dem Lelantischen. Nichtsdestoweniger weist einiges in diesem Gedicht doch darauf hin, daß es auf Euboia irgendwelche kriegerischen Geschehnisse in der Frühzeit gab.[18] Schließlich weiß von euboiischer Kriegserfahrenheit auch der Schiffskatalog zu berichten, doch ist diesem Text nicht mehr zu entnehmen.[19]

Somit ergibt sich bis jetzt: Einen Zeugen, der von einem Kriege auf Euboia spricht, hat man auf jeden Fall in Archilochos. Ferner darf man annehmen, daß Chalkis und Eretria an diesem Krieg teilnahmen.

Auf diesen Krieg wies nun Herodot, als er folgendes schrieb, ohne jeden Zweifel hin:

οἱ γὰρ δὴ Μιλήσιοι πρότερον τοῖσι Ἐρετριεῦσι τὸν πρὸς Χαλκιδέας πόλεμον συνδιήνεικαν, ὅτε περ καὶ Χαλκιδεῦσι ἀντία Ἐρετριέων καὶ Μιλησίων Σάμιοι ἐβοήθεον.[20]

„Denn vorher hatten die Milesier zusammen mit den Eretriern den Krieg gegen die Chalkidier ausgefochten, während die Samier auch den Chalkidiern gegen die Eretrier und die Milesier halfen.“

Diese Stelle beurteilt Fehling folgendermaßen: 1.) Die eretrische Hilfeleistung an Milet während des ionischen Aufstandes habe Herodot erklären müssen. Weil Eretria Milet half, müsse Milet Eretria zuvor geholfen haben. 2.) Aus Archilochos habe Herodot (vielleicht ungerechtfertigt) einen Krieg zwischen Chalkis und Eretria erschlossen. 3.) Die mutmaßliche, milesische Hilfe habe Herodot anschließend an diesen erschlossenen Krieg angeknüpft. 4.) Der chalkidischen Seite habe Herodot daraufhin Samos hinzugefügt, weil er gewußt habe, daß Samos und Milet traditionell verfeindet waren.[21]

---

18 Die Erwähnung von Karystos erinnert an eine Geschichte von zwei Brüdern, die nach dem Tode ihres Vaters um die Königswürde Milets konkurrierten: der eine griff Karystos an, während der andere Melos überfiel. Da Milet am Lelantischen Krieg teilnahm, ist diese Geschichte besonders interessant – weitere Besprechung unten Kapitel 6, Teil 2.
19 Hom. Il. 2,536–545. Die Stelle wird unten zu Anm. 419 im Wortlaut zitiert und hinsichtlich des Heerwesens besprochen.
20 Hdt. 5,99.
21 Fehling, Lehrstücke (Anm. 5) 213.

Diese ganze Argumentation ist natürlich nicht zu beweisen, und manches spricht gegen sie: Erstens wäre eine Folgerung eines Krieges durch Herodot aus der Archilochos-Stelle entgegen der Meinung Fehlings begründet gewesen. Die Annahme, Herodot hänge hier von Archilochos ab, kann man dennoch bezweifeln, zumal Herodot, obzwar er Archilochos kannte und auswertete,[22] ihn an dieser Stelle nicht zitierte. In Anbetracht der Vorliebe Herodots, Dichter und Gedichte zu zitieren, ist eventuell sogar anzunehmen, daß Herodot gerade an dieser Stelle nicht von Archilochos abhing.

Zweitens überschätzt Fehling die erfinderische Tätigkeit Herodots. Zwar ist das entgegengesetzte Bild von einem Herodot, der ohne eigene Gedanken die ihm erzählten Geschichten niederschrieb, viel zu einfach. Aber auch den Fehling-schen Herodot, der die gewagtesten Schlüsse aus dem dürftigsten Material zog, hat es nie gegeben.[23] Vieles im Buche Fehlings über Herodots angeblich kindische Erdichtungen trifft nicht zu, kann auch nicht zutreffen, weil zu viel bei Herodot nachweislich richtig ist.[24] In die Irre gehen auch Fehlings Bemerkungen zu der herodoteischen Methode an unserer Stelle, was man am deutlichsten an der samischen Teilnahme am Kriege sieht. Warum bestand Herodot darauf, daß auch Samos sich am Krieg der Chalkidier und Eretrier beteiligte? Anhand der folgenden Stelle erkennt man doch ohne weiteres, daß Herodot die samische Teilnahme doch nicht durch Anwendung jener von Fehling postulierten Methode erschlossen haben kann:

οὗτοι δὲ τὸ ὅμοιον ἀνταποδιδόντες ἐτιμώρεον· καὶ γὰρ δὴ πρότερον οἱ Μιλήσιοι τοῖσι Χίοισι τὸν πρὸς Ἐρυθραίους πόλεμον συνδιήνεικαν.[25]

„Desgleichen zahlten diese [sc. die Chier] eine Ehrenschuld zurück, denn vorher hatten die Milesier zusammen mit den Chiern den Krieg gegen die Erythraier ausgefochten."

22 Hdt. 1,12.
23 Fehling, Die Quellenangaben bei Herodot, Berlin 1971. Fehling weist nach, daß Herodots Quellenangaben oftmals falsch sein müssen, denn Herodot verteilt Geschichten, die er nur von einem gehört haben kann, auf zwei Zeugen: Im Falle des Todes des karthagischen Feldherrn Hamilkar (die Syrakusaner sagen, er sei in der Schlacht verschwunden, aber die Karthager behaupten, er habe sich selbst ins Feuer geworfen, um durch dieses Opfer göttliche Hilfe für seine Truppen zu erhalten – Hdt. 7,166–167,1; Fehling, ebenda, 11–15) müssen die Syrakusaner beide Versionen gekannt haben. An der Geschichte hätten nur sie Interesse gehabt, und deshalb hätten sie selbstverständlich beide Versionen weitererzählt.
24 Was auch Fehling, Quellenangaben (Anm. 23) 171 mit Anm. 2, zugeben muß. Er ist davon überzeugt, daß eine Geschichte historisch nicht verwertbar sei, wenn Herodot sie jemandem, dem sie nicht entstammen konnte, in den Mund legt. Dies ist absurd, denn im Falle des Hamilkar sieht man ganz genau, daß die Geschichte letzten Endes doch karthagischen Ursprungs ist. Sie stimmt mit dem fanatischen punischen Glauben an Menschenopfer überein und ist ein weiterer Beleg für diesen Fanatismus. (Dazu B.H. Warmington, Carthage, London 1960, 128, 131–132, oder G. und C. Charles-Picard, Karthago (deutsche Übersetzung von La vie quotidienne à Carthage), Stuttgart 1983, 41–44.) Alles hängt davon ab, ob diejenigen, welche die tatsächlichen Gewährsleute Herodots waren, über die Vorgänge unterrichtet sein konnten. Denn in diesem Falle ist die Geschichte trotz Fehling historisch verwertbar.
25 Hdt. 1,18,3.

Von Samos wird hier kein Sterbenswort gesagt, obgleich der Aufbau dieser Stelle eben derselbe ist wie in 5,99. Chios half Milet, weil Milet Chios zuvor geholfen hatte. Wenn man Fehlings Argumentation nun übertrüge, dann müßte Herodot den Krieg zwischen Chios und Erythrai irgendwoher erschlossen und danach mutmaßliche, milesische Hilfe an diesen Krieg angeknüpft haben. Samos, den Erbfeind Milets, hätte Herodot daraufhin gemäß dem Fehlingschen Verfahren auch an diesen Krieg anschließen müssen. Gleichwohl tat es Herodot nicht. Infolgedessen muß er von der samischen Teilnahme 5,99 gewußt, 1,18 gerade nicht gewußt haben. Trifft dies zu, so ist der Großteil von Fehlings Argumentation hinfällig.

Wenn Herodot 5,99 von Archilochos nicht direkt abhing, dann stammte die Anknüpfung sowohl von Samos als auch von Milet aus einer anderen Quelle, die den Archilochos durchaus ausgewertet haben konnte. Die ganze Geschichte vom Kriege zwischen Chalkis und Eretria, wie wir sie bei Herodot finden, wurde eigentlich als Erläuterung der eretrischen Hilfeleistung an Milet vorgebracht – und als Widerlegung der Annahme, daß die Eretrier dies den Athenern zuliebe getan hätten. Angesichts der deutlichen proathenischen Tendenz im Werke Herodots wäre es an sich schon merkwürdig, daß er sich die Mühe gemacht hätte, seine Leser darüber aufzuklären, daß etwas eben nicht für die Athener getan worden sei. Aus eretrischer Quelle also muß die Bemerkung Herodots letztendlich herrühren, denn nur die Eretrier können an dieser Sache Interesse gehabt haben.[26] Man muß auch anmerken, daß sie davon Kenntnis gehabt hätten, weshalb ich keinen Grund sehe, ihnen zu widersprechen.[27]

Bei Thukydides begegnet uns die nächste Nachricht über den Krieg:

Τὰ μὲν οὖν ναυτικὰ τῶν Ἑλλήνων τοιαῦτα ἦν, τά τε παλαιὰ καὶ τὰ ὕστερον γενόμενα. ἰσχὺν δὲ περιεποιήσαντο ὅμως οὐκ ἐλαχίστην οἱ προσσχόντες αὐτοῖς χρημάτων τε προσόδῳ καὶ ἄλλων ἀρχῇ· ἐπιπλέοντες γὰρ τὰς νήσους κατεστρέφοντο, καὶ μάλιστα ὅσοι μὴ διακρῆ εἶχον χώραν. κατὰ γῆν δὲ πόλεμος, ὅθεν τις καὶ δύναμις παρεγένετο, οὐδεὶς ξυνέστη· πάντες δὲ ἦσαν, ὅσοι καὶ ἐγένοντο, πρὸς ὁμόρους τοὺς σφετέρους ἑκάστοις, καὶ ἐκδήμους στρατείας πολὺ ἀπὸ τῆς ἑαυτῶν ἐπ᾽ ἄλλων καταστροφῇ οὐκ ἐξῇσαν οἱ Ἕλληνες. οὐ γὰρ ξυνειστήκεσαν πρὸς τὰς μεγίστας πόλεις ὑπήκοοι, οὐδ᾽ αὖ αὐτοὶ ἀπὸ τῆς ἴσης κοινὰς στρατείας ἐποιοῦντο, κατ᾽ ἀλλήλους δὲ μᾶλλον ὡς ἕκαστοι οἱ ἀστυγείτονες ἐπολέμουν. μάλιστα δὲ ἐς τὸν πάλαι ποτὲ γενόμενον πόλεμον Χαλκιδέων καὶ Ἐρετριῶν καὶ τὸ ἄλλο Ἑλληνικὸν ἐς ξυμμαχίαν ἑκατέρων διέστη.[28]

„Mit dem Schiffswesen der Griechen, sowohl mit dem alten als auch mit dem späteren, verhielt es sich ebenso. Gleichviel erlangten sie nicht wenig Macht, indem sie sich Einnahmequellen sowie die Herrschaft über andere verschafften. Denn insbesondere jene, die zu wenig Land hatten, segelten gegen die

---

26 Weiteres über eine eretrische Tradition von einem Krieg auf Euboia in der Frühzeit unten zu Anm. 51.

27 Anders K. Tausend, Amphiktyonie und Symmachie, Stuttgart 1992, 126.

28 Thuk. 1,15.

Inseln und unterwarfen sie. Zu Lande aber gab es keinen Krieg, aus dem sich auch irgendeine Macht ergeben hätte, aber alle [Kriege zu Lande], so viele es deren gab, waren Grenzkonflikte. Die Griechen schickten keine auswärtigen Expeditionen weit aus ihrem eigenen Lande heraus, um andere zu unterwerfen. Denn es gab keine Bündnisse kleinerer Städte unter der Führung größerer, noch machten sie gemeinsame Expeditionen auf der Grundlage eines Bundes. Statt dessen führten die jeweiligen Nachbarn vielmehr Krieg gegeneinander. Aber [sc. es gab Expeditionen außer Landes, Bündnisse kleinerer Städte unter der Führung größerer, gemeinsame Expeditionen] am ehesten noch während des in alter Zeit einst geschehenen Kriegs der Chalkidier und der Eretrier, als auch das übrige Griechenland in das eine oder andere Bündnis eintrat (wörtlich: auseinander stand, in Feindschaft einander gegenüberstand)."

In diesem Zitat gibt es eine sprachliche Schwierigkeit, und zwar das Wort μάλιστα in der drittletzten Zeile. Obgleich dieses Wort normalerweise „besonders" oder „am meisten" bedeutet, muß es wegen des Verbums διΐστημι in unserem Satz etwas anderes besagen; denn obschon dieses Verbum medial „sich davon halten" bedeuten kann, verwendet es Thukydides genauso wie Homer im sechsten Vers der Ilias im Sinne von „in Feindschaft einander gegenüberstehen." Mit Bezug auf unsere Thukydides-Stelle sagt E.-A. Bétant, *in contrarias partes abire*,[29] während Liddell-Scott „stand apart, be at variance" angibt. Die unverkennbare Bedeutung von διΐστημι zeigt, daß Thukydides an dieser Stelle meint, „in diesem alten Krieg der Chalkidier und Eretrier trat auch das übrige Griechenland in das Bündnis der einen oder anderen Seite ein." Infolgedessen muß das Wort μάλιστα dem Sinne nach hier vielmehr eine Korrektur des Vorangegangen einleiten. Denn gerade von der Belanglosigkeit des Krieges zu Lande in archaischer Zeit hat Thukydides soeben gesprochen: Es habe keine Feldzüge gegen ferne Länder gegeben; ebensowenig hätten Kriege stattgefunden, an denen mehrere Staaten teilgenommen hätten. Dann räumt Thukydides doch eine Ausnahme ein: „aber *am ehesten noch* dieser alte Krieg zwischen Chalkis und Eretria, als sich das übrige Griechenland mit der einen oder anderen Stadt verbündete."[30] Also war der Lelantische Krieg derjenige, in dessen Verlauf es „noch am ehesten" gemeinsame Kriegsführung mehrerer Staaten gegeben hatte. Natürlich wird ein Krieg, an dem sich mehrere Staaten beteiligten, über einen schlichten Grenz-

---

29 E.-A. Bétant, Lexicon-Thucydideum, Hildesheim 1961, s.v. διϊστάναι.

30 Man vergleiche die Übersetzung von R. Warner (Penguin): „The *nearest* approach to combined action was in the ancient war between Chalcis and Eretria" (Meine Hervorhebung). Μάλιστα im Sinne von „in the highest degree" (LSJ, s.v. μάλα bes. II.2) hat auch die von LSJ eben nicht klar herausgearbeitete Bedeutung „most nearly, closely", „most likely"; „am nächsten, am ehesten." Vgl. Hdt. 3,99,1: (Lykophron, der Sohn Perianders, hört nicht auf seinen Vater, woraufhin dieser seine Tochter, Lykophrons Schwester, zu Lykophron schickt: δοκέων μιν μάλιστα ταύτης ἂν πείθεσθαι, „da er [Periander] meinte, er [Lykophron] würde am ehesten noch auf sie hören." Vgl. auch Hdt. 2,73,2: (Der Phoinix ist soeben beschrieben worden) ἐς τὰ μάλιστα αἰετῷ περιήγησιν ὁμοιότατος καὶ τὸ μέγαθος, „er [ist] mit Bezug auf Umriß und Größe am ehesten noch dem Adler ähnlich."

zwist hinaus gegangen sein, denn in einem solchen Krieg wird es wohl auch ἔκδημοι στρατεῖαι, „auswärtige Feldzüge," gegeben haben. Demgemäß muß μάλιστα logischerweise eine Korrektur des ganzen Absatzes über die Kriege der archaischen Zeit einräumen: „Feldzüge in ferne Länder, gemeinsame Kriegsführung usw. gab es am ehesten noch im Lelantischen Kriege."

Wenn μάλιστα aber „insbesondere" bedeutete, dann würde Thukydides meinen, daß der Lelantische Krieg ein besonders gutes Beispiel eines einfachen Grenzkonfliktes gewesen wäre. Dies scheitert aber, wie wir gesehen haben, an dem Wort διΐστημι, mit dem Thukydides genau das Gegenteil besagt. Gerade dieses Verbum aber verstand der Scholiast zu dieser Stelle offenbar falsch, denn er schreibt wie folgt:

διεσπάσθη, ἀνεχώρησεν, οὐ συνεμάχησεν· οὐ γὰρ λέγει ὅτι ἐμερίσθη, ἀλλὰ μόνοι Χαλκιδεῖς μόνοις Ἐρετριεῦσιν ἐμάχοντο.[31]

„Sie trennten sich ab, sie hielten sich fern, sie kämpften nicht mit. Denn [Thukydides] sagt nicht, daß [das übrige Griechenland] sich daran beteiligt habe, sondern daß die Chalkidier allein gegen die Eretrier allein gekämpft hätten."

Es fiele nun kaum ins Gewicht, dieses Scholion weiterhin unbeachtet zu lassen, denn die Scholien zu Thukydides sind meistens spät und ohne Belang. Die Meinung dieses Scholiasten hat jedoch ein moderner Forscher wieder aufgegriffen.[32] Obwohl S.D. Lambert die Thukydides-Stelle richtig auffaßt, hält er die Deutung des Lelantischen Krieges, die wir beim Scholiasten vorfinden, für durchaus vertretbar. Um diese zu bekräftigen, hebt Lambert ferner hervor, daß Aristoteles derselben Ansicht gewesen zu sein scheint. Den Philosophen können wir nun nicht mit derselben Gleichgültigkeit verwerfen, mit der wir einen einfachen Scholiasten ignorieren. Es folgt das Zitat:

διόπερ ἐπὶ τῶν ἀρχαίων χρόνων ὅσαις πόλεσιν ἐν τοῖς ἵπποις ἡ δύναμις ἦν, ὀλιγαρχίαι παρὰ τούτοις ἦσαν· ἐχρῶντο δὲ πρὸς τοὺς πολέμους ἵπποις πρὸς τοὺς ἀστυγείτονας, οἷον Ἐρετριεῖς καὶ Χαλκιδεῖς...[33]

„Weil in archaischer Zeit die Macht wie vieler Städte auch immer auf den Pferden beruhte; derentwegen waren sie Oligarchien. Denn sie bedienten sich der Pferde in den Kriegen gegen die Nachbarn, wie etwa die Eretrier und die Chalkidier..."

Die Verwendung des Wortes ἀστυγείτονες, „Nachbarn," läßt vermuten, daß Aristoteles Thukydides gelesen hat. Wenn nun Aristoteles von Thukydides abhängt, dann ist sein Bericht über den Lelantischen Krieg nicht von eigenem Wert. Von Wert ist nur derjenige Bericht, von dem Aristoteles abhängig ist. Und Thukydides sagt, daß der Lelantische Krieg gerade kein einfacher Zwist unter

---

31 Scholion zu Thuk. 1,15.
32 S.D. Lambert, A Thucydidean Scholium on the Lelantine War, JHS 102, 1982, 216–220.
33 Aristot. Pol. 1289b.

Nachbarn gewesen sei! Man beachte aber den Namen des Krieges bei Thukydides. Wie schon bemerkt wies die antike Bezeichnung des Krieges lediglich auf die beiden Hauptgegner hin. Folglich hätte Aristoteles, sofern er nur auf den Krieg aufmerksam machen wollte, allein die beiden Hauptkontrahenten nennen müssen. Da aber Chalkis und Eretria in der Tat Nachbarn waren, kann er – sicherlich beeinflußt vom Namen des Krieges – schlechthin versäumt haben, den Lelantischen Krieg, der in gewisser Hinsicht trotz allem doch als Grenzzwist betrachtet werden kann,[34] deutlich gegen die gewöhnlichen Kriege zwischen Nachbarn abzugrenzen. Vielleicht merkte er sogar nicht, daß Thukydides gerade dies getan hatte. Wie dem auch sei, Aristoteles – falls unter diesem Namen Plutarch den Philosophen statt den Lokalhistoriker zitiert – spricht an anderer Stelle doch von Bundesgenossen der Chalkidier, nämlich den Thessalern und den chalkidischen Kolonisten auf der Chalkidike.[35] Zwei der den Lelantischen Krieg auszeichnenden ἔκδημοι στρατεῖαι, welche Thukydides den Kriegen der archaischen Zeit, den Lelantischen allein ausgeschlossen, abspricht, vermögen wir in dieser bei Aristoteles überlieferten Nachricht noch zu erkennen. Demnach kann zumindest Aristoteles unmöglich der Ansicht gewesen sein, auch der Lelantische Krieg sei ein alltäglicher Grenzstreit gewesen.

Der letzte Autor, der direkt vom Kriege spricht, ist Strabon,[36] dessen Ausführungen nur von euboiischen Angelegenheiten und insbesondere von der Kampfesweise der alten Euboier handeln. Er erwähnt keine Bundesgenossen, hatte aber auch keinen Anlaß, es zu tun.

Diesen Exkurs können wir jetzt beenden: Herodot, Thukydides und Aristoteles/Plutarch bezeugen Bundesgenossen. Dagegen spricht nur die gering zu bewertende Aussage eines Scholiasten. Strabon könnte der Meinung des Scholiasten gewesen sein, aber es ist wirklich einfacher anzunehmen, daß er im Rahmen seines knappen Überblicks euboiischer Geschichte keine Gelegenheit hatte, von den anderen Teilnehmern am Kriege zu sprechen.

Bleibt noch das Verhältnis zwischen Herodot und Thukydides zu klären. Nach Fehling hängt Thukydides „offenbar"[37] von Herodot ab. Nach alten Parallelen für Kriege, die mehr als zwei Städte umfaßt hätten, soll Thukydides gesucht und bei Herodot die erwünschte Stelle gefunden haben. Mit dieser Annahme sind gewisse Schwierigkeiten verbunden, obgleich sie „mir [Fehling]...so selbstverständlich scheint, daß ich nicht recht weiß, wie darüber näher zu argumentieren wäre."[38] Zunächst: Die Fehlingsche Annahme ist mit einer zweiten verbunden, denn auf die Thukydides- paßt die Herodotstelle keinesfalls genau. Den Krieg schildert Thukydides doch als panhellenischen (τὸ ἄλλο Ἑλληνικὸν ἐς ξυμμα-

---

34   Thukydides sagt gerade nicht, daß der Lelantische Krieg kein Grenzkonflikt gewesen sei, sondern daß er „am ehesten noch" über solch einen belanglosen Konflikt hinausgewachsen sei. Implizit darin ist, daß der Lelantische Krieg seinem Ursprung nach sehr wohl ein Grenzkonflikt war.
35   Aristot. Fr. 98 Rose = Plut. Amatorius, 17, pp. 760–761.
36   Strab. 10,1,12, p. 448.
37   Fehling, Lehrstücke (Anm. 5) 200.
38   Fehling, Lehrstücke (Anm. 5) 204.

χίαν ἑκατέρων διέστη, „die anderen Griechen standen einander im Bündnis [der einen oder der anderen Stadt] in Feindschaft gegenüber"), wohingegen Herodot nur von den Bundesgenossen Samos und Milet gesprochen hatte. Fehling erkennt das Problem: nach ihm hätte Thukydides aus der Entfernung zwischen Euboia einerseits und Milet und Samos andererseits erschlossen, daß es noch mehrere Bundesgenossen gegeben haben müsse.[39] Ob dieses Argument tauglich sei, mag dahingestellt bleiben.

An zweiter Stelle begegnet uns das Problem, daß Thukydides die kurze Bemerkung bei Herodot als „Wissen Herodots aus unbekannter Quelle"[40] gedankenlos übernommen haben soll. Dies läuft natürlich auf eine sehr scharfe Beurteilung eines Mannes hinaus, der folgendes über die griechische Geschichte sagt:

Τὰ μὲν οὖν παλαιὰ τοιαῦτα ηὗρον, χαλεπὰ ὄντα παντὶ ἑξῆς τεκμηρίῳ πιστεῦσαι. οἱ γὰρ ἄνθρωποι τὰς ἀκοὰς τῶν προγεγενημένων, καὶ ἢν ἐπιχώρια σφίσιν ᾖ, ὁμοίως ἀβασανίστως παρ᾽ ἀλλήλων δέχονται...[Es folgt eine Polemik gegen die Athener, weil sie glauben, daß Hipparchos statt Hippias Tyrann gewesen sei. Dann wendet sich Thukydides gegen die Griechen im allgemeinen und den unbenannten Herodot insbesondere, weil sie glaubten, daß die spartanischen Könige je zwei Stimmen in der Gerousia hätten und daß es einen pitanatischen λόχος, „Regiment," im spartanischen Heer gebe.] οὕτως ἀταλαίπωρος τοῖς πολλοῖς ἡ ζήτησις τῆς ἀληθείας, καὶ ἐπὶ τὰ ἑτοῖμα μᾶλλον τρέπονται.[41]

„Ich fand heraus, daß es sich mit der Vergangenheit ebenso verhält, daß es [nämlich] schwierig ist, in jedes vorliegende Zeugnis Vertrauen zu setzen. Denn die Menschen akzeptieren voneinander Gerüchte über die Vergangenheit, auch wenn es die ihres eigenen Landes betrifft, nichtsdestoweniger auf unkritische Weise...Auf diese Weise suchen die meisten wenig gewissenhaft nach der Wahrheit, und sie wenden sich vielmehr dem zu, was gerade bereitsteht."

Es fragt sich, ob Thukydides sich im selben Abschnitt dermaßen an seinen eigenen Prinzipien hätte versündigen können. Wäre er wirklich dazu fähig gewesen, die erste Geschichte, die zur Hand lag, unbesehen zu akzeptieren, insbesondere eine Geschichte von einem Gewährsmann, den er wegen zweier kleiner Fehler so scharf beurteilt? Thukydides macht mehrmals darauf aufmerksam, wie schwer es sei, sichere Auskünfte über die Vergangenheit zu erhalten (τὰ γὰρ πρὸ αὐτῶν καὶ τὰ ἔτι παλαίτερα σαφῶς μὲν εὑρεῖν διὰ χρόνου πλῆθος ἀδύνατα ἦν...[42], „denn wegen der großen Zeitspanne es ist [geradezu] unmöglich, die jüngste Vergangenheit, geschweige denn die noch weiter zurückliegende klar zu erforschen"). Deswegen kann man bezweifeln, daß er wirklich dieser Bemerkung Herodots ohne Zögern geglaubt und sie dann, wie Fehling meint, derart übertrieben hätte.

39 Fehling, Lehrstücke (Anm. 5) 200.
40 Fehling, Lehrstücke (Anm. 5) 204.
41 Thuk. 1,20.
42 Thuk. 1,1.

Drittens: Wie stieß Thukydides ausgerechnet auf diese Stelle? Hier muß man anmerken, daß die Stelle keine besonders bekannte war, und daß man sie – so Fehling – nie wieder in Verbindung mit dem Lelantischen Krieg gebracht haben soll („die Bemerkung Herodots hat nicht weiter gewirkt"[43]): statt an sie soll man nur noch an die Thukydides-Stelle gedacht haben. Seinerseits sei Thukydides – so Fehling – auf der Suche nach Parallelen zu seinem Krieg gewesen. Entsprechend diesem Vorhaben soll er Herodot durchgelesen haben, bis er einen passenden Krieg an verborgener Stelle fand. Dies setzt nun eine systematische Lektüre des Geschichtswerkes seines Vorgängers voraus, wonach sich die Frage erhebt, warum Thukydides denn keinen anderen Krieg zum panhellenischen hochspielte. Zum Beispiel griff Pheidon von Argos die Eleier an, um die ihnen anvertrauten Olympischen Spiele selbst verwalten zu können.[44] Mittels derselben Phantasie, welche ihm Fehling zutraut, hätte Thukydides doch gleich erschließen können, daß Argos dies nur habe tun können, weil Sparta anderswo beschäftigt gewesen sei (z.B. mit Messenien, das natürlich Unterstützung von Argos erhalten haben könnte[45]) oder weil es zuvor von Argos geschlagen worden wäre.[46] Es gäbe dann vier Beteiligte. Von samischer Hilfe an Sparta hatte doch jene Herodotstelle gesprochen, der Thukydides einen spartanischen Krieg gegen Messenien entnommen haben könnte.[47] Es gäbe dann fünf Beteiligte. Da nun Samos von der Peloponnes abliegt, müßte es noch andere Bundesgenossen gegeben haben, so daß sich die Argumentationsreihe beliebig fortführen ließe. Auch an anderen Herodotstellen also war der panhellenische Krieg zu finden bzw. zu erfinden. Aber wollte ihn Thukydides erfinden?

Diese Frage bringt uns nun zum vierten Problem. Im ersten Kapitel seines Werkes legt Thukydides die Gründe für sein Unternehmen dar; u.a. sei der von ihm beschriebene Krieg der größte und schwerste der griechischen Geschichte gewesen. Vorangegangene Kriege werden dementsprechend geringschätzig behandelt (über die Vergangenheit sagt er: οὐ μεγάλα νομίζω γενέσθαι οὔτε κατὰ τοὺς πολέμους οὔτε ἐς τὰ ἄλλα[48], „ich bin der Ansicht, daß man [damals] nichts Großes zustande gebracht habe, weder mit Bezug auf die Kriege, noch in bezug auf etwas anderes") und im allgemeinen mißachtet. Selbstverständlich dient solche Verachtung einem rhetorischen Zwecke, wird doch die Wichtigkeit seines Krieges durch den Vergleich mit den belanglosen Zwisten der Vergangenheit viel klarer zum Ausdruck gebracht. Angesichts dessen ist es geradezu erstaunlich, daß Thukydides seinem rhetorischen Ziel zum Trotz dann doch einem anderen Kriege Bedeutung beimißt; um so erstaunlicher wäre es, wenn andere von diesem Krieg nichts gewußt hätten,[49] und wenn ihn Thukydides eigens erfunden hätte. Thuky-

---

43 Fehling, Lehrstücke (Anm. 5) 204.

44 Hdt. 6,127.

45 Einen Krieg zwischen Messenien und Sparta kannte Thukydides aus Hdt. 3,47.

46 Man denke an die Schlacht zu Hysiai (Paus. 2,24,7), von der Thukydides freilich nicht hätte wissen müssen.

47 Hdt. 6,127.

48 Thuk. 1,1.

49 Fehling, Lehrstücke (Anm. 5) 204. Thukydides' Angabe sei für die Späteren *locus classicus* gewesen, d.h. keiner habe vorthukydideische Kenntnisse von diesem Krieg gehabt.

dides, wie wir sahen, war eher daran gelegen, die Kriege der Vergangenheit herunterzuspielen, als sie zu vergrößern, geschweige denn große Kriege zu erdichten. In diesem Lichte gesehen erscheint die Sache eher so, als habe Thukydides zähneknirschend zugeben müssen, daß es in der Vergangenheit diesen wichtigen Krieg gegeben hatte, der über die unerheblichen Grenzstreitigkeiten jenes Zeitalters weit hinausgegangen war.

Wenn man solche Argumente weiterdenkt, stellt sich die Frage nach einer von Herodot unabhängigen Quelle, deren sich Thukydides bediente, handele es sich nun um dieselbe Quelle, welche Herodot benutzte, oder eine andere. Über jemanden, der daran glaubt, daß Herodot Teile einer Quelle wiedergeben, während Thukydides andere bzw. zusätzliche Teile anbieten könne, macht sich Fehling lustig: „Seine Einstellung zwingt ihn anzunehmen, daß alle diese weiteren Elemente von Anfang an vorhanden gewesen sind. Sie müssen folglich durch unbekannte Traditionskanäle gelaufen sein, die ihr Wissen stückweise an die erhaltenen Autoren abgegeben haben....Im Extremfall [erscheint] die Tradition als unterirdischer Kanal, aus dem ab und zu ein blinder Strang an die Oberfläche der erhaltenen Autoren tritt."[50] Nun, die Idee ist nicht so lächerlich, wie Fehling annimmt. Denn im Falle des Lelantischen Krieges fand sich mindestens eine Stelle bei einem frührarchaischen Dichter (Archilochos, Fr. 3 West) und wahrscheinlich eine zweite (POxy 2508). Zudem gab es eine historische Inschrift, die uns Strabon erhalten hat, in einem eretrischen Heiligtum.[51] Ungeachtet des Alters dieser Inschrift existierte auf jeden Fall eine Tradition in Eretria über einen alten euboiischen Krieg – eben dies haben wir oben bereits postuliert, und zwar im Zusammenhang mit der herodoteischen Erklärung der Hilfeleistung Eretrias an Milet.[52] Hier also war eine eretrische Quelle, die Herodot sowie Thukydides zur Verfügung gestanden haben kann. Auch einige chalkidische Traditionen über einen alten Krieg auf Euboia lassen sich noch feststellen, doch müssen wir eine genauere Beurteilung für spätere Kapitel aufsparen. Hier sei nur gesagt, daß diese chalkidischen Geschichten wiederum auf einen Krieg mit Eretria – einen Krieg übrigens mit einigen Bundesgenossen – hinweisen.[53] Geschichten über einen lokalen Helden (in Chalkis gab es die Helden Amphidamas und Kleomachos) konnten in dessen Heimat erhalten bleiben und sich erst später an die Öffentlichkeit drängen, nachdem man begonnen hatte, sich um eine Sammlung von dergleichen zu bemühen. Im Falle von Chalkis wäre hier vor allem der Lokalhistoriker

---

50 Fehling, Lehrstücke (Anm. 5) 208. Fehling muß man in einem Punkt (203) widersprechen: Herodot erzählte sicherlich nicht alles weiter, wovon er wußte; man denke an den assyrischen Logos (1,106,2 und 1,184). Auch Thukydides hätte in seiner knappen Einleitung viel mehr erzählen können, wenn es zu seinem Thema gehört hätte. Dies beweist freilich nicht, daß einer der beiden Historiker mehr von einer bestimmten Sache wußte, als er angibt; gezeigt wird nur, daß dies von vornherein nicht auszuschließen ist.

51 Ausführlicher unten zu Anm. 433; es ist möglich, daß es Ephoros war, der die Inschrift in die Überlieferung brachte (unten Anm. 437).

52 Siehe oben zu Anm. 26.

53 Plut. Amatorius, 17, pp. 760–761; Plut. Septem sapientium convivium, 10, p. 153; Hes. Op. 654–656, mit Scholiast dazu = Plut. Fr. 84 Sandbach.

Aristoteles zu erwähnen; ferner kann der berühmtere Philosoph gleichen Namens einige chalkidische Erzählungen in seine Politeia der Chalkidier eingefügt haben.

Wie wir sehen, handelt es sich in unserem Falle nicht um eine einheitliche Tradition, die allen Autoren bekannt war. Statt dessen muß man eher mit getrennten, lokalen Traditionen rechnen – obschon es wahrscheinlich zu Lebzeiten des Thukydides eine allgemeine Tradition über diesen Krieg gab[54] —, die allein und für sich selbst geprüft werden müssen. Es dürfte aber als gesichert gelten, daß Bundesgenossen sowohl Chalkis als auch Eretria in diesem Kriege beistanden. Daß dieser Krieg auch ein langer war, ergibt sich wohl aus Archilochos (der von bereits begonnenem Kriege spricht), aus der Anwesenheit von Bundesgenossen (es dürfte doch einige Zeit gedauert haben, ehe sich die Bundesgenossen alle anschlossen) und aus dem nun aufzuarbeitenden archäologischen Befund, der schon einige Zeit vor Archilochos auf einen außerordentlich schweren Krieg auf Euboia hinweist.

---

54 Siehe oben zu Anm. 50 und 51.

KAPITEL II:
EINFÜHRENDES ZU CHALKIS, ERETRIA UND XEROPOLIS

Im letzten Kapitel setzten wir uns mit den einschlägigen literarischen Zeugnissen auseinander; der dort bereits angekündigten Aufarbeitung des archäologischen Befundes wollen wir uns in diesem Kapitel nun widmen. Auf der einen Seite wollen wir auf jene Teile des Befundes näher eingehen, die auf einen Krieg auf Euboia in der Frühzeit hinzudeuten scheinen (z.B. die Wehrmauer Eretrias). Auf der anderen Seite aber beabsichtigen wir, auch die Verhältnisse der drei euboiischen Städte Chalkis, Eretria und Xeropolis zueinander zu klären, denn eine Erörterung jener Verhältnisse wird für die Besprechung der Kriegsursachen (Kapitel 7) aufschlußreich sein. Das Eingehen auf die archäologischen Zeugnisse geschieht also nicht um seiner selbst willen, obwohl in den ersten beiden Teilen dieses Kapitels wenige für den Lelantischen Krieg unmittelbar relevante Feststellungen getroffen werden. Nichtsdestoweniger setzt die im dritten Teil dieses Kapitels durchgeführte Untersuchung, die für den Lelantischen Krieg von größter Relevanz sein wird, jene der ersten beiden voraus. Nicht zuletzt sollen hier im Rahmen einer knappen Einführung in die Geschichte von Chalkis, Eretria und Xeropolis auch die Voraussetzungen für die überaus erfolgreiche euboiische Kolonisation, die uns gleich im nächsten Kapitel beschäftigen wird, erörtert werden.

1. CHALKIDIKA

Obgleich Chalkis eine der wichtigsten Städte des geometrischen Griechenlands war, hat man diesen Ort leider nie systematisch ausgraben können. Deshalb dürfen Schlüsse aus den archäologischen Zeugnissen nur unter Vorbehalt gezogen werden, es sei denn, daß wir dasselbe oder ähnliches aus anderen Gründen erschließen können. S.C. Bakhuizen hat das meiste über Chalkis in drei Bänden zusammengetragen,[55] aber einige seiner Theorien sind dergestalt eigenwillig, daß man des öfteren seine Schlußfolgerungen entschieden zurückweisen muß. Bei ihm findet man nichtsdestoweniger das Material samt ausführlichen Hinweisen auf die Sekundärliteratur.

---

[55] S.C. Bakhuizen, Chalcidian Studies 1 (Dutch Archaeological and Historical Studies, 11) Leiden 1985; 2 (Dutch Archaeological and Historical Studies, 2), Groningen 1970; 3 (Dutch Archaeological and Historical Studies 5), Leiden 1976. Siehe auch die beiden Aufsätze von A. Andreiomenou, Skyphoi de l'atelier de Chalcis, BCH 109, 1985, 49–75 und Vases protogéométriques et sub-protogéométriques I–II de l'atelier de Chalcis, BCH 110, 1986, 89–120.

A. Zur Geschichte von Chalkis

Die Lage von Chalkis ist für eine Stadt sehr gut geeignet, und eine Siedlung hat es dort wohl immer gegeben, seitdem man in der Lage war, Siedlungen anzulegen: Südlich des Stadtgeländes befindet sich eine natürliche Hafenbucht, und auf der östlichen Seite der Stadt erhebt sich das Vathrovoúnia-Gebirge, welches die Stadt vor Angriffen aus dieser Richtung schützt. Zugänge in die fruchtbare Lelantische Ebene, welche dieses Gebirge umgehen, sind dennoch vorhanden, so daß durch das Gebirge eigentlich bewirkt wird, daß die Bewohner von Chalkis einen großen Teil der Ebene für sich selbst in Anspruch nehmen können.[56] Westlich der Stadt liegt die Meerenge, der Euripos, welcher den Übergang auf das griechische Festland ermöglicht und offenbar seit den frühesten Zeiten eine wichtige Handelsroute war. Schließlich liefert innerhalb des Stadtgebietes der Arethusa-Brunnen reichlich Trinkwasser. Eine bessere Stelle für eine Stadt also könnte man sich gar nicht wünschen. Dementsprechend wurde das historische Chalkis den Keramikfunden zufolge sehr früh – wohl im elften Jahrhundert – gegründet.[57]

Abgesehen von diesen natürlichen Vorzügen entwickelte sich in Chalkis bereits in den frühesten Zeiten auch eine Metallindustrie. Darauf weist schon der Name der Stadt hin, denn dem Ortsnamen Χαλκίς liegt ohne jeden Zweifel die Wurzel χαλκ- (Bronze) zugrunde. Diese Etymologie ist jedoch nicht unangefochten geblieben, denn Bakhuizen behauptete unlängst, der Name Χαλκίς sei vorgriechisch. Seine Meinung bekräftigte er mit einem Verweis auf das Fehlen von Kupferbergwerken auf Euboia, zumal es ohne Kupfer keine Bronze geben kann.[58] Indes deutet χαλκ- im Griechischen nicht ausschließlich auf Bronze hin, da bekanntlich von diesem Stamm die Wörter für „Schmied" und „Schmiede" abgeleitet wurden.[59] Die vorzüglichen Schwerter, welche die χαλκεῖς, „Schmiede," in der „Schmiedestadt" herstellten, preist zudem manch ein archaischer Dichter.[60] Des weiteren importierten die Euboier im elften und zehnten Jahrhun-

---

56 Vgl. L.H. Sackett u.a., Prehistoric Euboea: Contributions toward a Survey, ABSA 61, 1966, 67. Obschon sie Xeropolis (siehe unten Kapitel 2, Teil 3) für die bedeutendste Stadt der Ebene halten, sagen sie, „[Chalkis] evidently encroached on the Lelantine Plain"; eine Siedlung auf dem Vathrovoúnia-Gebirge „would have overlooked the plain" usw.

57 Andreiomenou, Skyphoi (Anm. 55) 74; Bakhuizen, Chalcidian Studies 1 (Anm. 55) 94.

58 Bakhuizen, Chalcidian Studies 3 (Anm. 55) 58–64. Die antiken Quellen (Strab. 10,1,9, p. 447, und Plut. De defectu oraculorum, 43, p. 434, u.a.m.) sprechen trotzdem von Kupfer auf Euboia. Man sieht hier, so deutlich wie man es sich nur wünschen könnte, einen etymologischen Mythos, denn die antiken Gelehrten nahmen zu Unrecht an, daß es Kupfer in der Nähe der ehernen Stadt gegeben hätte.

59 LSJ, s.v. χαλκεύς und χαλκεία. Vgl. Hdt. 1,68: [Λίχης] ἐλθὼν ἐς χαλκήιον ἐθεῖτο σίδηρον ἐξελαυνόμενον καὶ ἐν θώματι ἦν ὁρῶν τὸ ποιεόμενον. μαθὼν δὲ μιν ὁ χαλκεὺς κτλ., „[Liches] ging in eine *Schmiede* und sah wie das *Eisen* getrieben wurde. Und mit Staunen beobachtete er, was da getan wurde. Aber der *Schmied* bemerkte ihn usw..."

60 Alk. Fr. 357 Lobel-Page = Ath. 14, p. 627; vgl. Aischyl. Fr. 703 Mette = Plut. De defectu oraculorum, 43, p. 434. Zu Eisen auf Euboia Bakhuizen, Chalcidian Studies 3 (Anm. 55) 45–49.

dert Kupfer von Zypern, und es ist anzunehmen, daß euboiische Schmiede dieses Metall bearbeiteten.[61] Also bedarf eine euboiische Stadt mit dem Namen „die Bronze- oder die Schmiedestadt" keineswegs der Erklärung. Wie es scheint, kann die übliche Etymologie ungeachtet der Einwände Bakhuizens akzeptiert werden.[62]

Wie bereits angedeutet, beteiligten sich die Chalkidier am Handel. In erster Linie erklärt sich dies aus der Lage der Stadt, denn eine Siedlung mit einer guten Hafenbucht, die zudem einen wichtigen Handelsweg beherrschte, wird sicherlich auf dem Meer tätig gewesen sein. Natürlich besagen dies auch die antiken Quellen, welche von chalkidischer Kolonisation im Westen und im Norden recht viel zu berichten wissen. Gerade deswegen verwundert es, daß sich Meinungsäußerungen in der Sekundärliteratur finden, welche da behaupten, das archaische Chalkis habe aus irgend einem Grunde keine eigene Flotte besessen.[63] Die euboiische Kolonisation wollen die Schweizer Ausgräber von Eretria außerdem

---

61 Siehe J.N. Coldstream, Geometric Greece, London 1977, 41.

62 Bakhuizens weitere Überlegungen (Le nom de Chalkis et la colonisation chalcidienne, Nouvelle contribution à l'étude de la société et de la colonisation eubéennes [Cahiers Bérard 6], 1975, 163–174) zu diesem Namen sind zu spekulativ.

63 Siehe N.M. Kontoleon, Οἱ ἀειναῦται τῆς Ἐρετρίας, AE 1963, 1–45; akzeptiert von P. Auberson und K. Schefold, Führer durch Eretria, Bern 1972, 21. B. d'Agostino, Osservazioni a proposito della guerra lelantina, DArch 1, 1967, 20–37, hängt von Kontoleons Arbeit stark ab. Kontoleon will nun zeigen, daß die ἀειναῦται (wörtlich: ewige Seeleute) Eretrias die mächtigste Flotte Griechenlands in der Frühzeit dargestellt hätten und daß die Chalkidier auf diese Flotte für ihre Koloniegründungen angewiesen gewesen seien. M.a.W.: Chalkis habe keine eigene Flotte (zumindest keine bedeutende) gehabt, was schlechtweg absurd ist. Das Ganze hat Bakhuizen, Chalcidian Studies 3 (Anm. 55) 32, schon widerlegt, nur taucht die Theorie immer wieder aus der Versenkung auf: Siehe z.B. Andreiomenou, Γεωμετρικὴ καὶ ὑπογεωμετρικὴ κεραμεικὴ ἐξ Ἐρετρίας, ArchEph, 1975, 206 Anm. 1. Auch L. Kahil, Contribution à l'étude de l'Érétrie Géométrique, Festschrift Kontoleon, Athen 1980, 525–531, glaubt noch an diese Theorie: „N. Kontoleon a insisté sur le fait que les Chalcidiens eurent besoin de l'aide de la puissante flotte érétrienne pour fonder un certain nombre de leur colonies" (527) und „les fouilles systématiques…ont mis au jour d'importants ensembles d'époque géométrique, qui confirment les hypothèses présentées par N. Kontoleon" (525). (Für die archäologischen Funde, auf die sich Mme. Kahil beruft, siehe die nächste Anmerkung.) Kontoleons Theorie stützt sich nun auf drei Inschriften: IG 12,9,909 und 923, und B.C. Pétrakos, Dédicace des ἀειναῦται d'Érétrie, BCH, 87, 1963, 545–547. Diese Inschriften, von denen zwei eigentlich aus Chalkis stammen und keine älter als das fünfte Jahrhundert ist, erwähnen ἀειναῦται. Über diese Gilde der „ewigen Matrosen" auf Euboia ist sonst nichts bekannt, wenngleich wir den Namen in Milet wieder finden (Plut. Quaestiones Graecae, 32, p. 298), wo die ἀειναῦται allerdings *Politiker* sind. Plutarchs Erklärung des Namens lehnt W.R. Halliday, The Greek Questions of Plutarch, Oxford 1928, 146, ab, der statt dessen an einen Spitznamen der „party of the merchant Aristocracy" denkt, was durchaus zutreffen kann. Die euboiischen ἀειναῦται waren wohl irgendein euboiischer Verein oder Kollegium, Gemeingut von Chalkis und Eretria; ein Vergleich mit den ἀειναῦται von Milet ist gewagt. Schließlich kann man die ἀειναῦται nicht einfach zu einer ausschließlich eretrischen Flotte des achten Jahrhunderts werden lassen, und selbst wenn man dies tut, ist immer noch nicht erwiesen, daß Chalkis auf diese Flotte angewiesen war.

in eine eretrische umwandeln.[64] Derlei Theorien muß man einfach zurückweisen, denn die Kolonisationstätigkeit von Chalkis ist viel zu oft in den literarischen Quellen belegt, als daß sein großer Anteil an der euboiischen Kolonisation des achten Jahrhunderts erfolgreich abgestritten werden könnte.[65] Für diese Koloniegründungen übrigens war Chalkis ganz offenkundig auf eine eigene Flotte angewiesen.

Dem raschen wirtschaftlichen und nautischen Reifungsprozeß von Chalkis entspricht dann aufs beste die politische Entwicklung, die ihrer Zeit ebenfalls voraus war. Denn zur Zeit der ersten Koloniegründungen im Norden des Ägäischen Meeres war das Königtum in Chalkis bereits zugrunde gegangen.[66] Diese Pflanzstädte wurden wohl in der zweiten Hälfte des achten Jahrhunderts gegründet – wie wir im nächsten Kapitel sehen werden –, also regierten schon um 750 keine Könige mehr. An ihre Stelle waren die Hippobotai getreten, eine aristokratische Gruppe, welche den Penthilidai von Lesbos, den Basileidai von Erythrai oder den Bakchiaden von Korinth geähnelt haben muß.[67] Ein Mitglied des chalkidischen Adels hieß Amphidamas, anläßlich dessen Todes im Kriege die Chalkidier Leichenspiele veranstalteten.[68] Bei Hesiod findet sich nun der Hauptbeleg für diesen Adligen, doch macht ein Scholiast zu dieser Stelle darauf aufmerksam, daß Plutarch diese Stelle für eine Interpolation gehalten habe. An den betreffenden Versen jedoch gibt es wenig, das auf Unechtheit hinwiese,

64 Sie (z.B. Auberson-Schefold, Führer, [Anm. 63] oder Kahil, Contribution [Anm. 63]) wollen es nicht wahrhaben, daß die eretrische und die chalkidische Keramik des geometrischen Zeitalters sich gegenwärtig nicht unterscheiden lassen (dazu J. Boardman, Early Euboean Pottery and History, ABSA, 52, 1957, 2–5). Deswegen sagt man „euboiisch," wenn man von der Keramik spricht. Aber wenn man glaubt, daß euboiische Keramik nur eretrisch sein könne, muß man, um ein Beispiel herauszugreifen, Al Mina zu einer „eretrischen Handelsfaktorei" machen (J.-P. Descœudres, Zagora auf der Insel Andros - eine eretrische Kolonie? AK, 16, 1973, 88, in Anlehnung an Boardman, ebenda, der natürlich nichts dergleichen sagt). Schefold-Auberson, ebd. und Kahil, ebd. zitieren Boardman und Coldstream, als ob diese der Meinung wären, daß euboiische Keramik im Westen und im Osten eindeutig eretrisch sei. Vgl. den Wortlaut bei Coldstream, Geometric Greece (Anm. 61) 225, oder Boardman, The Greeks Overseas, London 1980, 42 oder 162. Sie sagen immer „euboiisch," wenn sie vom archäologischen Befund sprechen. Der archäologische Befund in Pithekoussai und anderen Schauplätzen euboiischer Kolonisation zeigt nur, daß Euboier dort waren. Für eine genauere Bestimmung der Beteiligten an einer bestimmten Gründung sind wir auf die literarische Tradition angewiesen, welche von chalkidischer oder eretrischer Kolonisation spricht.
65 Siehe unten Kapitel 3.
66 Aristot. Fr. 603 Rose = Strab. 10,1,8, p. 447. Es ist möglich (trotz Rose), daß dieses Fragment nicht dem Philosophen, sondern dem gleichnamigen Lokalhistoriker zuzuschreiben ist, obwohl Jacoby, FGrHist 423 samt Kommentar dazu, der Meinung ist, daß dieses Fragment sicherlich dem Philosophen entstammt. Besprechung eines ähnlichen Problems unten zu Anm. 670.
67 Hippobotai (Hdt. 5,77,2); Penthilidai (Alk. Fr. 75 Lobel-Page; Sappho, Fr. 71 Lobel-Page; Aristot. Pol. 1311b; Plut. Terrestriane an aquatilia animalia sint callidera, 36, p. 984); Basileidai (Aristot. Pol. 1305b); Bakchiaden (Hdt. 5,92β,1).
68 Hes. Op. 654–656, samt dem Scholion (Plut. Fr. 84 Sandbach). Weiteres zu Amphidamas und dieser Hesiodstelle unten zu Anm. 129; siehe auch Kapitel 4, Teil 4.

obschon Julius Beloch glaubte, daß die Stelle zweifelsohne nicht authentisch sei[69] und Vincenzo Costanzi alles über Amphidamas für späte Erdichtung nach epischem Vorbild hielt.[70] Es folgt das Zitat:

ἔνθα δ' ἐγὼν ἐπ' ἄεθλα δαΐφρονος ᾽Αμφιδάμαντος
Χαλκίδα τ' εἰσεπέρησα· τὰ δὲ προπεφραδμένα πολλὰ
ἄεθλ' ἔθεσαν παῖδες μεγαλήτορος.[71]

„Dann aber ging ich anläßlich der Leichenspiele des kriegerischen Amphida-mas nach Chalkis hinüber; viele im voraus angekündigte Leichenspiele ver-anstalteten die Söhne des Hochherzigen."

Es spricht ein früharchaischer Dichter von seinen eigenen Taten, und daran ist doch nichts Außergewöhnliches.[72] Außerdem kennen wir eine beachtenswerte Parallele für derartige Ehrungen auf Euboia aus Eretria,[73] weswegen ich keinen Grund sehe, die Hesiodstelle zu athetieren.

2. ERETRIAKA

Obgleich Eretria die einzige Stadt des geometrischen Griechenlands ist, die wir von der Archäologie her relativ gut kennen, gibt es dennoch bis heute keine zusammenfassende Veröffentlichung der Funde. Statt dessen liegen eine Reihe von Einzelpublikationen,[74] mehrere vorläufige Berichte und Aufsätze in ver-schiedenen Zeitschriften[75] bzw. Schriftenreihen, sowie ein für unsere Fragestel-lung wertloser Führer[76] vor: davon ist viel bereits veraltet oder war von Anfang an vorläufigen Charakters. Jüngst aber hat Alexander Mazarakis Ainian einen kurzen Artikel veröffentlicht, der mit aller Gewalt eine Zusammenfassung an-strebt[77] und der trotz vielen äußerst willkürlichen Schlußfolgerungen dennoch den besten Zugang in das chaotische Knäuel der zerstreuten Fachliteratur dar-stellt. – Es folgt nun ein kurzer Abriß der Geschichte Eretrias von der Gründung

69 Beloch, Gr. Gesch., I.1², 339 Anm. 1. (Er stützte sich anscheinend nur auf die Meinung Plutarchs – siehe vorhergehende Anmerkung)

70 V. Costanzi, La guerra lelantea, A&R 5, 1902, 774–775.

71 Hes. Op. 654–656.

72 Siehe z.B. A. Lesky, Geschichte der griechischen Literatur, Bern 1971, 114. G. Tedeschi, La guerra lelantina e la cronologia esiodea, Festschrift Stella, Trieste 1975, 150–153, spricht sich entschieden für die Echtheit dieser Zeilen aus.

73 Siehe unten zu Anm. 129.

74 Eretria, 1–7; für uns sind die folgenden Bände wichtig: C. Bérard, L'hérôon à la porte de l'ouest (Eretria 3), Berne 1970; C. Krause, Das Westtor (Eretria 4), Bern 1972; und Descœudres u.a., Eretria 6, Berne 1978.

75 Hauptsächlich in AK 7–25, 1964–1982. Weiteres in den Zeitschriften AD und PAA in demselben Zeitraum. Siehe auch die Artikel von Andreiomenou, in AE 1975, 1977, 1981–1983, und in AM 100–101, 1985–1986; und den Artikel von P.G. Themelis, ᾽Ερετριακά, AE 1969, 143–178.

76 P. Auberson und K. Schefold, Führer durch Eretria, Bern 1972.

77 A.M. Ainian, Geometric Eretria, AK 30, 1987, 3–24.

bis zur Mitte des siebenten Jahrhunderts, dem ausführliche Behandlungen zweier
für den Lelantischen Krieg aufschlußreicher Probleme (nämlich der Wehrmauer
und des Heroons) angeschlossen werden sollen.

A. Zur Besiedlung, Topographie und Geschichte der Stadt.

Das geometrische Eretria wurde im neunten Jahrhundert gegründet.[78] Diese
Datierung ermöglichen in erster Linie einige vereinzelt aufgefundene, protogeo-
metrische Scherben, die ins neunte Jahrhundert datiert werden.[79] Zudem hat man
auch einen Amphoriskos (875–800) gefunden, der wohl einem Grabe zuzuordnen
ist,[80] sowie ein weiteres Grab, das man um die Mitte des neunten Jahrhunderts
datieren kann.[81] Die aus der ersten Hälfte des achten Jahrhunderts stammende,
geometrische Keramik ist häufig,[82] während einige Einäscherungen in den Zeitraum von 800 bis 760 gehören.[83] Aus der zweiten Hälfte des achten Jahrhunderts
stammen zahlreiche Funde. Die ersten großen Bauten entstanden um die Mitte
des achten Jahrhunderts[84]: dabei handelt es sich um die ovalen Apsidenhäuser auf
dem Gelände des späteren Apollontempels. Welchem Zwecke diese Bauten
dienten, ist noch nicht eindeutig geklärt. Anfangs glaubten die Schweizer Ausgräber, sie hätten Nachbildungen mythischer Apollontempel entdeckt,[85] während
Ainian neuerdings an eine quasiheilige Residenz der eretrischen Fürsten denkt.[86]
Dies alles ist natürlich Mutmaßung.

Die topographische Lage der Stadt läßt ohne weiteres darauf schließen, daß
die Eretrier diese Stelle wegen eines guten Hafens besiedelten, denn nichts
anderes kann sie dazu bewogen haben, gerade hier eine Siedlung anzulegen. Die
geometrische Stadt befand sich doch auf einem dreieckigen Gelände an der
Küste, während die Akropolis der klassischen Stadt im Binnenland lag und in die

---

78 Siehe P.G. Themelis, An eighth Century Goldsmith's Workshop at Eretria, in: R. Hägg
    (Hrsg.), The Greek Renaissance of the eighth century B.C., Athens 1983, 157, oder
    Andreiomenou, Keramik aus Eretria II, AM 101, 1986, 110.
79 Boardman, Euboean Pottery (Anm. 64) 14; ders., Pottery from Eretria, ABSA 47, 1952, 4
    (Tafel I A, 18) und 9 (8, Abb. 13b); V.R.d'A. Desborough, Protogeometric Pottery, Oxford
    1952, 199; I.K. Konstantinou, Ἔκθεσις ἐργασιῶν ἐν Ἐρετρίᾳ, PAA, 1952, 159, Abb. 4,2;
    Kahil, Érétrie à l'époque géométrique, ASAA 59, 1981, 167; Themelis, Ἐρέτρια, AAA 3,
    1970, 314–316; Andreiomenou, Keramik aus Eretria II, AM 101, 1986, 97 und 99.
80 Themelis, PAA, 1976, 76 Tafel 39a.
81 A. Altherr-Charon, AK 24, 1981, 83. (Das Grab enthielt ein eisernes Schwert.)
82 Siehe jetzt Andreiomenou, Keramik aus Eretria I, AM 100, 1985, 23–38, und dies., Kera-
    mik 2 (Anm. 78) 97–111.
83 K. Kourouniotes, Ἀγγεῖα Ἐρετρίας, AE 1903, 1–9; Coldstream, Geometric Greece (Anm.
    61) 88.
84 Ainian, Geometric Eretria (Anm. 77) 10–14.
85 Bérard, Architecture érétrienne et mythologie delphique. Le Daphnéphoréion, AK 14,
    1971, 59–73. Ein Haus sollte die Laubhütte Apollons gewesen sein, während ein anderes
    seinen Tempel aus Bienenwaben und Vogelfedern dargestellt haben sollte (zu diesen
    mythischen Heiligtümern Paus. 10,5,9). Als andere ähnliche Bauten entdeckt wurden,
    mußte man diese Interpretation aufgeben.
86 Ainian, Geometric Eretria (Anm. 77) 20–21.

geometrische nicht einbezogen worden war. An einer Fluchtburg war den Siedlern folglich kaum gelegen. Das von ihnen besiedelte Gebiet war von den beiden Armen eines Baches umgeben (der Hauptarm floß in südlicher Richtung die westliche Seite der Stadt entlang, während der Nebenarm in östlicher Richtung um die Stadt floß), von mehreren abzweigenden Bachläufen durchflossen und infolgedessen regelmäßigen Überschwemmungen ausgesetzt. Die einzige Möglichkeit, eine Besiedlung an solch einem Orte zu erklären, ist die Annahme, daß ein guter Hafen (d.h. eine Bucht) die Nachteile der Stelle (regelmäßige Überschwemmungen und eine ferne Akropolis) auszugleichen vermocht habe.

Ungeachtet solcher grundsätzlicher Überlegungen bestehen auch andere Hinweise auf die Existenz einer Bucht, denn im östlichen Teil der geometrischen Stadt gab es eine frühhelladische Siedlung. Da Frühhelladiker gern am Meere siedelten, spricht alle Wahrscheinlichkeit dafür, daß hier in der Tat eine Bucht gelegen hatte,[87] deren Vorhandensein schließlich geologische Untersuchungen bestätigten.[88] Diese Bucht wurde, wie es scheint, im Laufe des achten und siebenten Jahrhunderts allmählich zur Lagune.[89] Der Nebenarm des Baches mündete übrigens in die Bucht.

Da die Bewohner großen Wert auf die Präsenz einer Bucht legten, ist Handelstätigkeit auf dem Meer anzunehmen. Dafür spricht auch die Konzentration der Siedlung am Meer während der ersten Hälfte des achten Jahrhunderts.[90] Auch an den Namen der Stadt müssen wir in diesem Zusammenhang denken, denn Ἐρέτρια ist höchstwahrscheinlich das Femininum zu ἐρέτης („Ruderer") und bedeutet „die Ruderin," d.h. „die Stadt der Ruderer."[91] Als Parallele zur Benennung einer Stadt nach einer wichtigen Tätigkeit ihrer Bewohner bietet sich Χαλκίς an, denn Χαλκίς bedeutet doch nichts anderes als „Stadt der Schmiede."[92]

Eretria entwickelte sich rasch zu einer bedeutenden und mächtigen Stadt. Auf die Kolonisation des Westens und des Nordens, an der Eretria in hohem Grade beteiligt war, werden wir im nächsten Kapitel noch zu sprechen kommen. Von der ehemaligen Macht des vorhellenistischen Eretria, namentlich der Herrschaft über die nördlichen Kykladeninseln Andros, Tenos und Keos, berichtet uns Strabon.[93] Einige Forscher haben nun vorgeschlagen, diese Angabe Strabons weise auf das vierte Jahrhundert v. Chr.[94] oder aber auf die Zeit unmittelbar vor

---

87 Themelis, Ἐρετριακά (Anm. 75) 155, Abb. 6.
88 Schefold, AD 24, 1969, Χρονικά 205; Skizze der Bucht bei Themelis, Ἐρετριακά (Anm. 75) Abb. 3.
89 Schefold, AD 24, 1969, Χρονικά 205.
90 Andreiomenou, Keramik I (Anm. 82) 24 Anm. 11.
91 Zu Unrecht von Bakhuizen, Chalcidian Studies 3 (Anm. 55) 33, geleugnet.
92 Siehe oben zu Anm. 62.
93 Strab. 10,1,10, p. 448.
94 Z.B. Bakhuizen, Chalcidian Studies 3 (Anm. 55) 29–31. Gewiß übte Eretria um 400 eine große Macht aus: Die Verbindungen mit Karystos waren zu dieser Zeit sehr eng (D. Knoepfler, Carystos et les Artémisia d'Amarynthos, BCH 96, 1972, 283–301) und die Einnahme Styras gehört zudem in diese Zeit (Knoepfler, Le Date de l'annexion de Styra par Érétrie, BCH 95, 1971, 223–244). Viel wichtiger aber sind die Anlehnungen im Staatsrecht

den Perserkriegen[95] hin. Es spricht nichtsdestoweniger einiges dafür, daß sie sich auf das achte Jahrhundert bezieht. Denn in diesen Jahren waren die kykladische und die euboiische Keramik aufs engste verwandt.[96] Da Euboia offensichtlich das mächtigere der beiden Gebiete war, darf man annehmen, daß die Kykladen (insbesondere jene Inseln, die sehr nahe an Euboia lagen) zumindest in kultureller Hinsicht unter euboiischem Einfluß standen. Auf Andros gab es zu dieser Zeit außerdem eine euboiische Festung, die um 700 verlassen wurde.[97] Zu Strabons Bericht sei noch angemerkt, daß er für die frühere Macht Eretrias einen zweiten Beleg anführt: Er erwähnt nämlich eine Stele, auf der in einer Inschrift von einem Festzug in Eretria berichtet wurde, an welchem angeblich 3000 Hopliten, 600 Reiter und 60 Streitwagen teilgenommen hatten.[98] Die Anwesenheit der Streitwagen deutet nun ohne jeden Zweifel auf die Frühzeit hin. Sofern sich diese Nachricht über die frühere Macht Eretrias mehr oder minder auf dasselbe Zeitalter wie die Bemerkung zu den nördlichen Kykladen bezieht, ist wohl am ehesten

von Keos an das von Eretria: dazu D.M. Lewis, The federal Constitution of Keos, ABSA 57, 1962, 1–4. Doch weisen die von Lewis behandelten Inschriften (SEG 14,530 und IG 12,5,594) auch einige Elemente des athenischen Staatsrechtes auf, und zwar die Gliederung der Polisgemeinde in Phylen und Trittyen. Solch einer Gliederung aber war das eretrische Staatsrecht entschieden entgegengesetzt, wie W.P. Wallace, The Demes of Eretria, Hesperia 16, 1947, 115–146, nachgewiesen hat. Vielleicht deutet die keische Verfassung eher auf die pragmatische Haltung einer Insel hin, die nicht nur nahe bei Eretria, sondern auch nahe bei Athen lag.

95   Die Liste der Thalassokratien bei Eusebios (in beiden Versionen des Kanons) setzt eine eretrische Thalassokratie vor den Perserkriegen an. A.R. Burn, The so-called „Trade-Leagues" in Early Greek History and the Lelantine War, JHS 49, 1929, 34, findet dies glaubhaft. Vgl. auch Sir John L. Myres, On the „List of Thalassocracies" in Eusebius, JHS 26, 1906, 96–97, der weitere Argumente für eine eretrische Thalassokratie zu dieser Zeit anzuführen sucht. Er weist auf die eretrische Hilfeleistung an Milet während des Ionischen Aufstandes (Hdt. 5,99,1, sagt, daß die fünf eretrischen Trieren lediglich ein kleiner Zusatz zu der athenischen Flotte gewesen seien) sowie auf die mutmaßliche Teilnahme der Eretrier an der athenischen Eroberung von Chalkis im Jahre 506 hin. In beiden Fällen aber spricht doch alles für ein mächtiges Athen und ein viel schwächeres Eretria. Im übrigen habe ich kein sehr großes Zutrauen zu Eusebios' Thalassokratienliste: dazu jetzt L.H. Jeffery, Archaic Greece, London 1976, Appendix 3. Vgl. jedoch W.G. Forrest, Two chronographical notes, CQ 19, 1964, 95–103, welcher der Liste Glauben schenkt.
96   Boardman, Euboean Pottery (Anm. 64) 6.
97   Die betreffende Siedlung auf Andros ist dem Meere zugewandt, besitzt zwei Häfen und ist durch Befestigungsanlagen von der übrigen Insel abgesondert. Die meisten importierten Funde stammen aus Euboia, was ohnehin zu erwarten war. Andere Funde weisen dagegen auf Kontakte mit dem Nahen Osten, Athen und Korinth hin, Kontakte, die man eigentlich nicht auf Andros erwartet. Alles zusammen zeigt, daß es sich um einen euboiischen Posten, eine Zwischenstation auf dem Wege in den Osten, handelt. Siehe jetzt A. Cambitoglou u.a. Zagora 2, Athens 1988, 241. Siehe auch Descœudres, Eretrische Kolonie (Anm. 64) 87–88, der aber zu viel Wert auf die enge Verwandtschaft euboiischer – nicht eretrischer, wie er sagt – und andrischer Keramik legt. Alle kykladische Keramik *sieht* genauso wie die euboiische aus: die Unterscheidung ermöglicht nur der Glimmergehalt – Boardman, Euboean Pottery (Anm. 64) 6. Deswegen deutet die andrische Keramik weder auf Euboia noch auf einen bestimmten Ort auf Euboia hin.
98   Strab. 10,1,10, p. 448

anzunehmen, daß Eretria im achten Jahrhundert über Andros, Tenos und Keos
herrschte. Insofern wir der Angabe Strabons Glauben schenken dürfen, war
Eretria eine mächtige Stadt, als sich das achte Jahrhundert seinem Ende näherte.
Für den Reichtum Eretrias um diese Zeit sprechen auch die archäologischen
Zeugnisse. Es handelt sich hierbei um die aus den Gräbern des Heroons stammenden, goldenen Schmuckstücke[99] sowie um eine prosperierende Goldschmiede in
der Stadt selbst.[100]

Diese Goldschmiede wurde auf unklare Weise kurz vor 700 zerstört.[101] Das
Haus, in dem sich die Schmiede befand, lag unmittelbar südlich vom Nebenarm
des Baches, und eine gewaltige Überschwemmung kann deswegen nicht ausgeschlossen werden. Im Bereich des Möglichen läge aber auch ein Angriff auf die
Stadt.[102] Wie dem auch sei, zu seinem vergrabenen Gold kehrte der Schmied nie
zurück.

Zu Beginn des siebenten Jahrhunderts bauten die Eretrier eine Wehrmauer
um ihre Stadt[103] und leiteten zur selben Zeit den ganzen Strom des Baches in den
Nebenarm, welcher dann zur Gänze in die Bucht floß. Die Umleitung des Baches
sollte nach Schefold die Bucht, welche zu verlanden drohte, durchspülen.[104]
Doch hätte der umgeleitete Bach noch mehr Sediment angespült. Es muß also
anderes gewesen sein, was die Eretrier dazu bewog, dieses ganze Unternehmen
durchzuführen. Rein militärische Überlegungen bieten sich als das Wahrschein-
lichste an: vielleicht sollte der Bach im Laufe der Zeit einen Graben ähnlich dem
des alten Bettes herstellen. Auf militärische Angelegenheiten deuten auch die
eingeäscherten Krieger, welche mitsamt ihren Waffen zur Ruhe gelegt wurden.[105] Von Bedeutung sind schließlich auch die Opfer, welche die Eretrier
diesen Kriegern zu späteren Zeiten in einem Heroon darbrachten. Diese Ehrungen fingen um 680 an – deutlich nach der letzten Bestattung in diesem Friedhof
also, sogar Jahrzehnte nach der wichtigsten (der des in Grab 6 beigesetzten Fürsten) – und dauerten bis ins sechste Jahrhundert hinein.[106] Der plötzliche Beginn
dieser Ehrungen deutet vielleicht auf einige politische Schwierigkeiten der Eretrier hin, zumal gewöhnliche Gefallenenehrung hier nicht in Frage kommt, da
diese gleich nach dem Heldentod auf dem Schlachtfelde begonnen und allen
Gefallenen statt einigen wenigen Adligen und nur Gefallenen (unten den Verehrten befanden sich auch Kinder) gegolten hätte. Hervorhebung verdient auch der
Unterschied zwischen der eretrischen und normaler Heroenverehrung, der in aller

---

99 Gräber 6, 10 und 14: Bérard, Hérôon (oben Anm. 74) 14, 21 und 35.
100 Themelis, Goldsmith (Anm. 78) 157–165.
101 Themelis, Goldsmith (Anm. 78) 160.
102 So Ainian, Geometric Eretria (Anm. 77) 18.
103 Siehe unten, Kapitel 2, Teil 2,B.
104 Schefold, AD 24, 1969, Χρονικά 205. Ainian, Geometric Eretria (Anm. 77) 16, schlägt vor,
    daß man den Bach umgeleitet habe, um einen Sumpf im Südwesten zu entwässern, damit
    die Stadt in dieser Richtung wachsen könnte. Diesen Sumpf postuliert er aber nur um seiner
    Theorie willen, denn die Stadt wuchs nie in dieser Richtung. Im Südwesten lag doch die
    Nekropole, und westlich davon bauten die Eretrier nie.
105 Siehe unten, Kapitel 2, Teil 2,C.
106 Siehe unten, Kapitel 2, Teil 2,C.

Regel die Entdeckung eines prähistorischen Grabes – z.B. jenes der Sieben gegen Theben in Eleusis – vorausging. Meines Erachtens sind wir in Anbetracht all dessen dazu berechtigt, den Auslöser der sehr ungewöhnlichen eretrischen Verehrung in etwaigen externen, allenfalls internen Schwierigkeiten erblicken zu wollen.

Der Vollständigkeit halber füge ich diesem Abschnitt noch hinzu, daß man an der Keramikherstellung – der euboiische Stil bleibt in Eretria bis ins sechste Jahrhundert hinein unverändert bestehen – weder innere noch äußere Besorgnisse der Eretrier wahrnehmen kann. Diesen Umstand hat ein Forscher (Sir John Boardman) als Indiz dafür ausgewertet, daß Eretria im Lelantischen Krieg den Sieg davon getragen habe.[107] Darauf werden wir im letzten Kapitel noch zu sprechen kommen.

B. Die Wehrmauer von Eretria.

Den Befund stelle ich zuerst in aller Kürze dar. Längs des Bachbettes im Norden der Stadt verlief eine archaische Mauer, von der zwei Teilstücke auf dem südlichen Ufer des Nebenarmes erhalten sind. Den ersten Teil unter dem späteren Westtor datierte Krause, der als erster das Mauerwerk untersuchte und dem der zweite Teil noch nicht bekannt geworden war, ins zweite Viertel des siebenten Jahrhunderts.[108] P.G. Themelis entdeckte den zweiten Teil, der östlich des Westtores lag, und datierte diesen ins späte achte Jahrhundert.[109] Beide Teile datierte Krause später ins frühe siebente Jahrhundert, und scheint sich damit allgemeiner Zustimmung zu erfreuen.[110] Unter dem Westtor gab es auch ein kleines Bruchstück (desselben Mauerwerks?) mit nord-südlicher Orientierung.[111] Nördlich des Westtores, auf der anderen Seite des Nebenarmes, gibt es weitere Mauerstücke, deren chronologische Zugehörigkeit zu der Mauer südlich des Nebenarmes nicht mit absoluter Sicherheit festgestellt werden konnte.[112]

Als die Mauer erbaut wurde, legten die Eretrier, wie bereits gesagt, den Hauptarm des Baches trocken und leiteten den ganzen Bach in den Nebenarm um.[113] Ein offensichtlicher Zweck der Mauer war es, die Stadt vor einer Überschwemmung durch den umgeleiteten Bach zu schützen. Da die Mauer nichtsdestoweniger viel stärker war, als es der Druck des Baches erfordert hatte, nahm Krause an, daß es sich um eine Wehrmauer handelte.[114] Soviel ich weiß, ist diese Schlußfolgerung unbestritten geblieben.

107 Boardman, Euboean Pottery (Anm. 64) 28.
108 Krause, Westtor (Anm. 74) 18–19.
109 Themelis, PAA, 1974, 38; akzeptiert von Bérard, Topographie et urbanisme de l'Érétrie archaïque: l'Hérôon, in Descœudres u.a. Eretria 6 (Anm. 74) 93, und (nach Angabe von Bérard) auch von Krause.
110 Krause, Zur städtebaulichen Entwicklung Eretrias, AK 25, 1982, 141; akzeptiert von Ainian, Geometric Eretria (Anm. 77) 16.
111 Krause, Westtor (Anm. 74) 16–17.
112 Krause, AD 22, 1967, Χρονικά 271–273.
113 Krause, Westtor (Anm. 74) 8–9.

Zum weiteren Verlauf dieser Wehrmauer gibt es drei Thesen. 1.) R. Martin schlug vor, daß die Wehrmauer die Akropolis geschützt habe.[115] Doch steht die Wehrmauer auf der falschen Seite des Baches und kann die Akropolis allein deshalb unmöglich geschützt haben.[116] 2.) Themelis und ihm folgend Ainian nehmen an, daß die Wehrmauer nur den nördlichen Teil der Stadt geschützt habe.[117] 3.) Zufolge der dritten These, die Krause in Erwägung gezogen hat, lief die Mauer in südlicher Richtung fort und schützte so die ganze Stadt.[118] Die zweite und die dritte Theorie setzen einen bisher unentdeckten Teil der Mauer voraus:

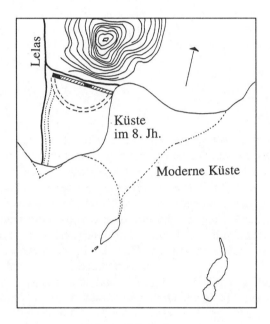

■▨▨▨▨▨■ : gesicherter Verlauf

:::::::::: : von Ainian vorgeschlagener Verlauf

⁓ ⁓ ⁓ ⁓ ⁓ : von Themelis vorgeschlagener Verlauf

Abbildung nach Themelis, Ἐρετριακά (Anm. 75) Abb. 3; Krause, Entwicklung (Anm. 110) Abb. 2.

---

114 Krause, Westtor (Anm. 74) 17.

115 R. Martin, Problèmes de topographie et d'evolution urbaine, Contribution à l'étude de la société et de la colonisation eubéennes (Cahiers Bérard 2), Naples 1975, 49.

116 Bérard, Hérôon (Anm. 74) 93.

117 Themelis, PAA, 1979, 46–48; Ainian, Geometric Eretria (Anm. 77) 16.

118 Krause, Westtor (Anm. 74) 17–18; siehe auch dens. Entwicklung (Anm. 110) 141.

Etwaige Vorteile der Theorie von Themelis lassen sich nicht erkennen. Denn nach ihr wäre doch fast die ganze Stadt aus westlicher Richtung angreifbar gewesen, da das trockengelegte Bachbett allein schwerlich eine ausreichende Befestigungsanlage hätte darstellen können. Ferner wäre die von Themelis postulierte Mauer mehr oder minder ebenso lang wie die Krauses; d.h., die Eretrier hätten mit derselben Mühe entweder die ganze Stadt oder lediglich einen Teil davon schützen können. Logischerweise hätten sie doch die ganze Stadt vor Angriffen verteidigt. Der Theorie Krauses hält Ainian schließlich entgegen, es gebe keine Spuren einer Mauer im Südwesten der Stadt.[119] Dies ist aber nicht entscheidend, denn die in späterer Zeit auf derselben Stelle erbaute Mauer kann alle Spuren der früheren Mauer verwischt haben. Außerdem gibt es das sich unter dem Westtor befindende Bruchstück mit seiner nord-südlichen Orientierung, das man allenfalls zu einer vollständigen Mauer ergänzen könnte. Dieser Auffassung war Krause von Anfang an, dem ich mich hiermit anschließe: die Mauer umfaßte die ganze Stadt.

C. Das Heroon.

Kurz nach Beginn der Ausgrabungen in Eretria konnte Claude Bérard feststellen, daß vornehme Bürger der Stadt in einem abgesonderten Friedhof auf der westlichen Seite der Stadt beigesetzt wurden. Diese Bestattungen begannen um 720–715 und endeten um 690.[120] Die Erwachsenen wurden eingeäschert, und in ihre Gräber legte man nebst einigen Wertsachen auch Kriegswaffen: Grab 6 enthielt vier Schwerter, deren Längen 79,5 cm, 84,8 cm, 61,3 cm und 61,4 cm betrugen[121]; in Grab 9 befanden sich ein 79 cm langes Schwert und die Fragmente eines anderen[122]; schließlich wurde in Grab 22 ein zerbrochenes Schwert gefunden.[123] Solche langen Schwerter sind offenkundig Hieb- statt Stoßschwerter. Zudem fand man in den Gräbern 5, 6, 8, 9 und 22 Lanzenspitzen, wobei die Art der Lanzenspitzen im Falle von Grab 5 festgestellt werden konnte: diese Spitzen gehörten zu Wurfspeeren (Snodgrass Type J).[124] Infolge all dessen waren die beigesetzten Fürsten Krieger, wollten sich zumindest als Krieger darstellen. Natürlich bedeutet dies nicht, daß die Eingeäscherten einst gegen Chalkis gekämpft hatten, denn dies bleibt noch zu entscheiden.[125]

---

119 Ainian, Geometric Eretria (Anm. 77) 16 (obgleich sich dieser Einwand eigentlich auch gegen die von ihm akzeptierte Theorie richtet).
120 Ainian, Geometric Eretria (Anm. 77) 14.
121 Bérard, Hérôon (Anm 74) 16–17.
122 Bérard, Hérôon (Anm. 74) 19–20.
123 Bérard, Hérôon (Anm. 74) 46.
124 Bérard, Hérôon (Anm. 74) 13, 16–17, 18, 19–20.
125 Interessant ist es jedoch, daß sie im Westen der Stadt beerdigt wurden, d.h. sie blickten gen Westen nach Chalkis. Sollten sie die Stadt vor Angriffen aus dieser Richtung schützen? Oder wurden sie dort beigesetzt, weil die anderen Grabstätten ebenfalls im Westen der Stadt lagen?

Spuren eines Heroenkultes in dieser Nekropole entdeckte Bérard erst im weiteren Verlaufe seiner Untersuchungen: Um 680 wurde hier ein dreieckiges Gebäude errichtet[126]; in einem Bothros daneben fand man Asche, karbonisiertes Holz, Knochen verschiedener Tiere und Keramik, die derjenigen ähnelte, die man mit Totenkult verbindet.[127] Die Eingeäscherten, deren Kult sie bis ins nächste Jahrhundert hinein pflegen sollten, begannen die Eretrier folglich um 680 mit Opfern zu verehren.[128] Für solche Verehrung gibt es in den literarischen Quellen eine euboiische Parallele, und zwar den chalkidischen Krieger Amphidamas, von dem wir bereits gesprochen haben.[129] Angesichts des Totenkultes im eretrischen Heroon wird die Geschichte über die Verehrung des verstorbenen Amphidamas (Hesiod, Op. 654–656) wohl echt sein; und dies dürfte die letzten Zweifel an der Authentizität der betreffenden Hesiodstelle aufheben. In diesem Falle nämlich scheinen die Archäologie und die literarische Tradition einander gegenseitig zu bestätigen, und ich sehe keine Gründe, die eine oder die andere zu bestreiten oder umzudeuten.

3. XEROPOLITIKA

Am östlichen Rande der Lelantischen Ebene zwischen Chalkis und Eretria liegt „Xeropolis" (Lefkandí), die trockene Stadt. Diese den antiken Quellen völlig unbekannte Stadt, die einst wichtiger war als Chalkis und Eretria, ist in den letzten Jahren ausgegraben worden: zwei zusammenfassende Bände von Mervyn Popham und Hugh Sackett liegen bereits vor.[130] Für uns ist diese Stadt aus zwei Gründen interessant: 1.) Sie wurde um 700 (oder kurz davor) zerstört. 2.) Wie es scheint, war sie die Mutterstadt Eretrias. Deshalb zerfällt der folgende Abschnitt in zwei Teile: einen kurzen Abriß der Geschichte von Xeropolis und die Anführung der Argumente für die Verbindung zwischen Xeropolis und Eretria.

A. Zur Geschichte von Xeropolis

Da Chalkis und Xeropolis einige Jahrhunderte lang gleichzeitig bewohnt waren, müssen sie folglich die Ebene untereinander geteilt haben. Während Chalkis den westlichen Teil der Ebene vom Vathrovoúnia-Gebirge aus kontrollieren konnte, gehörte die Ebene östlich des Lelas sicherlich zu Xeropolis. Wieviel von der Ebene westlich des Flusses xeropolitanisches Territorium war, kann man aber nicht mit Sicherheit sagen. Obgleich Xeropolis keinen guten Hafen hat (die zwei

---

126 Ainian, Geometric Eretria (Anm. 77) 14.
127 Bérard, Note sur la fouille au sud de l'Hérôon, AK 12, 1969, 74–79; ders. Hérôon (Anm. 74) 63.
128 Bérard, Hérôon (Anm. 74) 63, 65.
129 Dazu J.N. Coldstream, Hero-Cults in the Age of Homer, JHS 96, 1976, 15.
130 M.R. Popham und L.H. Sackett, Lefkandi 1: The Iron Age (ABSA Suppl. 11), London 1980; Lefkandi 2: The Protogeometric House at Toumba (ABSA Suppl. 22), London 1990.

vorhandenen Häfen sind klein und ungeschützt[131]), waren die Xeropolitaner dennoch tüchtige Kaufleute, wie der archäologische Befund noch deutlich zu erkennen gibt.[132] Nichtsdestoweniger muß sie das Fehlen eines guten Hafens gestört haben. Um 825 zerstörte ein Brand einige Gebäude der Stadt. Nach diesem Brand war die Stadt viel kleiner als zuvor[133], und die Besiedlung im östlichen Teil des alten Stadtgeländes konzentriert. Was auch immer um 825 geschehen war, die Stadt erholte sich nie. Um 700 wurde die Stadt noch einmal eingeäschert und danach endgültig verlassen.[134]

Mit diesen Bränden müssen wir uns jetzt näher befassen. Als eventuelle Ursachen räumen Popham und Sackett ein: 1.) einen Feind außerhalb Euboias, 2.) einen Feind auf Euboia und 3.) einen Parteienstreit innerhalb der Stadt.[135] Der erste Vorschlag scheidet aus, denn in dieser Zeit gab es keine Macht außerhalb Euboias, die dazu fähig gewesen wäre. Auf Euboia hingegen befanden sich zwei mögliche Feinde: Chalkis und Eretria. Zu dieser Zeit aber war Eretria zu klein, als daß es das mächtige Xeropolis hätte angreifen können. Chalkis dagegen käme allenfalls in Frage, doch würde die Annahme einer chalkidischen Eroberung von Xeropolis nicht einwandfrei erklären, was aus den alten Einwohnern dieser Stadt geworden wäre. Nach Eretria flüchteten die Xeropolitaner jedenfalls nicht, denn um diese Zeit bekam jene Stadt keinen so großen Zuwachs. Ein Parteienstreit erscheint mir im übrigen sehr anachronistisch (Popham schlägt sogar vor, daß die Matrosen und Kaufleute nach Eretria gegangen seien, während sich die Schmiede nach Chalkis begeben hätten) und auch sonst unglaubhaft. Der euboiische Reichtum nimmt nämlich zu,[136] und Chalkis und Eretria scheinen im achten Jahrhundert befreundet gewesen zu sein.[137] Auf einen erbitterten Streit mit großen Schäden für die Beziehungen zwischen Chalkis und Eretria oder für den euboiischen Handel, der nachweislich unangetastet fortläuft, gibt es einfach keine Hinweise. Deswegen muß ein Parteienstreit, der die Bevölkerung von Xeropolis entzweit hätte, als sehr unwahrscheinlich gelten.

Es gibt aber auch eine vierte Möglichkeit, einen natürlichen Brand. Denn die Stadt wurde doch nicht endgültig vernichtet, sondern weiterhin bewohnt, was man nach einem natürlichen Brand erwarten würde. Demgegenüber scheint die Zerstörung um 700 durch äußere Feinde verursacht worden zu sein, denn die Stadt wurde nie wieder aufgebaut.[138]

131 Popham-Sackett, Lefkandi 1 (Anm. 130) Tafel 1, 2 und 3.
132 Popham-Sackett, Lefkandi 1 (Anm. 130) 362–363.
133 Popham-Sackett, Lefkandi 1 (Anm. 130) 363–365. Die Spuren eines Brandes weisen zudem einige Gefäße auf, welche wahrscheinlich aus derselben Schicht wie die zerstörten Gebäude stammen. (In den bisher ausgegrabenen Friedhöfen fanden nach 825 keine Beisetzungen mehr statt.)
134 Popham-Sackett, Lefkandi 1 (Anm. 130) 367–368.
135 Popham-Sackett, Lefkandi 1 (Anm. 130) 365–366.
136 Popham-Sackett, Lefkandi 1 (Anm. 130) 367.
137 Dies ergibt sich aus der gemeinsamen Kolonisation dieser Städte: siehe unten Kapitel 3.
138 Zu diesem Schluß kommen auch Popham und Sackett, Lefkandi 1 (Anm. 130) 369. Von den beiden Häusern, die archäologisch erfaßt worden sind, brannte das eine nieder, während das zweite von seinen Bewohnern rasch verlassen wurde. Dies scheint nun doch auf Verwüstung durch Menschenhand hinzuweisen.

B. Xeropolis und Alt-Eretria

Die Verhältnisse zwischen Xeropolis und den beiden anderen Städten um die Ebene, Chalkis und Eretria, sind sehr umstritten. Bakhuizen und ihm folgend Ainian behaupten, daß Xeropolis „Alt-Chalkis" gewesen sei,[139] wohingegen Schefold und die Ausgräber Eretrias statt dessen an „Alt-Eretria" denken.[140] Der Vorschlag Bakhuizens kann, so glaube ich, sehr rasch behandelt werden, da er auf einer willkürlichen Auffassung der Lageverhältnisse beruht: Xeropolis sei – so Bakhuizen – während seiner Blütezeit die wichtigste Stadt im Umkreis gewesen und müsse deshalb die Ebene beherrscht haben. Diese Rolle habe nach dem Verfall von Xeropolis Chalkis innegehabt. Deswegen müsse Xeropolis die Vorgängerin von Chalkis, d.h. „Alt-Chalkis," gewesen sein. Wie bereits gesagt, ist dies nicht die einzige Auslegung der Topographie; denn Chalkis und Xeropolis existierten lange Zeit nebeneinander und können die Ebene ohne weiteres untereinander geteilt haben.

Interessanter hingegen ist der Fall von Eretria, zumal uns eine Tradition von einem „Alt-Eretria" in der Tat erhalten worden ist:

Ἑξῆς δὲ τὴν περιήγησιν τῆς χώρας ποιητέον, ἀρξαμένους ἀπὸ τῆς πρὸς Εὔβοιαν παραλίας τῆς συνεχοῦς τῇ Ἀττικῇ. ἀρχὴ δ᾽ ὁ Ὠρωπὸς καὶ ὁ Ἱερὸς Λιμήν, ὃν καλοῦσι Δελφίνιον, καθ᾽ ὃν ἡ παλαιὰ Ἐρέτρια ἐν τῇ Εὐβοίᾳ, διάπλουν ἔχουσα ἑξήκοντα σταδίων. μετὰ δὲ τὸ Δελφίνιον ὁ Ὠρωπὸς ἐν εἴκοσι σταδίοις· κατὰ δὲ τοῦτόν ἐστιν ἡ νῦν Ἐρέτρια, διάπλους δ᾽ ἐπ᾽ αὐτὴν στάδιοι τετταράκοντα.[141]

„Aber wir müssen jetzt die Beschreibung dieses Gebiets [sc. Boiotiens] vornehmen, ausgehend von der Euboia gegenüberliegenden Küste, die an Attika grenzt. Den Anfang machen Oropos und der Heilige Hafen, der Delphinion heißt. Gegenüber von Delphinion auf Euboia liegt das alte Eretria, 60 Stadien auf dem Seewege entfernt. Aber Oropos liegt 20 Stadien die Küste weiter hinauf von Delphinion entfernt. Das neue Eretria liegt gegenüber von Oropos, das auf dem Seewege 40 Stadien [vom neuen Eretria] entfernt ist."

Ferner:

τὴν μὲν οὖν ἀρχαίαν πόλιν κατέσκαψαν Πέρσαι, σαγηνεύσαντες, ὥς φησιν Ἡρόδοτος, τοὺς ἀνθρώπους τῷ πλήθει, περιχυθέντων τῶν βαρβάρων τῷ τείχει· καὶ δεικνύουσιν ἔτι τοὺς θεμελίους, καλοῦσι δὲ παλαιὰν Ἐρέτριαν, ἡ δὲ νῦν ἐπέκτισται.[142]

---

139 Bakhuizen, Chalcidian Studies 3 (Anm. 55) 7; Ainian (Anm. 77) 18.
140 Schefold, Die Grabungen in Eretria im Herbst 1964 und 1965, AK 12, 1966, 108. Vgl. Sackett u.a., Prehistoric Euboea (Anm. 55) 68.
141 Strab. 9,2,6, p. 402.
142 Strab. 10,1,10, p. 448.

„Nachdem sie die Menschen dank [ihren, d.h. der Perser, hohen] Zahlen im
Netz gefangen hatten, wie Herodot sagt, zerstörten die Perser die archaische
Stadt [sc. Eretria], nachdem sich die Barbaren um die Mauer herum verteilt
hatten. Und sie [die Eretrier] weisen immer noch auf die Ruinen hin, nennen
sie aber „altes Eretria." Die jetzige [Stadt] aber wurde neu gegründet."

Trotz verschiedenster Auslegungen in der Sekundärliteratur sind diese beiden Strabonstellen ausnahmsweise völlig klar. In der ersten unterscheidet Strabon zwischen Oropos und dessen Hafen, Delphinion (Delphinion liegt zwanzig
Stadien östlich von Oropos), und erwähnt zudem die gegenüber liegenden Ortschaften auf Euboia (Neu-Eretria liegt gegenüber von Oropos, wohingegen Alt-
Eretria gegenüber von Delphinion liegt). Strabon meint also, daß Alt-Eretria
östlich von Neu-Eretria liege. Alles Deuteln kann daran nichts ändern.[143] In der
zweiten Stelle sagt er, daß die Stadt Eretria nach der Zerstörung durch die Perser
neu gegründet – ἐπικτίζω – worden sei. Entgegen den Meinungen der meisten
Forscher kann dieses Verbum keinesfalls „darauf gründen" bedeuten,[144] womit
die meisten Besprechungen dieser Stelle schon hinfällig sind.[145] Strabon vertritt

143 Themelis, Ἐρετριακά (Anm. 75) 159–161, glaubt, daß Alt-Eretria eine mykenische Sied-
      lung auf der Akropolis von Eretria gewesen sei (die spärlichen Zeugnisse von einer
      mykenischen Siedlung dort sind bei R.H. Simpson, A Gazetteer and Atlas of Mycenean
      Sites [BICS Suppl. 16], London 1965, 167, zusammengestellt). Die Akropolis ist zwar
      ungefähr 60 Stadien von Delphinion entfernt, also könnte sie zu der von Strabon angege-
      benen Entfernung passen. Nichtsdestoweniger ist es doch sonnenklar, daß Strabon zwischen
      zwei deutlich getrennten Ortschaften auf der dem Festland gegenüber liegenden Insel
      unterscheidet, ebenso wie er zwischen zwei deutlich getrennten Ortschaften des Festlandes
      selbst unterscheidet. Eine παλαιὰ Ἐρέτρια („altes Eretria") differenziert Themelis, eben-
      da, ferner von einer ἀρχαία Ἐρέτρια („archaisches Eretria"): die strabonische ἀρχαία
      Ἐρέτρια (d.h. die von den Persern zerstörte Stadt) sei von den Eretriern selbst παλαιὰ
      Ἐρέτρια genannt worden. Die παλαιὰ Ἐρέτρια Strabons hingegen sei das mykenische
      Eretria gewesen. Auf den genauen Wortlaut Strabons kann man sich aber nicht so sehr
      verlassen, wie Themelis es tun will. Dasselbe wie Themelis, wenn auch ohne die Unter-
      scheidung zwischen einem archaischen und einem alten Eretria, glaubt auch D. Knoepfler,
      Argoura: Un toponyme eubéen dans la *Midienne* de Démosthène, BCH 105, 1981, 310
      Anm. 79 (siehe auch seinen früheren Aufsatz Ὀφρυόεσσα πόλις, AK 15, 1969, 83–87).
      Ainian, Geometric Eretria (Anm. 77) 21–22, ist Themelis einfach gefolgt. F. Lasserre,
      Strabon: Géographie 7, Paris 1971, s.v. Érétrie im „Lexique des noms de lieux", meint, daß
      Alt-Eretria ein Stadtviertel Eretrias gewesen sei. Dieser Vorschlag scheitert an demselben
      Punkt wie jener von Themelis.
144 LSJ, s.v. ἐπικτίζω. Wie hätten die Eretrier die Ruinen der alten Stadt zeigen können, wenn
      die neue auf der alten gestanden hätte? Nur Boardman, Euboean Pottery (Anm. 64) 22 mit
      Anm. 143, erkennt die richtige Bedeutung des Wortes und zieht auch den gebotenen Schluß
      hinsichtlich der relativen Lokalisierung von Alt- und Neu-Eretria. Das Wort wird von H.L.
      Jones in der Loeb-Ausgabe falsch übersetzt; Lasserre in der Budé-Ausgabe übersetzt zwar
      richtig, scheint aber in seinem Kommentar eher an die Fehlübersetzung „darauf gründen"
      zu denken.
145 Z.B. diejenige von Bakhuizen, Chalcidian Studies 1 (Anm. 55) 78. Dieser Fehler gipfelte,
      wie es scheint, in den Versuchen, Alt-Eretria zu einem Teil des neuen Eretria zu machen:
      siehe oben Anm. 143.

also die Meinung, daß es ein Alt-Eretria gegeben habe, welches die Perser zerstört hätten und welches östlich von Neu-Eretria gelegen habe.

Es fragt sich aber, ob Strabon hiermit recht hatte. Denn Eretria wurde nach den Perserkriegen eben nicht an anderer Stelle neu gegründet, woraus folgt, daß Alt-Eretria keine während der Perserkriege zerstörte Stadt gewesen sein kann. Strabon war, wie so oft, etwas verworren, doch darf man ihm seine Meinung nicht nehmen. Er glaubte nun einmal, daß Alt-Eretria östlich von Neu-Eretria gelegen habe.

Man hat nun des öfteren gemeint, Strabon weise hier auf Amarynthos hin.[146] Amarynthos war eine sehr alte Stadt (sie ist schon in mykenischer Zeit belegt[147]), die östlich des klassischen Eretria lag[148] und in der sich das wichtigste Heiligtum der Eretrier (eigentlich aller Euboier), der Tempel der Artemis Amarysia, befand.[149] Zufolge der üblichen Hypothese soll Amarynthos an der Stelle des modernen Palaiakhoría gelegen haben – das heute übrigens amtlich Amarynthos heißt.[150] Da diese Lage zu der von Strabon für Alt-Eretria angegebenen Entfernung von Delphinion paßt, möchte man Amarynthos mit Alt-Eretria gleichsetzen.

146 So Bakhuizen, Chalcidian Studies 1 (Anm. 55) 78–79; vgl. in diesem Zusammenhang auch Boardman, Euboean Pottery (Anm. 64) 23.

147 Amarynthos ist in den Linear-B-Täfelchen aus Theben gleich zweimal belegt: *a-ma-ru-to-de*, /Amarunthon-de/, „nach Amarynthos hin" (TH Of 26) und *a-ma-ru-to*, /Amarunthos/ (TH Wu 58). Daß es sich hierbei um den euboiischen Ort statt einen anderen gleichen Namens handelt, zeigt die ebenfalls in den Tafen aus Theben belegte euboiische Stadt Karystos: *ka-ru-to*, /Karustos/ (TH Wu 55).

148 Strab. 10,1,10, p. 448.

149 „Amarysia" ist nur das Ethnikon von „Amarynthos": Man vergleiche die mykenischen Ortsnamen *ko-ri-to* (PY Ad 921) mit Ethnikon *ko-ri-si-jo* (PY An 207), /Korinthos/ bzw. /Korinsios/, und *o-ru-ma-to* (PY Cn 3) mit Ethnikon **o-ru-ma-si-jo*, /Orumanthos/ bzw. /*Orumansios/ (die erschlossene Form **o-ru-ma-si-jo* ist durch das von ihr abgeleitete *o-ru-ma-si-ja-jo*, /Orumansiaioi/ [PY An 519] gesichert). Lautgesetzlich schwand das ν vor σ unter Ersatzdehnung des vorangegangen Vokales, so daß *ʹΑμαρυνσία zu ʹΑμαρῦσία wurde – siehe C.D. Buck, The Greek Dialects, Chicago 1955, § 77.3. Vgl. Προβάλινθος mit Ethnikon Προβαλίσιος und Τρικόρυνθος mit Ethnikon Τρικορῦσιος aus klassischer Zeit. Außerdem sagt ein Scholion zu Pind. Ol. 13,159, daß das Heiligtum in Amarynthos lag. Eine Variante dieses Scholions und Strab. 10,1,10, p. 448 geben als Beinamen der Göttin ʹΑμαρυνθία an; doch ist dies nur der jüngere Bildungstyp anstelle des älteren.

150 So Bakhuizen, Chalcidian Studies 1 (Anm. 55) 79–82. H.-J. Gehrke, Eretria und sein Territorium, Boreas 11, 1988, 27–29, nennt diese Annahme „heute weitestgehend... gesichert." Dieselbe Entscheidung hinsichtlich des gleichnamigen Demos traf auch Wallace (Anm. 94) 134. Das Hauptargument stellen fünf Inschriften dar (IG 12,9,188; 12,9,189; 12,9,233; 12,9,236 [und eine Kopie dieser Inschrift: 12 Suppl. 533]; 12,9,237), die das Artemisheiligtum zu Amarynthos erwähnen: nur deren zwei (12,9,233 und 12,9,236) aber stammen mit Sicherheit aus der Nähe von Palaiakhoría. Diese Lokalisierung von Amarynthos lehnt Boardman, Euboean Pottery (Anm. 64) 27, ab; desgleichen Lasserre (Anm. 143) s.v. „Amarynthos" (unter besonderer Berücksichtigung von IG 12,9,237 aus Tamynai). Gehrke bezieht sich ferner auf zehn Inschriften, welche die Göttertrias von Artemis, Apollon und Leto erwähnen, wovon aber nur drei in oder um Palaiakhoría gefunden wurden. Überhaupt konnte in jedem Dorf auf Euboia Bezug auf diesen Kult der Artemis genommen werden, zumal das Fest der Artemis Amarysia das wichtigste auf der ganzen Insel war.

Leider sagt derselbe Strabon, daß Amarynthos nur sieben Stadien östlich des klassischen Eretria gelegen habe.[151] Gewiß kann man das Zahlzeichen bei Strabon ohne weiteres emendieren oder gar ignorieren, aber wo so wenig sicher ist, sollte man Zeugnisse lieber nicht ohne Grund verwerfen. Entscheidend gegen eine Verbindung von Alt-Eretria und Amarynthos spricht meines Erachtens die Tatsache, daß Strabons Gewährsmann Amarynthos sehr gut kennt. Warum sagt dieser Alt-Eretria, wenn der bekanntere Name klarer gewesen wäre?[152] Man glaubt eher eine Unterscheidung zwischen Amarynthos und Alt-Eretria erkennen zu können. Denn ersteres war sicherlich keine Ruine, welche die Eretrier Besuchern zeigten,[153] während letzteres nach Strabons Meinung sehr wohl eine Ruine gewesen sein soll. Angesichts all dessen kann man nur konstatieren, daß die klassischen Eretrier eine Erinnerung an ein altes Eretria bewahrten und dieses möglicherweise mit einer von den Persern zerstörten Stadt östlich des klassischen Eretria gleichsetzten, weil sie selbst nicht mehr wußten, wo genau dieses Alt-Eretria gelegen hatte.

Entsinnt man sich aber des Verfalls von Xeropolis, und bringt man diesen Vorgang in Verbindung mit der Erinnerung an ein Alt-Eretria, dann wird manches klar.[154] Erstens geht der Untergang von Xeropolis mit dem Aufstieg Eretrias

---

151 Strab. 10,1,10, p. 448.

152 So Knoepfler, Argoura (Anm. 143) 310 Anm. 80.

153 Wie kann das wichtigste Heiligtum der Eretrier inmitten einer zerstörten Stadt gelegen haben?

154 Auberson-Schefold, Führer (Anm. 76) 17–19, und Auberson, Chalcis, Lefkandi, Érétriè au VIIIᵉ siècle, Contribution à l'étude de la société et de la colonisation eubéennes (Cahiers Bérard 2), 13–14, führen mehrere untaugliche Argumente für eine Verbindung zwischen Xeropolis und Eretria an; z.B. daß die Keramik von Xeropolis von jener Eretrias nicht unterscheidbar ist. Abermals sehen wir das Versäumnis, die Tatsache wahrzunehmen, daß chalkidische und eretrische Keramik sich noch nicht unterscheiden lassen. Deswegen ist euboiische Keramik in Xeropolis kein Indiz für Zugehörigkeit zu Eretria. Andere Argumente Schefolds und Aubersons: 1.) Der Unterton von Vers 220 des homerischen Hymnos auf Apollon sei, daß die Ebene dem Gott gehöre. Dieses Argument hat Bérard, Architecture, (Anm. 85) 70–71, ausführlich besprochen: die vom Hymnos angeblich angedeutete Zugehörigkeit der Ebene zu Apollon soll ein Apollonheiligtum in der Ebene bezeugen, das der Vorgänger des eretrischen Daphnephoreions gewesen sein soll – Kommentar erübrigt sich. 2.) Xeropolis müsse das Zentrum gewesen sein, welches die Euboier als Einheit im Schiffskatalog erscheinen läßt. Diese Theorie ist kurios in Hinblick auf den Schiffskatalog, in dem Chalkis das Zentrum ist, welches die Euboier als Einheit erscheinen läßt, denn der Anführer der Euboier ist Elephenor, Sohn des Chalkodon, und diese beiden Herren hat man immer mit Chalkis verbunden – RE, s.vv. Elephenor und Chalkodon. 3.) Xeropolis müsse einen Namen ersten Ranges gehabt haben. Aus irgendeinem Grunde jedoch entschwand er aller Erinnerung. 4.) Die ältesten Nekropolen Eretrias liegen im Westen der Stadt, und in diese Richtung weise auch die politische Geschichte – die Leichname sollen auf die alte Heimat geblickt haben. 5.) Nur ein Volk, das mit einer Geschichte begabt sei, hätte Eretria besiedeln können. In der Tat forderte die Besiedlung des Stadtgebietes von Eretria technische Kenntnisse, aber dies ist kein Argument für eine Besiedlung dieser Stelle durch Xeropolis. 6.) Nur eine Herkunft der Eretrier aus einer Stadt in der Lelantischen Ebene könne die spätere eretrische Konkurrenz für die Ebene erklären. Ein landhungriges Eretria kann sehr wohl versucht haben, Chalkis die Ebene zu entreißen, ohne daß die Eretrier aus Xeropolis stammten wären.

einher, so daß man einen Zusammenhang dieser beiden Phänomene von vornherein zu erkennen glaubt. Zweitens hatte Xeropolis keinen guten Hafen, wohingegen der Hafen Eretrias der eigentliche Grund für die dortige Siedlung war.
Deswegen spricht alle Wahrscheinlichkeit dafür, daß Eretria den Xeropolitanern
ursprünglich als Hafenstadt diente. Man beachte auch in diesem Zusammenhang
den Namen Eretrias (die Ruderin).[155]

Später stellte die Tochter- die Mutterstadt in den Schatten; ja, am Ende hatte
man die Mutterstadt gänzlich vergessen, denn sogar der Schiffskatalog weiß
nichts von ihr zu berichten.[156] Keine Quelle kennt sie, und ihr Name ist trotz
erfinderischer Versuche unbekannt geblieben.[157] Nichts blieb von Xeropolis
übrig, als die Erinnerung an ein altes Eretria, in dem die Eretrier in einer fernen
Vergangenheit gewohnt hatten. Eretrier statt Xeropolitaner waren es doch, welche die euboiische Kolonisation zusammen mit den Chalkidiern vorantrieben;
Eretrier waren es, die nach Syrien und Italien fuhren und dort mithalfen, Fakto-
reien und Kolonien zu gründen.

---

155 Siehe oben zu Anm. 91.
156 Also wurden zumindest diese Zeilen nach 700 geschrieben.
157 Siehe die Zusammenfassung bei Popham-Sackett, Prehistoric Euboea (Anm. 56) 423–427.
  Ein weiterer Vorschlag darf erwähnt werden: Knoepfler, Argoura (Anm. 143), schlug zwar
  „Argoura" vor, doch hat Bérard, Argoura fut-elle la capitale des futurs Érétriens? MH 42,
  1985, 268–275, diesen Vorschlag bereits widerlegt.

KAPITEL III:
DIE EUBOIISCHE KOLONISATION

In diesem Kapitel wird es nun unsere Aufgabe sein, die euboiische Kolonisation in ihren Umrissen zu untersuchen, um zwei Feststellungen treffen zu können: 1.) daß Chalkidier und Eretrier in mehreren Gebieten gemeinsam kolonisierten und 2.) daß die euboiische Kolonisationstätigkeit gegen Ende des achten Jahrhunderts endete. Aus diesen beiden Feststellungen kann sich ein Anhaltspunkt für die Datierung des Lelantischen Krieges ergeben, denn man darf wohl der Meinung sein, daß der Krieg erst nach dem Ende der gemeinsamen euboiischen Kolonisation beginnen konnte. Da viele außerdem den Ursprung des Krieges in den Handelsrivalitäten verschiedener Staaten haben erblicken wollen, ist es auch unter diesem Gesichtspunkt notwendig, einige Grundzüge der euboiischen Kolonisation zu studieren.

1. DIE KOLONISATION DER CHALKIDIKE

A. Herkunft der Chalkidier auf der Chalkidike

Bevor wir die eigentliche Kolonisation dieser Halbinsel besprechen können, muß der chalkidische Anteil an der Kolonisation dieser Gegend unwiderleglich festgestellt werden. Obgleich normalerweise angenommen wird, daß die thrakischen Chalkidier auf der Chalkidike aus Chalkis auf Euboia stammten, gibt es in der Fachliteratur eine alte Theorie,[158] welche diese Tatsache leugnet. Ich hoffe, diese Theorie, zuerst von Harrison aufgestellt und zuletzt von Zahrnt verteidigt, hier ein für allemal widerlegen zu können.

Erstens: Die Sprache der thrakischen Chalkidier war nicht nur ionisch, sondern auch eindeutig euboiisch. Dies ergibt sich aus dem Gebrauch der Endung des thematischen Infinitivs bei athematischen Verben: εἶν statt εἶναι, „sein,“ oder τιθεῖν statt τιθέναι, „legen.“ Nur auf Euboia, in dem auf dem Festland gegenüber von Euboia gelegenen Oropos und auf der Chalkidike kommt diese sprachliche Besonderheit vor.[159] An diesem Punkt scheitern alle weiteren sprachlichen Argumente Zahrnts.[160]

---

158 E. Harrison, Chalkidike, CQ 6, 1912, 93–103, 165–178. Im Grunde genommen widerlegte D.W. Bradeen, The Chalcidians in Thrace, AJPh 73, 1952, 356–380 diese Theorie vor nunmehr 40 Jahren. M. Zahrnt, Olynth und die Chalkidier, Kiel 1971, 12–27 griff sie leider wieder auf; Bakhuizen, Chalcidian Studies 3 (Anm. 55) 14 akzeptierte sie *in toto*.

159 Buck, Greek Dialects (Anm. 149) § 160. Belege aus den Inschriften von der Chalkidike: D.M. Robinson, Inscriptions from Olynthus, 1934, TAPhA 55, 1934, 105, Nr. 1, Z. 8

Zweitens: In euboiischen Inschriften wurde das westliche (rote) Alphabet verwandt.[161] Obwohl das Alphabet der Chalkidier auf der Chalkidike zu klassischen Zeiten das östliche (blaue) war[162], benutzten auch die thrakischen Chalkidier anfangs offenbar das westliche, wie sich aus der Verwendung des Zahlzeichens für Tausend (Ψ: ursprünglich schrieb man für „Tausend" ΨΙΛΙΟΙ statt χίλιοι) zwangsläufig ergibt.[163] Offenbar bewahrten die thrakischen Chalkidier das alte Zahlzeichen, als sie das neue Alphabet einführten.[164]

Drittens: Der Kalender der thrakischen Chalkidier stammt aus Zentraleuboia. Zwei Monatsnamen (Ἱππιών und Πανθεών) kennt man nur aus Zentraleuboia und euboiischen Kolonien.[165] Zahrnt[166] wollte einfach nicht wahrhaben, daß diese beiden Monatsnamen als ionische atypisch sind. Sie sind eindeutig zentraleuboiisch.

Bisher haben wir gesehen, daß die Chalkidier auf der Chalkidike denselben Dialekt wie die Euboier sprachen, daß Euboier wie thrakische Chalkidier anfangs dasselbe Alphabet verwandten und daß die thrakischen Chalkidier zudem denselben Kalender wie die Zentraleuboier (euboiische Chalkidier und Eretrier) hatten. Wie sollten unter diesen Umständen die thrakischen Chalkidier nicht aus Euboia stammen? Dazu kommt noch, daß sie denselben Namen wie eine zentraleuboiische Gemeinde hatten. Thrakische Chalkidier, die dieselbe Sprache sprechen, dieselben Buchstaben schreiben und dieselben Monate wie euboiische Chalkidier kennen, müssen doch Aussiedler von Chalkis auf Euboia gewesen sein.[167]

Viertens: Einige antike Autoren sagen ausdrücklich, daß das euboiische Chalkis die zentrale Halbinsel (Sithonia) der Chalkidike besiedelte.[168] Keiner

(ἀναθεῖν, „weihen") und 10 (ἐξεῖν, „möglich sein"). Der von Buck angeführte chiische Beleg von εἶν, „sein," entfällt: Siehe J. Vanseveren, Inscriptions d'Amorgos et de Chios, RPh 63, 1937, 333. Kurz: ΕΑΦΗΝΕΙΝ εἰς φυλακήν ergänzt A. Wilhelm wie folgt: [τὰ εἰς τὴν ἀναγρ]αφὴν εἶν<αι> εἰς φυλακήν. Demgegenüber ergänzt Vanseveren wie folgt: [τὸ δὲ ψήφισμα τόδ]ε ἀφή<κ>ειν εἰς φυλακήν.

160 Zahrnt, Olynth (Anm. 158) 18–19.
161 L.H. Jeffery, The Local Scripts of Archaic Greece, Oxford ²1990, 81.
162 Jeffery, Local Scripts (Anm. 161) 363.
163 Robinson, New Inscriptions from Olynthus and Environs, TAPhA 62, 1931, 43, Nr. 2, Z. 6–7 (von Zahrnt, Olynth [Anm. 158] 20, falsch verstanden).
164 So Robinson, New Inscriptions (Anm. 163) 47–48.
165 Ἱππιών in der Chalkidike: Robinson, Inscriptions from Macedonia, TAPhA 69, 1938, 51, Nr. 5, Z. 3. Ἵππιος in Rhegion, einer euboiischen Kolonie: IG 14,612, Z. 1. Es gibt einen Monat Ἵππειος in Thronion in Ost-Lokris; auch dieser Monat könnte wegen der Nähe Thronions an Euboia euboiischer Herkunft sein: Fouilles de Delphes 3.4, Nr. 159, Z. 4. – Πανθεών in der Chalkidike: Robinson, ebenda, 52, Nr. 6, Z. 2–3. Πανθεών in Neapel, wiederum einem von den Euboiern kolonisierten Gebiet: IG 14,759, Z. 16. – Siehe auch Knoepfler, Le calendrier des Chalcidiens de Thrace, JS 1989, 28, und The Calendar of Olynthus and the Origin of the Chalcidians in Thrace, in: (Hrsg.) Descœudres, Greek Colonists and Native Populations, Oxford 1990, 99–115. Diese Hinweise verdanke ich Dr. C. Trümpy, deren Arbeit zum griechischen Kalenderwesen im Druck ist.
166 Zahrnt, Olynth (Anm. 158) 21.
167 Harrison, Chalkidike (Anm. 158) 170, versucht, diesem Schluß zu entkommen: er weiß z.B., daß die Sprache nur auf Euboia deuten kann, zieht den gebotenen Schluß jedoch nicht.
168 Strab. 7, Fr. 11; 10,1,8, p. 447; Pol., 9,28,2. Vgl. Plut. Amatorius, 17, p. 761.

leugnet es.[169] – Fünftens: Das Wort Χαλκιδική, „die Chalkidische," ist ganz offenkundig das Ktetikon zu dem Ortsnamen Χαλκίς. Thukydides verwendet es sowohl mit Bezug auf chalkidische Kolonien im Westen als auch mit Bezug auf Städte der Chalkidike: Νάξος ἡ Χαλκιδική, „das chalkidische Naxos," Κύμη ἡ Χαλκιδική, „das chalkidische Kyme," Τορώνη ἡ Χαλκιδική, „das chalkidische Torone," und Ὄλυνθος ἡ Χαλκιδική, „das chalkidische Olynthos."[170] – Sechstens: Der Ortsname Χαλκιδική bezog sich anfänglich auf die Halbinsel Sithonia, auf der die thrakischen Chalkidier zuerst wohnten.[171] Erst mit der Einnahme von Olynthos im Laufe der Perserkriege dehnten sie sich auf das Festland aus,[172] woraus folgt, daß Sithonia vom Meer aus besiedelt wurde.[173]

Ich glaube, daß es überhaupt keine Zweifel an der chalkidischen Besiedlung der Chalkidike geben kann. Es ist übrigens erstaunlich, daß man überhaupt auf den Gedanken kam, diese Kolonisation zu leugnen. Denn es gibt, soviel ich sehe, kein einziges positives Argument, das Harrison und Zahrnt ins Feld führen könnten. Ich kann Donald Bradeen nur zustimmen, wenn er von den Argumenten

169 Bradeen, Chalcidians (Anm. 158) 359, argumentiert, daß das Fehlen einer ausdrücklichen Leugnung der chalkidischen Kolonisation auf der Chalkidike dafür spreche, daß jeder offenbar gedacht habe, daß die thrakischen Chalkidier euboiische Aussiedler gewesen seien. Zahrnt, Olynth (Anm. 158) 18, verkennt dieses apriorische Argument. Herodot spricht 7,185 und 8,127 vom Χαλκιδικὸν γένος, dem „chalkidischen Stamme." Zahrnt, Olynth (Anm. 158) 13, meint, daß Herodot deswegen die Chalkidier als Stamm aufgefaßt habe, denn angeblich verwende Herodot γένος, „Stamm, Volk," nie mit von Städtenamen abgeleiteten Adjektiva, sondern ausschließlich mit von Stammesnamen abgeleiteten. Herodot spricht aber vom Ἀττικὸν γένος, dem „attischen Stamme" (5,91,1), und man hat längst erkannt, daß Ἀττικός, „attisch," nichts anderes als das Ktetikon von Ἀθῆναι, „Athen," ist – siehe W. Dittenberger, Ethnika und Verwandtes, Hermes 41, 1906, 213–219. Das Argument Zahrnts schlägt also fehl. Die richtige Deutung von Ἀττικὸν γένος aber verhilft uns zur richtigen Erkenntnis im Falle von Χαλκιδικὸν γένος: Zwar verwandten die Griechen Begriffe wie ἔθνος, „Stamm, Volk," oder γένος meist in bezug auf Stämme; nichtsdestoweniger bedienten sie sich derartiger Begriffe auch mit Bezug auf Polisgemeinden, sofern es im Zusammenhang sinnvoll war. Z.B. spricht Herodot vom Ἀττικὸν ἔθνος, dem „attischen Volke" (1,57,3), das einst dem Volke der Pelasger angehört und die pelasgische Sprache gesprochen haben soll. Da die Athener und das pelasgische Volk zugleich besprochen werden, ist es sehr wohl sinngemäß vom „attischen (sc. athenischen) Volke" zu sprechen. Vgl. Hdt. 7,235,3, wo τὸ Λακωνικόν (sc. γένος o.ä.), „das lakonische Volk," dem griechischen Volke gegenüber steht. Λακωνικός ist übrigens wiederum nur das Ktetikon von Λακεδαίμων, „Lacedaimon, d.i. Sparta" (Dittenberger, ebenda, 213), also ist dies ein weiterer Fall vom Gebrauch des Ktetikons einer Polisgemeinde mit einem Wort wie γένος. Im Falle des Χαλκιδικὸν γένος mußte Herodot dem Umstand gerecht werden, daß die Χαλκιδεῖς, die Chalkidier auf der Chalkidike, nicht eine, sondern viele Polisgemeinden bildeten und wählte deswegen den Begriff γένος, der, wie Zahrnt richtig bemerkt, normalerweise mit Bezug auf Stämme verwandt wird: z.B. Ἰωνικὸν γένος, der „ionische Stamm," oder Δωρικὸν γένος, der „dorische Stamm" (Hdt. 1,56,2).

170 Thuk. 4,25,7; 6.4,5; 4,110,1; 4,123,4.

171 Harrison, Chalkidike (Anm. 158) 94–100.

172 Hdt. 8,127.

173 Die Erklärung Zahrnts, Olynth (Anm. 158) 23–26 (von einem aus dem Norden herwandernden Stamm von Urionern hätten sich einige Ioner sehr früh abgesondert), ist nicht besonders überzeugend in Anbetracht dessen, daß die thrakischen Chalkidier eher mit den Euboiern

Harrisons sagt: „In each case his arguments are negative; he is trying to discredit every reference and show that it does not make his theory entirely untenable."[174]

B. Die eretrischen und andrischen Kolonien auf der Chalkidike

Auf Pallene, der westlichen Halbinsel der Chalkidike, befand sich eine eretrische Kolonie namens Mende,[175] während Dikaia, eine andere eretrische Kolonie, aller Wahrscheinlichkeit nach im nordöstlichen Winkel des thermaiischen Golfes nahe der Mündung des Anthemos nördlich von Ainea lag.[176] Mende seinerseits gründete zwei weitere Kolonien: Eion und Neapolis. Ersteres lag wahrscheinlich an der östlichen Küste des Thermaiischen Golfes oberhalb Pallenes,[177] wohingegen sich letzteres auf Pallene selbst befand.[178] Außer Betracht lassen wir hier nur Methone, dessen Gründung mit der Politik Eretrias nichts zu tun hatte, zumal die Eretrier die Gründer Methones vertrieben.[179]

Im Gegensatz zu den Kolonien auf und um Pallene waren die auf dem östlichen Finger der Chalkidike (Athos oder Akte) chalkidisch-andrisch. Argilos und Stageira nannte Thukydides zwar andrisch,[180] aber von einem chalkidischen Anteil an der Gründung von Stageira wußte anscheinend Dionysios von Halikarnassos.[181] Für die Gründungen von Sane und Akanthos liegt nun eine äußerst interessante Geschichte vor: Chalkis und Andros hätten die Kolonie Sane gegründet. Späterhin hätten sie herausgefunden, daß die Einheimischen eine weitere Stadt, Akanthos, geräumt hatten, weswegen zwei Kundschafter – ein Chalkidier und ein Andrier – dorthin geschickt worden seien. Als sich die beiden der verlassenen Stadt genähert hätten, sei der Chalkidier vorangelaufen, während der Andrier seinen Speer in die Tore der Stadt geschleudert und diese somit für die Andrier in Anspruch genommen habe. Der daraus resultierende Streit und seine Schlichtung durch Erythraier, Parier und Samier interessiert uns im Moment nicht; wichtig hingegen ist die gemeinsame Kolonisation der Chalkidier und Andrier.[182] Denn Andros war ein Teil des eretrischen Machtbereiches in den

---

als mit den übrigen Ioniern zusammenhängen. Bakhuizen, Chalcidian Studies 3 (Anm. 55) 63 Anm. 79, lehnt Zahrnts Erklärung ab, kann sie aber durch nichts ersetzen. Bakhuizen hält den offenbar griechischen Namen Χαλκίς für vorgriechisch (siehe oben zu Anm. 62) und scheint zu glauben, daß er zufälligerweise zwei Völkern gehört habe, welche denselben Dialekt sprachen.

174 Bradeen, Chalcidians (Anm. 158) 359.
175 Thuk. 4,123,1.
176 B.D. Meritt, H.T. Wade-Gery, M.F. MacGregor, Athenian Tribute Lists 4, Princeton 1953, 33; Zahrnt, Olynth (Anm. 158) 181.
177 Thuk. 4,7; Zahrnt, Olynth (Anm. 158) 187.
178 Hdt. 7,123,1; Meritt u.a. (Anm. 176) 87; Zahrnt, Olynth (Anm. 158) 207.
179 Plut. Quaestiones Graecae, 11, p. 293. Die Plutarchstelle wird unten zu Anm. 222 samt weiterem Kommentar abgedruckt.
180 Thuk. 4,103,3 bzw. 4,88,2.
181 Dion. Hal. Amm. 1,5.
182 Plut. Quaestiones Graecae, 30, p. 298. Dieses Aition hält W.R. Halliday, The Greek

nördlichen Kykladen.[183] Diese Tatsache mag uns nun helfen, einen verworrenen Bericht bei Strabon zu erklären: Strabon sagt, daß die Chalkidier Sithonia, die Eretrier aber Pallene und Athos kolonisiert hätten.[184] Von der eretrischen Herrschaft über Andros, Tenos und Keos spricht er nur wenige Seiten später, so daß er diesen Gedanken im Hinterkopf gehabt haben kann, als er schrieb, daß Eretria Städte am Athos gegründet habe. Dessen ungeachtet sieht man auf jeden Fall eine sehr deutliche Zusammenarbeit auf der Chalkidike: Chalkis und das der eretrischen Machsphäre angehörende Andros kolonisierten mehr oder weniger gemeinsam, während Eretria Kolonien auf und um Pallene, Chalkis hingegen auf der daneben liegenden Halbinsel Sithonia gründete. Der Einwand Bakhuizens gegen euboiische Zusammenarbeit auf der Chalkidike stützt sich, soweit ich sehen kann, lediglich auf die Ansicht Harrisons, daß die Chalkidier Thrakiens keine Aussiedler aus Chalkis auf Euboia gewesen wären. Diese Theorie haben wir bereits widerlegt, also steht der Annahme einer gemeinsamen euboiischen Kolonisation auf der Chalkidike nichts im Wege.

C. Datierung der Kolonien auf der Chalkidike

Die Kolonisation auf der Chalkidike muß schon vor dem Lelantischen Krieg abgeschlossen worden sein, denn den Chalkidiern auf Euboia kamen die Chalkidier auf der Chalkidike während des Krieges zu Hilfe.[185] Die chalkidische Kolonie Torone hielten die Griechen selbst für eine sehr alte Gründung, zumal einem Mythos zufolge Herakles dort Polygonos und Telegonos, zwei Söhne des Proteus, erschlagen haben soll.[186] Sonst aber gibt es keinerlei Hinweise auf das Alter dieser Kolonien in den literarischen Quellen.[187] Der archäologische Befund hilft

---

Questions of Plutarch, Oxford 1928, 139–141, für historisch glaubwürdig, weil der von ihm beinhaltete Schiedspruch anderen historischen Schiedsprüchen ähnelt. Zum Schiedspruch selbst jetzt L. Piccirilli, Gli arbitrati interstatali greci 1, Pisa 1973, Nr. 2. Nur an dem chalkidischen Anteil an der Gründung von Sane und Akanthos nimmt Halliday Anstoß, zumal er der Theorie Harrisons anhängt. Diese Theorie haben wir jedoch oben widerlegt. – Halliday, ebenda, 14–15, argumentiert, daß eine große Anzahl der Quaestiones Graecae den Politiensammlungen des Aristoteles entnommen worden seien, und zwar weil eine Politeia so oft eine mögliche Quelle ist. Für diese Geschichte kommt am ehesten die Politeia der Chalkidier in Thrakien in Frage – Halliday, ebenda, 140. Siehe auch unten, Anm. 188.

183 Siehe oben zu Anm. 93.

184 Strab. 10,1,8, p. 447. Bakhuizen, Chalcidian Studies 3 (Anm. 55) 18–19, denkt an einen strabonischen „Kurzschluß" (siehe ebenda, 83–84). Folgendermaßen soll Strabon verfahren sein: Er habe gewußt, daß Chalkis die zentrale Halbinsel, Eretria die westliche der beiden äußeren Halbinseln, und eine andere Stadt als Chalkis die östliche der beiden äußeren Halbinseln besiedelt hätte. Da Eretria die eine äußere Halbinsel besiedelt hätte, müsse folglich Eretria auch die andere besiedelt haben.

185 Plut. Amatorius, 17, p. 761.

186 Apollod. Bib. 2,5,9,14; IG 14,1293A, Z. 85.

187 Steph. Byz. s.v. Τορώνη, spricht allerdings auch von einem anderen Torone, das nach dem Troischen Krieg gegründet worden sein soll. Von diesem zweiten Torone aber ist weiteres nicht bekannt.

ebenfalls nicht, denn in dieser Gegend hat man außer auf Thasos nie systematisch gegraben, so daß wir bis jetzt über keine frühen Funde aus der Chalkidike verfügen. Dennoch hoffe ich, daß es im weiteren Verlaufe dieser Untersuchung klar werden wird, daß der Lelantische Krieg gegen Ende des achten Jahrhunderts begann. Folglich sind die Kolonien von Chalkis in der nördlichen Ägäis spätestens in die zweite Hälfte des achten Jahrhunderts zu datieren. Wie wir gleich sehen werden, gründeten die Euboier im Westen ohne jeden Zweifel um diese Zeit mehrere Kolonien, so daß nichts gegen die Annahme spricht, daß Chalkis Kolonien in der nördlichen Ägäis lange vor 700 gründete.

Für die Gründungen von Akanthos und Stageira auf der Halbinsel Akte aber bieten die Chronographen ein Datum: das Jahr 655 gibt Hieronymos an, während der Armenische Kanon 653 sagt. Solche Angaben bei den Chronographen sind meistens ohne jeglichen Wert,[188] und wie sie in diesem Falle aus echter Überlieferung das Gründungsdatum von Akanthos hätten erfahren können, weiß ich nicht. Obgleich es keine direkte Bestätigung ihres Datums gibt, hat man vorgeschlagen, daß ihr Datum mehr oder minder richtig sein könne, wenn Andros erst nach seiner Unabhängigkeit von Eretria Kolonien gegründet habe, nachdem Chalkis Eretria im Krieg besiegt hatte.[189] In der Tat würde dies zu einer akzeptablen Datierung des Krieges führen.[190] Doch kann der Gründung von Akanthos die von Sane um viele Jahre vorausgegangen sein, zumal nur der Abzug der Thraker die Einnahme des nahe am Festland gelegenen Akanthos ermöglichte: diesen Abzug hätten sie selbstverständlich auch um die Mitte des siebenten Jahrhunderts durchführen können.[191] Davon bleiben jedoch unsere Folgerungen über die chalkidischen und eretrischen Kolonien auf Sithonia bzw. Pallene und die chalkidisch-andrischen auf Athos (zumindest was Sane betrifft) unberührt.

188 Ob Stageira wirklich zur selben Zeit wie Akanthos gegründet wurde, weiß ich nicht, denn nur die Chronographen teilen uns dies mit, und ohne eine Bestätigung ihrer Aussage bin ich nicht willens, es ihnen zu glauben. Ein Gründungsdatum für Stageira wird bestenfalls den Schriften des Stageiriten Aristoteles entnommen worden sein, schlimmstenfalls auf gelehrter hellenistischer Kombination beruhen. Ein Datum für Stageira ist aber noch lange kein Datum für Akanthos, und man müßte weiter annehmen, daß Aristoteles beide Gründungen ausdrücklich in dasselbe Jahr gelegt habe. Wenn aber Plutarchs Geschichte über die Gründung von Akanthos ebenfalls auf eine Aristotelesstelle (siehe oben Anm. 182) zurückgehen und Plutarch alle wesentlichen Einzelheiten bei Aristoteles wiedergegeben haben sollte, dann muß man den Schluß ziehen, daß Aristoteles keinen Anhaltspunkt für das Gründungsdatum von Akanthos bot. Außerdem fehlt bei Plutarch jedwede Verbindung von Akanthos mit Stageira, denn Akanthos wird vielmehr mit der Stadt Sane verbunden, für welche die Chronographen eben kein Datum bieten. Das Ganze läßt sich nicht mehr enträtseln; es sei hier nur bemerkt, daß zu viel bei den Chronographen nachweislich absurd und falsch ist, um ihnen Unbestätigtes glauben zu können.

189 Z.B. Bradeen, The Lelantine War and Pheidon of Argos, TAPhA 78, 1947, 226–227. Eigentlich benutzt er die Nachricht, um einen *terminus ante quem* für den Lelantischen Krieg festzustellen. Unbestätigte Daten bei den Chronographen kann man für nichts dergleichen gebrauchen: man könnte dagegen meinen, daß dieses Datum sich durch das des Krieges bestätigen lasse.

190 Etwa 710–650; siehe unten Kapitel 4, Teil 5.

191 Man bedenke, daß die späte Gründung der korinthischen Kolonie Potidaia im sechsten

2. DAS EMPORION IN AL MINA

Eine griechische Faktorei bezeugen die Funde in den untersten Schichten in Al Mina südlich der Orontes-Mündung in der heutigen Türkei.[192] Obgleich es in den Kykladen keine Zentren gab, die eine so weit entfernte Handelsfaktorei hätten instandhalten können, nahmen die Ausgräber zuerst an, daß die älteste griechische Keramik in Al Mina kykladischer Herkunft sei.[193] Erst nach der bahnbrechenden Arbeit Sir John Boardmans sah man, daß diese Gefäße euboiisch waren. Euboiische und kykladische Keramik sind einander in der Tat täuschend ähnlich, doch gibt es einen Unterschied: euboiische Keramik enthält keinen Glimmer, wohingegen die Keramik der Kykladen glimmerhaltig ist. Die „kykladische" Keramik von Al Mina enthält keinen Glimmer und muß demgemäß euboiisch sein.[194] Diesen Schluß haben weitere Analysen bestätigt.[195]

Es bleibt noch das Gründungsdatum der Faktorei zu besprechen. Die zehnte und älteste Schicht, deren Beginn man um 825 ansetzt, ist syrisch.[196] Die griechische Keramik, die in der neunten und achten Schicht aufgefunden worden war, datierte Boardman zunächst gegen Anfang des achten Jahrhunderts.[197] Diese Datierung blieb jedoch nicht ohne Widerspruch[198] und ist angesichts neuerer Forschung, namentlich zu den „pendent semicircle" Skyphoi,[199] eigentlich recht problematisch geworden. Alles was jetzt mit Sicherheit gesagt werden kann, ist, daß die Euboier in der zweiten Hälfte des achten Jahrhunderts in Al Mina tätig waren. – Da Chalkidier und Eretrier sich anhand der Keramik noch nicht diffe-

---

Jahrhundert durch einen Sohn des Periandros (Nikol. Dam. FGrHist 90, Fr. 59) sich am leichtesten durch die Annahme erklärt, daß die Einheimischen diese Stätte bis dann gehalten hätten und daß die Eretrier eben deswegen dort keine Pflanzstadt hätten gründen können. Erst nachdem die Einheimischen den Ort geräumt hatten, war es einer griechischen Stadt möglich, dort zu kolonisieren.

192 So Boardman, Greeks Overseas (Anm. 64) 38–54. Diese Auffassung griff unlängst A.J. Graham, The historical Interpretation of Al Mina, DHA 12, 1986, 51–65, scharf an. Boardman, Al Mina and History, OJA 9, 1990, 169–190, ist es aber gelungen, die traditionelle Auffassung erfolgreich zu verteidigen.

193 M. Robertson, The Excavations at Al Mina, IV. The early Greek Vases, JHS 60, 1940, 2–6.

194 Boardman, Euboean Pottery (Anm. 64) 5–7.

195 Popham u.a., Euboean Exports to Al Mina, Cyprus, and Crete, ABSA 78, 1983, 281–290.

196 J. du Plat Taylor, The Cypriot and Syrian Pottery from Al Mina, Syria, Iraq 21, 1959, 91.

197 Boardman, Euboean Pottery (Anm. 64) 7–8; ders. Greeks Overseas (Anm. 64) 38–44.

198 Siehe z.B. E. Gjerstad, The Stratification at Al Mina (Syria) and its Chronological Evidence, AArch 45, 1974, 107–123, und Descœudres, Euboeans in Australia, Eretria 6 (Anm. 74) 7–19, die für spätere Daten plädieren.

199 Alle derartigen Skyphoi datierte man einst vor 750 (siehe Boardman, Greeks Overseas [Anm. 64] 41, oder dens. Euboean Pottery in East and West, DArch 3, 1969, 104). Zu der Datierung der „pendent semicircle" Skyphoi hat sich zuletzt R. Kearsley, The Pendent Semi-Circle Skyphos (BICS Suppl. 44) London 1989, geäußert. Sie unterscheidet zwischen sechs Typen (84–104), von denen die ersten fünf vor 750 zu datieren sind (128). Hingegen sollen Exemplare des Typs 6 aus Eretria und der Levante in die Zeit nach 750 datiert werden. Ihren Angaben zufolge (144–145) soll nur einer der aus Al Mina stammenden Skyphoi in die Zeit vor 750 gehören.

renzieren lassen, sollte man mangels einer literarischen Tradition fürs erste den vorsichtigen Schluß ziehen, daß sowohl Chalkidier als auch Eretrier in Al Mina gewesen sein können. Die euboiische Tätigkeit in Al Mina hörte übrigens um 700 auf.[200]

3. DIE KOLONISATION IM WESTEN

A. Pithekoussai und Kyme

Die erste griechische Kolonie im Westen lag auf der Insel Pithekoussai, von der aus die Bewohner späterhin nach Kyme auf dem Festland übersiedelten. Livius war der einzige antike Autor, der sich noch daran erinnerte, daß die Gründung von Pithekoussai der von Kyme vorausgegangen war. Die Besiedlung der Insel schreibt er den Chalkidiern zu:

> *Cumani Chalcide Euboica originem trahunt. Classe, qua advecti ab domo fuerant, multum in ora maris eius quod accolunt potuere, primo <in> insulas Aenariam et Pithecusas egressi, deinde in continentem ausi sedes transfer-re.*[201]

„Die Kymaier stammen aus dem euboiischen Chalkis. Dank der Flotte, mit der sie aus der Heimat hierhin gekommen waren, übten sie viel Macht entlang den Küsten des Meeres aus, an dem sie wohnten. Zuerst gingen sie auf die Inseln Ainaria und Pithekoussai, später wagten sie es, die Wohnsitze auf das Festland zu verlegen."

Von eretrischer Beteiligung an der Gründung dieser Kolonie spricht jedoch Strabon:

> Πιθηκούσσας δ' Ἐρετριεῖς ᾤκισαν καὶ Χαλκιδεῖς, εὐτυχήσαντες <δὲ> δι' εὐκαρπίαν καὶ διὰ τὰ χρυσεῖα[202] ἐξέλιπον τὴν νῆσον κατὰ στάσιν, ὕστερον δὲ καὶ ὑπὸ σεισμῶν ἐξελαθέντες καὶ ἀναφυσημάτων πυρὸς καὶ θαλάττης καὶ θερμῶν ὑδάτων.[203]

„Pithekoussai besiedelten aber die Eretrier und die Chalkidier. Nachdem es (den Bewohnern von Pithekoussai) aber eine Zeitlang wegen der Fruchtbarkeit und wegen der Goldbergwerke gut gegangen war, verließen sie die Insel wegen eines Streites, aber später wurden sie auch von den Erdbeben vertrieben und von den Eruptionen von Feuer, Meer und heißem Wasser."

Dieser Bericht ist nach Strabons Art hoffnungslos verworren: Auf der Insel gibt es keinerlei Goldbergwerke, und auch der gute Ackerbau scheint zweifelhaft.

200 Boardman, Greeks Overseas (Anm. 64) 48.
201 Livius, 8, 22,5–6.
202 In der Lesung χρυσεῖα folge ich Lasserre. Für χρυσία tritt hingegen Coldstream, Geometric Greece (Anm. 61) 243, ein.
203 Strab. 5,4,9, p. 247.

Wie Strabon es sich vorstellte, daß die Siedler die Insel erst wegen eines Streites und später noch einmal wegen eines Vulkanausbruches verließen, weiß wohl keiner. Sollen einige Siedler nach dem Streit zurückgekehrt sein, oder wurde nur ein Teil der Siedler durch den Streit vertrieben? Strabon hat alles durcheinander gebracht, und eine Erklärung läßt sich nicht mehr finden. Wie dem auch sei, ein antiker Autor vertritt die Meinung, daß Eretrier und Chalkidier die Insel gemeinsam besiedelt hätten. Das Gründungsdatum (zweites Viertel des achten Jahrhunderts) hingegen ist auf jeden Fall dank dem archäologischen Befund gesichert.[204]

Wie schon gesagt, gründeten die Euboier von Pithekoussai aus Kyme, welches man später für die älteste griechische Kolonie im Westen halten sollte. Denn ein Gewährsmann Strabons nannte es die älteste Stadt Italiens;[205] derselben Ansicht war anscheinend auch Dionysios von Halikarnossos.[206] Diejenigen, die von Pithekoussai nichts zu berichten wußten (z.B. Pseudo-Skymnos[207] und Thukydides[208]) können sehr wohl dieselbe Meinung vertreten haben. Der Name „Kyme" weist nun sicherlich auf die Teilnahme einer anderen Stadt als Chalkis an der Gründung hin. Leider gab es zwei griechische Städte namens Kyme: Die eine lag in der kleinasiatischen Aiolis und scheidet aus, weil aiolische Funde in Kyme und Pithekoussai nur ganz selten vorkommen.[209] Skymnos sagt zwar ausdrücklich, daß Siedler aus dem aiolischen Kyme den Chalkidiern gefolgt seien, aber dies war ohne jeden Zweifel seine eigene Schlußfolgerung aufgrund des Namens. Das andere Kyme hingegen lag auf Euboia und gab höchstwahrscheinlich der neuen Stadt in Italien seinen Namen. Was das Datum der Gründung von Kyme betrifft, so kann man in Ermangelung archäologischer Zeugnisse sowie glaubwürdiger literarischer Quellen[210] lediglich eine Datierung um 750 vorschlagen, d.h. zwischen der Gründung von Pithekoussai und der von Naxos (dazu unten).

Wenn nun Eretrier an der Gründung von Pithekoussai beteiligt waren, dann müssen sie folglich auch an der von Kyme beteiligt gewesen sein, denn nach Livius wurde Kyme von Pithekoussai aus besiedelt.[211] Obgleich Strabon sagt, daß Kyme von den Chalkidiern gegründet worden sei und Thukydides von ἡ Χαλκιδικὴ Κύμη, „dem chalkidischen Kyme," spricht, bezeugt Dionysios von Halikarnossos auch eretrische Beteiligung an der Gründung dieser Stadt.[212] Die Quelle des Dionysios weiß anscheinend nichts von Pithekoussai, wohingegen Strabon (5,4,9) eine Quelle widerspiegelt, welche über Pithekoussai sehr wohl

204 D. Ridgway, The Foundation of Pithekoussai, Nouvelle Contribution à l'étude de la société et de la colonisation eubéenne (Cahiers Bérard 6), Naples 1981, 47.

205 Strab. 5,4,4, p. 243.

206 Dion. Hal. 7,3,1.

207 Ps.-Skymn. 236–240.

208 Thuk. 6,4,5.

209 Coldstream, Geometric Greece (Anm. 61) 230.

210 Zu den archäologischen Funden, die nicht früher als 720 datiert werden, Coldstream, Geometric Greece (Anm. 61) 230. Hieronymos glaubt, daß Kyme im Jahre 1050 gegründet worden wäre.

211 Freilich könnten die Eretrier (nach Strabon) vor der Gründung von Kyme vertrieben worden sein, aber dies ist nicht das Nächstliegende: siehe unten zu Anm. 213 und 214.

212 Dion. Hal. 8,3,1.

unterrichtet war. Demzufolge ist eretrische Beteiligung an der Gründung beider Kolonien wahrscheinlich von zwei Quellen unabhängig voneinander belegt.[213] Hinzu kommt schließlich, daß das euboiische Kyme mit hoher Wahrscheinlichkeit im Staatsgebiet Eretrias lag, und damit sollte die eretrische Beteiligung an der Kolonisation Italiens erfolgreich nachgewiesen sein.[214]

B. Naxos, Zankle und Rhegion

Über die Kolonisation von Sizilien sind wir dank einigen Berichten bei Thukydides relativ gut informiert.[215] Im Jahre 734 gründete Chalkis die Kolonie Naxos auf Sizilien, während Naxos seinerseits Katane und Leontinoi im Jahre 728 gründete. Zankle hingegen besiedelten Seeräuber aus dem italienischen Kyme vermutlich etwas später. Nach der Erstgründung bekam diese Stadt zusätzliche Siedler und wurde bei dieser Gelegenheit sowohl von Chalkis als auch vom italienischen Kyme offiziell neu gegründet. Diese neuen Siedler stammten nun ἀπὸ Χαλκίδος καὶ τῆς ἄλλης Εὐβοίας, „aus Chalkis und dem übrigen Euboia."[216] Was genau Thukydides mit den Worten ἡ ἄλλη Εὔβοια meinte, ist nicht ohne weiteres klar, aber wie „das übrige Euboia" Eretria nicht enthalten haben könnte, ist schwer einzusehen. Demzufolge erscheint es sicher, daß auch Eretrier an der Kolonisation von Sizilien beteiligt waren. Schließlich gründeten Zankle und Chalkis gemeinsam das auf der italischen Seite der Meerenge gelegene Rhegion.[217]

Genaue Daten dieser zuletzt erwähnten Gründungen sind leider nicht zu ermitteln, weil Thukydides hier keine genauen Zeitangaben bietet. Zwar gründeten die Zanklaier Mylai im Jahre 716 oder 717,[218] aber daraus ergibt sich nur ein *terminus ante quem* für die erste Gründung Zankles. Auf eine Gründung in den zwanziger Jahren des achten Jahrhunderts weist der archäologische Befund in Zankle zwar hin,[219] doch kann man daraus wiederum kein Datum für die Neugründung gewinnen. Der Gründung von Rhegion ging diese Neugründung, wie bereits gesagt, voraus, also wäre ein Datum für jene Gründung äußerst hilfreich.

213 Es sei denn, daß man zu glauben bereit wäre, daß die Quelle Strabons, die von Pithekoussai wußte, die Quelle des Dionysios gelesen und aus ihr gefolgert habe, daß wer an der Gründung von Kyme beteiligt war, auch an der von Pithekoussai beteiligt gewesen sein müsse. Der andere Vorschlag, daß die zwei Traditionen unabhängig waren, verdient den Vorzug gemäß dem allgemeinen Prinzip der Bevorzugung der einfachsten konkurrierender Thesen.

214 Gehrke, Territorium (Anm. 150) 34–35 mit Anmerkungen. Siehe auch E. Sapouna-Sakellaraki, Ἡ εὐβοϊκὴ Κύμη τῆς ἐποχῆς τῶν ἀποικισμῶν, AE 1984, 151–160.

215 Thuk. 6,3–5.

216 Thuk. 6,4,5.

217 Antioch. Syr. FGrHist 555, Fr. 9 = Strab. 6,1,6, p. 257.

218 Zum archäologischen Befund Coldstream, Geometric Greece (Anm. 61) 237. Die literarischen Quellen sind: Schol. Apoll. Rhod. 4,965; Hieronymos 717; Armenischer Kanon 716.

219 G. Vallet, Rhégion et Zancle, Paris 1958, 140; Coldstream, Geometric Greece (Anm. 61) 237.

Von den Archäologen erhalten wir aus Rhegion lediglich einen Fund aus dem achten Jahrhundert: eine Oinochoe aus den zwanziger Jahren dieses Jahrhunderts.[220] Da man aber auf einen Einzelfund nicht bauen kann, bleibt es weiterhin ungewiß, wann genau die euboiische Kolonisation im Westen zu Ende ging. Ein hohes Datum wäre nun um 725, aber man kann ebensogut bis 710 herunter gehen.[221] Also müssen wir uns mit einer unpräzisen Datierung gegen Ende des achten Jahrhunderts zufrieden geben.

C. Kerkyra

Im Laufe der Kolonisation des Westens nahmen die Eretrier einen äußert wichtigen Posten für sich selbst in Anspruch, und zwar Kerkyra, die Insel, welche den Zugang in den Westen und zu den Küsten des Adriatischen Meeres beherrschte:

τίνες οἱ ἀποσφενδόνητοι;

Κέρκυραν τὴν νῆσον Ἐρετριεῖς κατῴκουν· Χαρικράτους δὲ πλεύσαντος ἐκ Κορίνθου μετὰ δυνάμεως καὶ τῷ πολέμῳ κρατοῦντος, ἐμβάντες εἰς τὰς ναῦς οἱ Ἐρετριεῖς ἀπέπλευσαν οἴκαδε. προαισθόμενοι δ᾽ οἱ πολῖται, τῆς χώρας εἶργον αὐτοὺς καὶ ἀποβαίνειν ἐκώλυον σφενδονῶντες. μὴ δυνάμενοι δὲ μήτε πεῖσαι μήτε βιάσασθαι πολλοὺς καὶ ἀπαραιτήτους ὄντας, ἐπὶ Θρᾴκης ἔπλευσαν καὶ κατασχόντες χωρίον, ἐν ᾧ πρότερον οἰκῆσαι Μέθωνα τὸν Ὀρφέως πρόγονον ἱστοροῦσι, τὴν μὲν πόλιν ὠνόμασαν Μεθώνην, ὑπὸ δὲ τῶν προσοίκων „ἀποσφενδόνητοι" προσωνομάσθησαν.[222]

„Wer sind die ‚Weggeschleuderten'?

Die Eretrier besiedelten die Insel Kerkyra. Nachdem aber Charikrates von Korinth aus mit einer Streitmacht in See gestochen war und [die Eretrier] im Kriege besiegt hatte, bestiegen die Eretrier Schiffe und segelten nach Hause. Als aber die Bürger [sc. die in Eretria verbliebenen Eretrier] davon erfuhren, wehrten sie jene vom Land ab und hinderten jene durch Schleudern daran, an Land zu gehen. Da [die Heimkehrenden ihre Landsleute] weder überzeugen noch bezwingen konnten, zumal diese zahlreich und unerbittlich waren, segelten jene nach Thrakien, und nachdem sie eine Ortschaft in Besitz genommen hatten, in der Methon, der Ahn des Orpheus, früher gewohnt haben soll, nannten sie die Stadt Methone. Von den Angrenzenden aber wurden sie ‚Weggeschleuderte' genannt."

---

220 Vallet, Rhégion (Anm. 219) 140; Coldstream, Geometric Greece (Anm. 61) 237.

221 Über die Gründung von Rhegion sind wir miserabel informiert. Gründeten diese Kolonie zuerst die Zanklaier, worauf ein chalkidischer Zusatz zur offiziellen Gründung folgte? Dies war doch das Verfahren im Falle von Zankle selbst. Wenn Zanklaier den Ort ausforschten und die ersten Gebäude in Erwartung auf die neuen Siedler bauten, dann spräche dies für ein späteres Datum des Endes der euboiischen Kolonisation.

222 Plut. Quaestiones Graecae, 11, p. 293.

Dies ist der einzige Beleg einer eretrischen Kolonie auf Kerkyra, und man hat ihre Historizität aus diesem Grunde des öfteren angezweifelt. Auf die weit verbreitete Tradition, der zufolge Korinthier diese Insel zuerst kolonisiert hätten, weist z.B. Halliday hin.[223] Natürlich kann man meinen, daß dies für die Glaubwürdigkeit des Zeugen spreche, denn wer hätte angesichts der wohl bekannten Besiedlung der Insel durch die Korinthier die Geschichte von den ἀποσφενδόνητοι, den „Weggeschleuderten," erfinden sollen? Plutarchs Hauptquelle für die Quaestiones Graecae stellten nach Meinung von Halliday die Politiensammlungen des Aristoteles dar.[224] Trifft diese Mutmaßung zu, dann kommen als Quelle dieses Aitions vor allem zwei Politien in Frage: die Verfassung der Kerkyraier und die der Methonaier. Den Vorzug verdient die zweite, weil das Aition sehr nach einer Erläuterung der Ursprünge der Methonaier aussieht. Warum hätten nun die Methonaier eine Herkunft erfunden, die der allgemein bekannten Tradition von einer korinthischen Besiedlung von Kerkyra widersprach und die obendrein aus zwei peinlichen Vertreibungen bestand? Erdichtete Legenden schmeicheln doch denjenigen, derenthalben sie erdichtet werden.

Für eine eretrische Kolonie auf Kerkyra spricht schließlich folgendes: einen spezifisch euboiischen Typus kennt die spätere kerkyraiische Münzprägung: eine Kuh, die ihr Kalb säugt.[225] Derartige Münzen kann man nur durch Postulieren eines euboiischen Kultes erklären, den selbstverständlich nur euboiische Siedler hätten gründen können. Zudem befand sich auf der Insel eine Ortschaft namens Euboia.[226] Infolge all dessen erscheint mir die Historizität einer eretrischen Kolonie auf Kerkyra unanfechtbar.[227]

223 Strab. 6,2,4, p. 269; Schol. Apoll. Rhod. 4,1212; Halliday, Greek Questions (Anm. 182) 63–64.
224 Halliday, Greek Questions (Anm. 182) 14–15.
225 Kuh mit Kalb auf Euboia: B.V. Head, Catalogue of Greek Coins in the British Museum: Central Greece, Carystus, Nr. 1, 6, 7 und 12 = Tf. 18, Abb. 1, 5, 6 bzw. 11. Kuh mit Kalb auf Kerkyra: P. Gardner, Catalogue of Greek Coins in the British Museum: Thessaly to Aetolia, Corcyra, Nr. 1–16, 34–44, 56–69 und 121–129 = Tf. 21, Abb. 1–2, Tf. 21, Abb. 9, Tafel 21, Abb. 14–15 bzw. Tafel 22, Abb. 5–6. Zur Herkunft des kerkyraiischen Münztypus P. Gardner, Catalogue, Thessaly to Aetolia, xlvii–xlviii. Siehe auch A. Blakeway, Prolegomena to the Study of Greek Commerce with Italy, Sicily and France in the Eighth and Seventh Centuries B.C., ABSA 33, 1932–1933, 205 Anm. 4 und N.G.L. Hammond, Epirus, Oxford 1967, 415.
226 Strab. 10,1,15, p. 449. Dieses Argument allein ist nicht entscheidend, denn Strabon erwähnte Orte namens „Euboia" auch in Gebieten (u.a. Lemnos und Argos), in denen es niemals euboiische Kolonien gab, wie Bakhuizen, Chalcidian Studies 3 (Anm. 55) 23 Anm. 97 mit Recht anmerkt. Auf die Münzprägung Kerkyras geht Bakhuizen leider nicht ein.
227 Einige akzeptieren eine eretrische Kolonie auf Kerkyra: z.B. Boardman, Greeks Overseas (Anm. 64) 225, oder Blakeway, Prolegomena (Anm. 225) 205 Anm. 4 mit ausdrücklichem Verweis auf die Münzprägung Kerkyras. Coldstream, Geometric Greece (Anm. 61) 188 enthält sich einer verbindlichen Meinung, während einige (z.B. Bakhuizen, Chalcidian Studies 3 [Anm. 55] 23, oder Halliday, Greek Questions [Anm. 182] 63–64) die Existenz einer eretrischen Kolonie auf Kerkyra abzustreiten suchen.

Korinth gründete Kerkyra traditionell in demselben Jahr (733) wie Syrakus.[228] In Anbetracht der antiken Tendenz, wichtige Ereignisse stets zur selben Zeit stattfinden zu lassen, sieht dieser Synchronismus jedoch sehr verdächtig aus. Man hat zwar argumentiert, daß die Gründung von Kerkyra jener von Syrakus vorausgegangen sein müsse,[229] aber angesichts der euboiischen Gründung von Pithekoussai, der ältesten und zugleich entferntesten Kolonie der Euboier, schlägt dieses Argument nicht durch. Für die Gründung von Kerkyra durch die Korinthier gibt Hieronymos das Jahr 706 an, was Coldstream unter Berücksichtigung des archäologischen Befundes für glaubhaft hält.[230] Für das bei Hieronymos angeführte Datum spricht nicht zuletzt die allgemeine Neigung zum jüngeren von zwei Daten. 706 wäre also das ungefähre Datum der Gründung der korinthischen Kolonie, wohingegen die eretrische, die allerdings noch nicht durch einen archäologischen Befund bezeugt ist, demgemäß noch früher gegründet worden sein muß.

D. Andere euboiische Kolonien im Westen

Der Vollständigkeit halber führe ich zwei weitere Belege euboiischer Kolonien im Westen an: 1.) Strabon, Pseudo-Skymnos und Pausanias sprechen von euboiischen Kolonisten in Illyrien.[231] Da diese Siedler mit Korinth und der korinthischen Kolonie auf Kerkyra verfeindet waren, würde man meinen, daß diese euboiischen Kolonisten eretrische gewesen seien. Diese Kolonisation Illyriens erscheint jedoch äußerst fragwürdig, insbesondere weil die euboiischen Siedler Flüchtlinge vom Troischen Krieg sein sollen.[232] 2.) Stephanos von Byzanz erwähnt ionische Kolonien im Maghreb,[233] wo es einige Ortsnamen gab, die auf euboiische Siedler hinweisen könnten.[234] Obwohl es natürlich im Bereich des Möglichen liegt, daß Euboier auch hierhin kamen, wäre es vielleicht besser, wenn wir mangels einer deutlicheren, literarischen Tradition sowie in Abwesenheit archäologischer Zeugnisse auf diesen Kolonien nicht bestünden.[235]

228 Strab. 6,2,4, p. 269. Kerkyra sollen einige Siedler gegründet haben, während die übrigen weiter nach Syrakus gegangen sein sollen.

229 Halliday, Greek Questions (Anm. 182) 64.

230 Coldstream, Geometric Greece (Anm. 61) 185 (obzwar dort „708" gedruckt wird).

231 Strab. 10,1,15, p. 449; Paus. 5,3–4; Ps.-Skymn. 441–443. Siehe auch Steph. Byz. s.v. ᾿Αμαντία.

232 Bakhuizen, Chalcidian Studies 3 (Anm. 55) 25, meint, aus der Ähnlichkeit des homerischen Namens für die Euboier (Abanten) mit jenem eines in Illyrien beheimateten Volkstammes (Amanten; siehe RE, s.v. Amantia, 2 und Amantini) habe sich die Tradition über euboiische Kolonien in dieser Gegend herausgesponnen. Weitere Besprechung unter Heranziehung archäologischer Zeugnisse bei Hammond, Epirus (Anm. 225) 384–385, 416–417.

233 Steph. Byz. s.v. Κύβος. Stephanos zitiert Hekat. (FGrHist 1, Fr. 343) in derselben Eintragung, doch steht im Hekataioszitat nichts von Ionern.

234 Skylax, 111.

235 Die ausführlichste Aufarbeitung dieser Theorie findet sich bei H. Treidler, Eine alte ionische Kolonisation im numidischen Afrika – ihre historische und geographische Grundlage, Historia 8, 1959, 257–283, und dems., RE, s.v. Psegas. Die Existenz dieser Kolonien leugnet Bakhuizen, Chalcidian Studies (Anm. 55) 25–26 energisch.

4. ZUSAMMENFASSUNG

Daß die Euboier in mehreren Gebieten gemeinsam kolonisierten, dürfte nun
hinreichend gesichert sein. Auf der Chalkidike kolonisierten sie auf nebeneinander liegenden Halbinseln; in Italien gab es zwei Kolonien, die sie gemeinsam
gründeten; Eretria war wahrscheinlich auch an der Neugründung von Zankle auf
Sizilien beteiligt. Zudem hatte Eretria auf Kerkyra einen Posten, in den chalkidische Schiffe des öfteren eingelaufen sein müssen. Alles zusammen spricht für
eine gemeinsame Kolonisation, die den größten Teil des achten Jahrhunderts
hindurch währte. In den letzten Jahren des achten Jahrhunderts wurde die letzte
chalkidische Kolonie, Rhegion, von Zankle und Chalkis gegründet. Mit dieser
Gründung endete die euboiische Kolonisation. Dies muß einen *terminus post
quem* für den Lelantischen Krieg darstellen,[236] dessen Datierung wir jetzt besprechen wollen.

---

236 D'Agostino, Osservazioni (Anm. 63) 20–37, datiert den Lelantischen Krieg zwischen die
    Kolonisation Italiens und die Siziliens, weil er glaubt, daß die Chalkidier für die Kolonisa-
    tion Italiens auf die Flotte Eretrias angewiesen und daß die Eretrier nach ihrer Niederlage
    im Krieg an der Kolonisation Siziliens nicht beteiligt gewesen seien. Nach ihm hätten die
    Korinthier den Eretriern Kerkyra um 733 in einem der letzten Akte des Krieges entrissen.
    Dazu ist zu sagen: 1.) Chalkis hatte seine eigene Flotte, war auf die eretrische folglich nicht
    angewiesen (siehe oben, Anm. 64). 2.) Eretria war wahrscheinlich an der Neugründung von
    Zankle beteiligt (siehe oben Teil 3, B). 3.) Die Korinthier vertrieben die Eretrier aus
    Kerkyra eher um 706 (siehe oben Teil 3, C).

KAPITEL IV:
DIE DATIERUNG DES KRIEGES

Die Chronologie des Lelantischen Krieges ist sehr umstritten, und man findet in der Fachliteratur allerlei Datierungen zwischen 750 und 550. Es folgt zunächst eine kurze Zusammenfassung der wichtigsten Thesen: Für die erste Hälfte des sechsten Jahrhunderts trat Vincenzo Costanzi unter besonderer Berücksichtigung eines Gedichtes im Corpus des megarischen Dichters Theognis ein.[237] Costanzi schlossen sich Julius Beloch[238] und Édouard Will[239] an. Marta Sordi hingegen schlug aufgrund einer neuen Auslegung von Archilochos, Fr. 3 West, sowie einigen Zeilen des Hymnos auf Apollon die zweite Hälfte des siebenten Jahrhunderts vor.[240] Donald W. Bradeen jedoch glaubte nachweisen zu können, daß unser Krieg in der ersten Hälfte des siebenten Jahrhunderts stattgefunden habe, weil er einen Zusammenhang zwischen dem Lelantischen Krieg und Pheidon, dem Tyrannen von Argos, vermutete.[241] Andere (z.B. Andrew Burn oder Georg Busolt) setzten den Beginn des Krieges in das späte achte und dessen Ende in das siebente Jahrhundert.[242] Für das letzte Drittel des achten Jahrhunderts hingegen plädierte Alan Blakeway,[243] dem George Forrest in einem einflußreichen Artikel gefolgt ist.[244]

Die literarischen Quellen, insofern diese die Datierung betreffen, werden wir zuerst behandeln. Erst danach dürfen die Ergebnisse des zweiten und dritten Kapitels herangezogen und mit den literarischen Zeugen verglichen werden.

1. DIE DATIERUNG DES ARCHILOCHOS

A. Einführendes.

Daß Archilochos den Lelantischen Krieg beschrieb, erscheint mir ganz sicher; meine Argumente habe ich bereits im ersten Kapitel dargelegt. Einige Forscher sind jedoch anderer Meinung, und es ist aufschlußreich, ihre Gründe hier kurz

---

237 V. Costanzi, Guerra lelantea (Anm. 70) 769–790.
238 Beloch, Gr. Gesch. I.1.², 339 Anm. 1.
239 É. Will, Korinthiaka, Paris 1955, 391–404; bes. 403–404.
240 M. Sordi, La lega tessala, Roma 1958, 45–47.
241 D.W. Bradeen, Lelantine War (Anm. 189) 223–241.
242 Burn, Trade-Leagues (Anm. 95) 34; G. Busolt, Gr. Gesch. 1, 456; K. Tausend, Der lelantische Krieg – ein Mythos? Klio 69, 1987, 514, datiert den Krieg um die Wende vom achten zum siebenten Jahrhundert.
243 A. Blakeway, The Date of Archilochus, Festschrift Murray, Oxford 1936, 47–49.
244 W.G. Forrest, Colonisation and the Rise of Delphi, Historia 6, 1957, 161.

anzuführen. Blakeway sah, daß der Krieg mit Archilochos zusammenhing: da er aber den Krieg in das achte Jahrhundert datiert hatte, mußte auch der parische Dichter in dieses Jahrhundert hinaufdatiert werden. Gegen eine so frühe Datierung des Archilochos argumentierte Felix Jacoby, den Blakeways Datierung des Krieges trotz allem überzeugt hatte.[245] Also trennte Jacoby Krieg und Dichter; an die Meinung Jacobys hat sich Forrest gehalten.[246]

Jacoby war nun der Auffassung, daß Archilochos in dem Zeitraum von 680 bis 640 gelebt habe,[247] und dieser Zeitansatz stieß auf breite Zustimmung. Die Argumente Jacobys stützen sich jedoch auf ungesicherte und auch überholte Schlüsse – insbesondere hinsichtlich der assyrischen Quellen, die bei der Datierung des parischen Dichters eine wichtige Rolle spielen. Es wird daher angebracht sein, die Zeitstellung des Archilochos noch einmal ausführlich zu erörtern. – Bevor wir aber auf die eigentliche Datierungsfrage kommen, müssen wir zuerst einiges über das Leben und die Dichtkunst des Archilochos vorausschicken. Archilochos (dies muß leider eine subjektive Meinung bleiben) reagiert auf die Geschehnisse seiner Zeit, auf das tatsächliche, gegenwärtige Leben, welches er miterlebt hat.[248] Dieses Leben beschreibt er im allgemeinen weder mit romanhaften noch mit idealisierenden Zügen.[249] An ihm übte man bezeichnenderweise Kritik, weil er auf ehrliche Weise über sich selbst berichtet hatte, daß er der arme Sohn einer Sklavin sei, der wegen Armut und Mittellosigkeit seine Heimat verlassen habe.[250] Von seinem Militärdienst sagt er:

245 F. Jacoby, The Date of Archilochus, CQ 35, 1941, 108–109.
246 Forrest, Colonisation (Anm. 244) 163–164. Tedeschi, Guerra lelantina (Anm. 72) 164–166 ist ebenfalls zum Schluß gekommen, daß Archilochos nicht auf den Lelantischen Krieg hinweise und daß der Krieg ins späte achte Jahrhundert zu datieren sei.
247 Dies war schon die herrschende Meinung, als Blakeway seinen Aufsatz schrieb: siehe z.B. Beloch, Gr. Gesch. I.2², 349–352, oder O. Crusius, RE s.v. Archilochos, 488–490. Ältere Fachliteratur bei Crusius, ebenda, oder Jacoby, Date (Anm. 245) 97 Anm. 7. Auf eine Auseinandersetzung mit E. Löwy, AAWW 70, 1933, 31–34, verzichte ich. Archilochos datiert er um die Mitte des sechsten Jahrhunderts, was doch schon durch das auf Thasos errichtete Denkmal für den bei Archilochos erwähnten Glaukos, Sohn des Leptines, widerlegt wird, zumal dieses Denkmal ohne jeden Zweifel gegen Ende des siebenten Jahrhunderts zu datieren ist (BCH 79, 1955, 348–351). Zur Chronologie des Archilochos zuletzt H.D. Rankin, Archilochus' Chronology and some possible Events of his Life, Eos 65, 1977, 5–15, und ders. Archilochus of Paros, Park Ridge, N.J. 1977, 10–35; über Jacobys Behandlung ist er aber nicht hinausgekommen.
248 H. Fränkel, Dichtung und Philosophie des frühen Griechentums, München 1962, 154: „Er wendet sich vom Fernen ab von dem er bloß weiß, und wendet sich zum Gegenwärtigen hin das er selbst erlebt hat...Mit klarer Entschiedenheit greift Archilochos auf die ersten und nächsten Begebenheiten der Person zurück: das Jetzt, Hier und Ich." Diese Ansicht teilt auch Rankin, Archilochus of Paros (Anm. 247) 1: „He created from his own life and experience"; 24: „He tended to react swiftly and to compose shortly after the event which stimulated his emotions."
249 Siehe u.a. Lesky, Griechische Literatur (Anm. 72) 136–137.
250 Archil. Fr. 295 West = Ail. Var. hist. 10,13 = Kritias 81 B 44, Diels-Kranz. Einige Moderne sind jedoch anderer Auffassung: E. Wistrand, Fond. Hardt 10, 35: „proud scion of an ancient and noble family."

Καὶ δὴ ʼπίκουρος ὥστε Κὰρ κεκλήσομαι.[251]

„Und ich werde mich ‚Söldner‘ nennen, wie ein Karer."

Er beschreibt sogar seine eigene Feigheit, wie er im Kriege seinen Schild hinterließ.[252] Des weiteren berührt ihn nichts, was seine Heimat nicht betrifft. Am Gold
des Gyges hat er dementsprechend nicht das geringste Interesse; das Leid der
Thasier beklagt er anstatt jenes der Magneten.[253] Da wir in den Gedichten stets
einen jungen Mann in der Blüte seiner Jahre, einen aktiven Krieger, sehen,[254]
neigen wir zur Vermutung, daß er relativ jung starb; denn man berichtete von
ihm, daß ihn ein Naxier im Kriege umgebracht habe.[255] Obgleich den Geschichten über seinen Tod viel Sagenhaftes innewohnt, wird wohl die Einzelheit über
die Art des Todes stimmen: der Tod eines berühmten Dichters, welchen man
feiert, bleibt in der Erinnerung. Dennoch sind wir keinesfalls verpflichtet, an die
konstruierten delphischen Orakelsprüche an den Naxier Korax zu glauben,[256]
denn diese werden sicherlich späterer Legende angehören, welche aus dem
Wunsch entstanden ist, dem Mörder des Dichters eine Strafe aufzuerlegen. Demgemäß kam Archilochos als junger Mann ums Leben; viel älter als ungefähr
vierzig Jahre ist er wahrscheinlich nicht geworden.[257] – Unsere Aufgabe wird es
jetzt sein, den Zeitraum zu bestimmen, in dem das Fragment, das auf den
Lelantischen Krieg hinweist, geschrieben worden sein kann.

---

251 Archil. Fr. 216 West = Schol. Plat. Lach. 187b.

252 Archil. Fr. 5 West = Plut. Instituta Laconica, 34, p. 239 und anderswo (siehe West ad loc.).
Die jüngste Besprechung der Geste befindet sich bei T. Schwertfeger, Der Schild des
Archilochos, Chiron 12, 1982, 253–280, welcher eigentlich der Meinung ist, daß Rhipasia
in archaischer Zeit kein Symbol schmählicher Feigheit gewesen sei.

253 Siehe die unmittelbar unten zitierten Fragmente; siehe auch Fr. 102 West = Strab. 8,6,6, p.
370 (Πανελλήνων ὀϊζὺς ἐς Θάσον συνέδραμεν, „das Leid ganz Griechenlands ist auf
Thasos zusammengeflossen") oder Fr. 228 West = Eustathios, in Odysseam 5,306, p. 1542
und in Iliadem 8,488, p. 725 (Θάσον δὲ τὴν τρισοιζυρὴν πόλιν, „Thasos, die dreifach
unglückliche Stadt").

254 Dazu u.a. Jacoby, Date (Anm. 245) 101.

255 Herakleid. Pont. De rebus publicis, 8, FHG, 2, p. 214. Diesen Schluß lehnt F. Lasserre, Les
Épodes d'Archiloque, Paris 1950, 299–300, hauptsächlich wegen seiner Datierung des
Archilochos (ca. 710–640) ab, denn ein Siebzigjähriger wird kaum Krieger sein können.
Das von Lasserre vorgeschlagene Geburtsdatum (ebenda, 295) stützt sich auf dessen Ausle-
gung der aristotelischen Einleitung zum Fragment von der Sonnenfinsternis – siehe unten
Anm. 348.

256 Herakleid. Pont. a.a.O.; Gal. Protr. 9; Dion von Prusa, Orationes, 33,12; Plut. De sera
numinis vindicta, 17, p. 560; Ail. Fr. 80 = Suid. s.v. Ἀρχίλοχος. (Von M. Treu, Archilochos, München 1979, 122–125, zusammengestellt.)

257 Dieser Ansicht ist offenbar Jacoby. Ein Alter von 65 Jahren hält Blakeway, Date (Anm.
243) 54, noch für möglich – vor allem wegen seiner Datierung des Archilochos ins achte
Jahrhundert. Denn wenn Archilochos um 740 geboren wäre und Gyges im zweiten Viertel
des siebenten Jahrhunderts gekannt hätte, dann müßte Archilochos noch im Greisenalter ein
Krieger gewesen sein.

B. Die Sonnenfinsternis

Als erstes können wir das Fragment von der Sonnenfinsternis besprechen:

χρημάτων ἄελπτον οὐδέν ἐστιν οὐδ' ἀπώμοτον
οὐδὲ θαυμάσιον, ἐπειδὴ Ζεὺς πατὴρ 'Ολυμπίων
ἐκ μεσαμβρίης ἔθηκε νύκτ', ἀποκρύψας φάος
ἡλίου †λάμποντος, λυγρὸν† δ' ἦλθ' ἐπ' ἀνθρώπους δέος.
ἐκ δὲ τοῦ καὶ πιστὰ πάντα κἀπίελπτα γίνεται
ἀνδράσιν· μηδεὶς ἔθ' ὑμέων εἰσορέων θαυμαζέτω
μηδ' ἐὰν δελφῖσι θῆρες ἀνταμείψωνται νομὸν
ἐνάλιον, καί σφιν θαλάσσης ἠχέεντα κύματα
φίλτερ' ἠπείρου γένηται, τοῖσι δ' ὑλέειν ὄρος.²⁵⁸

„Nichts ist unerwartet oder unmöglich oder wunderbar, nachdem Zeus, der Vater der Olympier, aus Mittag Nacht gemacht und das Licht der *glänzenden* Sonne verborgen hat. Da fuhr *finstere* Furcht in die Menschen. Seitdem ist für Männer alles glaubhaft und erwartet. Es staune also keiner von euch, der zuschaut, wenn Landtiere ihre gewohnten Wohnstätten mit Delphinen austauschen und schallende Wellen des Meeres eher dem Lande zugetan sind und ein Berg mit ihnen „bewaldet" wird."

Ich gehe davon aus, daß Archilochos selbst diese Finsternis sah. In Frage kommen leider mehrere Sonnenfinsternisse, die ich nun in chronologischer Reihenfolge anführe:
1. 14. März 711. Totale Sonnenfinsternis auf Thasos und nahezu total auf Paros.²⁵⁹
2. 27. Juni 661. Total auf Thasos, aber nicht auf Paros.²⁶⁰
3. 6. April 648. Total auf Thasos und nahezu total auf Paros. ²⁶¹
Von vornherein können wir nicht entscheiden, welche Archilochos sah, doch hoffe ich zeigen zu können, daß die erste viel zu früh liegt.²⁶²

---

258 Archil. Fr. 122 West = Stob. 4,46,10; POxy 2313 Fr. 1(a).
259 Siehe Fotheringham bei Blakeway, Date (oben Anm. 243) 35–36. Angesichts der Berechnungen Fotheringhams ist die Behandlung F.K. Ginzels (Spezieller Kanon der Sonnen- und Mondfinsternisse, Berlin 1899, Nr. 70 [= Oppolzer, Nr. 1169], Karte II) veraltet.
260 Siehe Ginzel, Kanon (Anm. 259) 167–169 und Karte III: Ginzel, Nr. 86 = Oppolzer, Nr. 1295. Ginzels Behandlung ist (siehe vorhergehende Anmerkung) veraltet; leider ist noch kein Werk erschienen, das seine oder Oppolzers Arbeit ersetzen könnte. Für diese (und die nächste) Finsternis gibt es abweichende Daten: J.M. Edmonds, Elegy and Iambus 2, London 1968, 135 Anm. 4 gibt das Datum 660 an und spricht von neuen Berechnungen, die er allerdings nicht zitiert. Möglich ist, daß er das astronomische Datum „-660" (d.h. 661 v. Chr. Geb.) falsch verstand.
261 Ginzel, Kanon (Anm. 259); Edmonds, Elegy (Anm. 260), gibt 5. April 647 an; Ginzel, Nr. 92 = Oppolzer, Nr. 1328.
262 Genaugenommen gibt es eine vierte Sonnenfinsternis, die in Betracht gezogen werden kann: 15 April 657 auf Rhodos. Dazu Ginzel, Kanon (Anm. 259), und J.B. Bury, Greek Literature from the eighth Century to the Persian Wars, CAH, 4¹, 484 Anm. 1. Bury glaubt, daß Archilochos von dieser Finsternis gehört, sie aber nicht gesehen habe.

C. Gyges und die Kimmeriereinfälle

Zwei weitere Gedichte des Archilochos bieten Anhaltspunkte für dessen Datierung: das Fragment, welches den lydischen König Gyges, den ersten Herrscher aus dem Mermnadengeschlecht, erwähnt, und das Fragment, das vom Leid der Magneten spricht. Es folgen die Zitate:

οὔ μοι τὰ Γύγεω τοῦ πολυχρύσου μέλει,
οὐδ' εἶλέ πώ με ζῆλος, οὐδ' ἀγαίομαι
θεῶν ἔργα, μεγάλης δ' οὐκ ἐρέω τυραννίδος·
ἀπόπροθεν γάρ ἐστιν ὀφθαλμῶν ἐμῶν.[263]

„Mich interessieren die Angelegenheiten des sehr reichen Gyges nicht; Eifersucht hat mich nie ergriffen, noch beneide ich die Taten der Götter; große Macht begehre ich nicht: denn [all dieses] liegt mir fern."

Und:

κλαίω τὰ Θασίων, οὐ τὰ Μαγνήτων κακά.[264]

„Ich beweine das Leid der Thasier statt das der Magneten."

Diese beiden Fragmente werden wir gleichzeitig besprechen können, denn sie weisen auf verwandte Ereignisse hin: das erste spricht von einem lydischen König, der einem kimmerischen Angriff zum Opfer fiel, während die Rede im zweiten von einem Überfall ist, der allem Anschein nach mit dem kimmerischen Einbruch in Lydien aufs engste zusammenhing.

Fangen wir mit dem Gygesfragment an. Herodot war der erste, welcher den Schluß zog, daß Archilochos ein Zeitgenosse des Gyges gewesen sei.[265] Genaugenommen könnte Gyges lediglich den *terminus post quem* für Archilochos darstellen, aber, wie wir bereits gesehen haben, ist Archilochos einer, der von der Gegenwart statt der Vergangenheit spricht.[266] Daher saß Gyges zweifelsohne auf dem lydischen Thron, als Archilochos diese Zeilen schrieb. Diesen König Lydiens zu datieren, wird folglich unsere erste Aufgabe sein.

Zum Glück kann dessen Zeitstellung unabhängig von den sowieso wertlosen, bei Herodot und den Chronographen angegebenen Regierungszeiten ermittelt werden, so daß uns erspart bleibt, auf die ganze lydische Chronologie eingehen

263 Archil. Fr. 19 West = Plut. De tranquillitate animi, 10, p. 470.
264 Archil. Fr. 20 West = Herakleid. De rebus publicis, 22, FHG 2, p. 218; Aristot. Fr. 611, 50 Rose; Strab. 14,1,40, p. 647.
265 Hdt. 1,12.
266 Einen reichen, mächtigen Herrscher nennt Archilochos den Lyderkönig, den man um sein Glück eigentlich beneiden müßte, will doch das Gedicht hervorheben, daß Archilochos wider alles Erwarten auf die unbestreitbaren Erfolge und Macht des orientalischen Monarchen gerade nicht eifersüchtig ist. Denn die Zeitgenossen des Archilochos dachten vermutlich anders – vgl. Hdt. 1,14. Auf jeden Fall gibt es in dem Archilochos-Fragment keinen Hinweis darauf, daß Gyges je einen Rückschlag erlitten hatte. Eine Datierung in die Zeit nach der Katastrophe, welche seinen Tod herbeiführte, darf wohl als ausgeschlossen gelten.

zu müssen.[267] In welchem Jahre Gyges den Thron Lydiens bestieg, entzieht sich unserer Kenntnis, denn von der Thronbesteigung des ersten Mermnaden berichten die assyrischen Quellen nicht,[268] während es in den griechischen lediglich romanhafte Erzählungen gibt.[269] Sein Sterbedatum ist dagegen eines der wenigen relativ festen Daten der griechischen Frühgeschichte.[270] Dieses Datum basiert auf einigen Inschriften Aššurbanipals, die wir jetzt in chronologischer Reihenfolge zu besprechen haben.

267 Zur lydischen Chronologie gibt es keine sehr befriedigende Arbeit: siehe H. Kaletsch, Zur lydischen Chronologie, Historia 7, 1958, 1–47 (die ausführlichste Behandlung); siehe aber auch M. Miller, The Herodotean Croesus, Klio 41, 1963, 58–94 bes. 59–75.

268 A.T. Olmstead, History of Assyria, Chicago 1923, 420, behauptet, daß der Name von Gyges' Vorgänger, Kandaules (nach Hdt. 1,7,2), „Sohn des Kanda" bedeute. Er bezieht sich auf eine Orakelanfrage eines assyrischen Königs (I. Starr, Queries to the Sun God [State Archives of Assyria, 4], Helsinki 1990, Nr. 16), die er um 668 datiert und die einen „Sohn des Kanda" erwähnt, um nachzuweisen, daß Gyges um 668 den lydischen Thron noch nicht bestiegen hatte. Diese Meinung hat C. Mazetti, Voprosy lidĭskoĭ khronologii, VDI, 1978, Heft 2, 176, wieder aufgegriffen.
Erstens wissen wir, daß der Vater des Kandaules „Myrsos" hieß und daß einige Kandaules „Myrsilos" nannten (Hdt. 1,7,2). Es liegt deswegen sehr nahe, Myrsilos als „Sohn des Myrsos" zu erklären. Wenn Kandaules ein Patronymikon hatte, dann war dieses a priori Myrsilos. Zweitens ist die Meinung Olmsteads betreffs des Namens „Kandaules" höchst zweifelhaft, denn Hippon. Fr. 3a West = Schol. Tzetz. Hist. var. 1,147, glaubte im sechsten Jahrhundert, daß der Name als „Hundswürger" zu übersetzen sei. Siehe jetzt R. Gusmani, Lydisches Wörterbuch, Heidelberg 1964, 274 s.v. Κανδαυλης (sic) einschließlich des Nachtrags im Ergänzungsband (Lieferung 3 – Heidelberg 1986) 161. Vorausgesetzt, daß das Wort Κανδαυλης einer indoeuropäischen Sprache angehört – Lydisch und Phrygisch kommen in Frage –, entlarvt sich Κανδαυλης sehr leicht als „Hundswürger": καν- = lat. canis ; δαυ- = slaw. daviti (erwürgen). Siehe auch Plat. Krat. 410a (das phrygische Wort für „Hund" ähnele dem griechischen). Daß der Name sakralen Charakter hatte (laut einer Hesychglosse war Κανδαυλης ein Beiname des Hermes oder des Herakles), ist angesichts einiger Hundeopfer, die in Sardeis im sechsten Jahrhundert stattfanden, nicht unwahrscheinlich: C.H. Greenewalt, Ritual Dinners in Early Historic Sardis (University of California Publications: Classical Studies 17), Berkeley 1978, passim, bes. 10–26. Zu diesem Wort gibt es außerdem eine umfangreiche Sekundärliteratur bei den Sprachwissenschaftlern, in der sich alle hinsichtlich der hier angeführten Etymologie einig sind, obgleich O. Szemerényi, Etyma Latina II, Festschrift Pisani 2, Brescia 1969, 980–981, die Möglichkeit einer Verbindung mit dem luwischen hantawati- (Lykisch xñntawata), d.h. „Anführer," einräumt. Weitere Literaturangaben bei Gusmani, ebenda.

269 Hdt. 1,8–13; Plat. Rep. 359c-360b; Nikol. Dam. FGrHist 90, Fr. 47; Plut. Quaestiones Graecae, 45, pp. 301–302. Einen Anhaltspunkt für die Datierung bietet keine dieser Quellen.

270 Zu diesem Thema gibt es drei neuere Arbeiten: A.J. Spalinger, The Date of the Death of Gyges and its Historical Implications, JAOS 98, 1978, 400–409; Mazetti, Voprosy (Anm. 268) 176; M. Cogan und H. Tadmor, Gyges and Ashurbanipal: A Study in literary Transmission, Orientalia 46, 1977, 65–85. Die grundlegende Arbeit zur Chronologie der einschlägigen Inschriften verfaßte Tadmor: Tri poslednikh desyatiletiya Assirii, Trudy dvadtsatb pyatogo meshdunarodnogo kongressa vostokovedov, Moskau 1962, 240–241. Die älteren Arbeiten zu diesem Thema sind jetzt hinfällig: H. Gelzer, Das Zeitalter des Gyges, RhM 30, 1875, 230–268; C.F. Lehmann-Haupt, Zur Chronologie der Kimmeriereinfälle, Klio 17, 1921, 113–122; Kaletsch, Chronologie (Anm. 267); R. van Compernolle, Étude de chronologie et d'historiographie siciliotes, Bruxelles 1959, 63–138.

Vom Prisma E (besser: von den Subeditionen des Prismas E[271]) wird Gyges im Jahre 665/664±1 zum ersten Male erwähnt.[272] Diesen Subeditionen können wir zwei Versionen der Gyges-Geschichte zuordnen. Diejenige, welche die ältere zu sein scheint, spricht von einem *rakbû*, einem Reiter (es handelt sich ohne jeden Zweifel um einen Lyder[273]), der am Hofe Aššurbanipals erscheint, wo ihn aber niemand verstehen kann. Den Rest der Geschichte zufolge dieser Version kennen wir leider nicht. Mit Sicherheit dürfen wir jedoch sagen, daß diese Erzählung vom fremden Reiter am assyrischen Hofe sich in die andere Gyges-Geschichte der Prismen E nicht einordnen läßt. Denn in dieser zweiten Erzählung finden wir keinerlei Hinweise auf etwaige sprachliche Probleme. Statt dessen macht der Bericht lediglich auf formelhafte Weise darauf aufmerksam, daß Lydien ein weitentferntes Land sei und daß die Väter Aššurbanipals den Namen des Gyges niemals gehört hätten. Alsdann hören wir vom Traume des Gyges, in welchem Aššur erschien und ihm kundtat, er möge sich Aššurbanipal unterwerfen, damit er die Kimmerier werde besiegen können. Dies teilt Gyges dem Assurbanipal mit und versichert ihm weiterhin, daß er gegen dessen Feinde – gemeint sind die Kimmerier – stets zu Felde ziehen werde.[274] Soweit bringen uns die Prismen E.[275]

---

271 Siehe unten Anm. 273–275.

272 Den *terminus ante quem* gibt die Plünderung von Theben (664/663) ab, von der die Prismen E nicht berichten. Einen *terminus post quem* bietet die von den Prismen E erwähnte Verschleppung einiger Aufständischer von Kirbit nach Ägypten im Jahre 668 (A.K. Grayson, Assyrian and Babylonian Chronicles, Locust Valley, N.Y. 1975, Chronicle 1, Kol. 4, Z. 37). Cogan und Tadmor, Gyges (Anm. 270) 81–82, ordnen die Fragmente des Prismas E zwei Subeditionen (E$_1$ und E$_2$) zu und geben Daten für beide an. Diese Verteilung der Fragmente kann angesichts neuerer Forschung modifiziert werden – siehe unten Anm. 275.

273 K 1821 Kol. b und A 7920 Kol. a. Daß es sich dabei um einen Lyder handelte, erkannte schon G. Smith, Assurbanipal, London 1871, 78 (zitiert bei Cogan und Tadmor, Gyges [oben Anm. 270] 65 Anm. 3), an der Verwendung des Wortes *rakbû*, „Reiter," anstelle des in diesem Kontext gewöhnlicheren *mār šipri* („Bote"). In den Harran-Tafeln und den davon abhängigen Prismen B/D, C und F heißt der lydische Gesandte ebenfalls *rakbû*. Einen lydischen *rakbû* sowie einen lydischen *mār šipri* erwähnt aber das Prisma A. Da sich der Verfasser dieses Prismas stets redlich darum bemühte, Berichte älterer Prismen neu aufzuarbeiten und auf den neuesten Stand zu bringen, können wir aus seiner Erwähnung eines *mār šipri* nebst einem *rakbû* erschließen, daß auf einem früheren Prisma die Rede von einem *mār šipri* anstatt eines *rakbû* gewesen war – um eines der Prismen E dürfte es sich hierbei gehandelt haben. Siehe Cogan und Tadmor, ebenda, 77–78.

274 B(ritish) M(useum) 134454 Kol. a = Teil I; BM 128306+134445 Kol. c und BM 121018 (+) 128305 + 134481 Kol. c = Teil II; BM 127940+134455 Kol. a und BM 127923 Kol. a = Teil III; BM 134454 Kol. b = Teil IV. Daß wir es hier mit einer ganz anderen Gyges-Geschichte zu tun haben, ergibt sich deutlich daraus, daß es keinen Platz für die *rakbû*-Episode in dieser Erzählung gibt: Der Anfang ist in Teil I erhalten; zwischen Teil I und Teil II muß die Rede von den Taten der Kimmerier fortgesetzt worden sein; zwischen Teil II und Teil III muß Aššur zu Gyges sprechen; am Ende von Teil III hat Aššurbanipal die ganze Botschaft von Gyges bereits erhalten, also läßt sich die *rakbû*-Episode schwerlich nach diesem Teil einordnen; das Ende der Gygesgeschichte ist in Teil IV erhalten. Nirgendwo in dieser Geschichte kann die *rakbû*-Episode untergebracht werden.

275 Alle Fragmente des Prismas E, welche für die Gygesgeschichte relevant sind, transliterieren und übersetzen Cogan und Tadmor, Gyges (Anm. 270) 66–74. Deren Zuweisung der Fragmente an zwei Subeditionen (E$_1$ und E$_2$) kann aber in Anbetracht des heutigen Standes

Einige Zeit nach der Plünderung von Theben im Jahre 664/663 wurde die
Gyges-Geschichte in den Harran-Tafeln wieder bearbeitet. Diese berichten nun
von einer Neuigkeit, und zwar, daß Gyges, nachdem er die Kimmerier besiegt
hatte, einige Gefangene als Geschenk an Aššurbanipal sandte.[276] Dieser Version
zufolge erschien Aššur dem Gyges im Traume und offenbarte diesem, daß er dem
assyrischen König eine Abgabe (*mandattu* – Z. 18) schicken solle, um einen Sieg
über die Kimmerier erringen zu können. Tags darauf schickte Gyges einen *rakbû*
hinaus, der dann mit einem Geschenk (*tāmartu* – Z. 21) an Aššurbanipal in
Ninive eintraf. Infolge dieser Formulierung unterwarf sich Gyges dem Aššurbanipal formell nicht, denn er nahm den jährlichen Tribut (*biltu* oder *biltu-mandat-
tu*) nicht auf sich.[277] Der Status des Gyges lag selbstverständlich unter jenem
Aššurbanipals, aber Gyges wurde nichtsdestoweniger kein Vasall des assyrischen Monarchen. Im Jahre 650/649 bearbeitete der Verfasser der Prismen B/D
die Geschichte aufs neue[278]: die Erzählung von dem Traum des Gyges kürzte er,
während er die Beschreibung der Übersendung der Gefangenen an Aššurbanipal
umformulierte. Demgegenüber schrieben die Verfasser der Prismen C und F (647
bzw. 645) den Bericht des Prismas B/D (abgesehen von geringfügigen Varianten

der Forschung modifiziert werden. Die verschiedenen Fragmente gehören mindestens fünf
Manuskripten an, welche teils siebenseitig, teils sechsseitig sind. Daß die Manuskripte zwei
Subeditionen repräsentieren, wie Cogan und Tadmor wegen der Gyges-Geschichte annahmen, läßt sich durch folgende Argumente weiter bestätigen: Zwei verschiedene Bauberichte
sind bezeugt. A 7920 Kol. b (siebenseitig) erwähnt einen Palast, während auf BM 134454
Kol. b (mit großer Wahrscheinlichkeit sechsseitig) von einer Mauer die Rede ist. Einen
Selbstpreisungspassus Aššurbanipals (...]a-na-ku, „...ich," ist noch lesbar) stellt K 1821
(sechsseitig) zudem zwischen die Kirbit-Episode (dazu Anm. 272) und jene Gyges-Geschichte, die einen *rakbû* erwähnt. Dagegen bringt BM 134454 Kol. a jene Gyges-Geschichte, welche keinen *rakbû* erwähnt, unmittelbar nach der Kirbit-Episode. Die Zuweisung der Manuskripte an die Subeditionen wird noch komplizierter, weil es keine Korrelati-
on zwischen dem variierenden Text und dem variierenden Format (sieben- bzw. sechsseitig) gibt. Z.B. finden wir die *rakbû*-Geschichte auf einem sechsseitigen (K 1821) sowie auf
einem siebenseitigen Manuskript (A 7920). Ferner sind K 1821 und BM 134454 (beide
sechsseitig) bezüglich des *a-na-ku*–Passus verschieden. Alle Auskünfte über die Prismen E
verdanke ich Dr. E. Weissert, der selbstverständlich für einen von mir begangenen Fehler
nicht verantwortlich ist.

276 Harran-Tafeln, Rs. 13–21. Text bei M. Streck, Assurbanipal 2, Leipzig 1916, 158–175.
Dazu Cogan und Tadmor, Gyges (Anm. 270) 77.

277 Entweder „Geschenk" oder „Tribut" kann mit *mandattu* gemeint sein, doch wird es im
Zusammenhang mit *tāmartu* („Geschenk") wohl als „Geschenk" zu übersetzen sein. An-
scheinend wollte der Verfasser dasselbe Wort nicht zweimal verwenden: Gyges soll eine
„Abgabe" entsenden, schickt am nächsten Tage ein „Geschenk." Es ist nicht so, als befehle
Aššur dem Gyges, Tribut zu entrichten, und als sende dieser dem Geheiß des Gottes zum
Trotz nur ein Geschenk. Siehe auch Spalinger, Date (Anm. 270) 402. Nirgendwo wird uns
gesagt, daß Gyges jemals Aššurbanipal Tribut zollte: vgl. Prisma A, Kol. II, 110 (Text bei
Streck, Assurbanipal [oben Anm. 276] 2–91), wo wiederum die Rede von einem Geschenk
ist.

278 Prisma B/D Kol. II, 93– Kol. III, 4. Text bei A.C. Piepkorn, Historical Prism Inscriptions of
Ashurbanipal 1 (Assyriological Studies 5), Chicago 1933, 28–99. Zur Datierung Cogan und
Tadmor, Gyges (oben Anm. 270) 78 Anm. 25.

zumeist orthographischer Natur, der Vertauschung zweier Götternamen und der Weglassung einer Floskel) wörtlich ab.[279] Über den Tod des Gyges unterrichtet uns erst das Prisma A um 643/642.[280]

Terminus ante quem für den Tod des Gyges ist also 643/642. Daß Gyges nicht vor 650 starb, zeigt die neue Bearbeitung der Gyges-Geschichte auf dem Prisma B/D aus dem Jahre 650/649.[281] Die Prismen C und F (647 bzw. 645) hingegen können nicht als Zeugnis dafür ausgewertet werden, daß Gyges kurz vor 647 bzw. 645 noch am Leben war, zumal diese beiden Prismen bezüglich der Gygeserzählung von dem Bericht des Prismas B/D bis in den Wortlaut abhängen. Nichts zeugt davon, daß sich die Autoren dieser Prismen irgendwie bemüht hätten, neuere Einzelheiten über Gyges und Lydien auszuforschen. Da die Geschichtsschreibung hinsichtlich ferner Länder nicht immer auf dem neuesten Stande war, lassen sich mit Hinblick auf Gyges' Tod aus den Prismen C und F keine weiteren Schlüsse ziehen. Demgegenüber versuchte der Verfasser des Prismas A, alle Berichte auf den neuesten Stand zu bringen.[282] Der Tod des Gyges fällt also in den Zeitraum von 650 bis 643.

279 Prisma C, Kol. 4, 1–13. Text bei R.D. Freedman, The Cuneiform Tablets in St. Louis, Diss. Columbia 1975, 46–131. Prisma F, Kol. 2, 10–20. Text bei J.-M. Aynard, Le Prisme du Louvre, Paris 1957. Vgl. die Gegenüberstellung der betreffenden Partien bei Cogan und Tadmor (Gyges [Anm. 270] 75–76). Zur Datierung dieser Prismen Tadmor, Desyatiletiya (oben Anm. 270) 240, dem ich hier folge. – Zum Prisma K, dessen Bericht über Gyges nicht erhalten ist, Cogan und Tadmor, Ashurbanipal's Conquest of Babylon: The first official Report – Prism K, Orientalia 50, 1981, 229–240.
280 Prisma A, Kol. II, 95–125. Text: Streck, Assurbanipal (Anm. 276). Zur Datierung Tadmor, Desyatiletiya (Anm. 270) 240.
281 Bereits 1923 hatte Olmstead, The Assyrians in Asia Minor, Festschrift Ramsay, Manchester 1923, 296 Anm. 2 das Richtige gesagt; allein er änderte seine Meinung in dem später geschriebenen Buch, Assyria (oben Anm. 268) 422. Siehe jetzt Cogan und Tadmor, Gyges (Anm. 270) 78 Anm. 25. Die Argumente dagegen bei Gelzer, Zeitalter (Anm. 270) 241 und Lehmann-Haupt, Chronologie (Anm. 270) 115–120 überzeugen nicht, zumal sie ausschließlich durch den Wunsch bedingt sind, ein Datum des Armenischen Kanons beizubehalten. Gyges läßt der Armenische Kanon im Jahre 652 sterben. Dieses Datum beruht ohne jeden Zweifel auf einem Schreibfehler, obgleich Jacoby, Date (Anm. 245) 99, das nicht wahrhaben wollte: den Tod des Gyges datierte Apollodoros ins Jahr 663. – Die Regierungszeit des Ardys beträgt 38 Jahre in Hieronymos, Synkellos, Barbarus und dem Armenischen Kanon, 37 Jahre bei der Chronik (der Unterschied ist ohne Belang). 48 Jahre heißt es dagegen in der Series Regum, was schlicht falsch ist. Die Regierungszeit des Sadyattes setzen Hieronymos, Synkellos, Barbarus und die Series Regum mit 15 Jahren an, wogegen 5 Jahre in dem Armenischen Kanon und der Chronik stehen – sicherlich ein Schreibfehler, wie selbst Gelzer, Sextus Julius Africanus 1, Leipzig 1880, 219–222, späterhin zugab, nachdem ihn E. Rohde, Γέγονε in den Biographica des Suidas, RhM 33, 1878, 196 Anm. 1 darauf aufmerksam gemacht hatte. Alyattes herrschte 49 Jahre (Hieronymos, Armenischer Kanon, Chronik, Synkellos, Barbarus; die Series Regum sagt allerdings 45 Jahre), während Kroisos 15 Jahre herrschte (alle). Nach Apollodoros fiel Sardeis im Jahre 546, also starb Gyges – der Chronik des Apollodoros zufolge – im Jahre 663.
282 Dies berücksichtigen Mazzetti, Voprosy (oben Anm. 268) 176, und Spalinger, Date (Anm. 270) 405, nicht und setzen den Tod des Gyges deswegen zwischen dem Abfassungsdatum des Prismas F (645) und jenem des Prismas A (um 643/642) an. – Daß der Verfasser des Prismas A sich anschickte, die alten Prismen durchzulesen und deren Berichte neu aufzuar-

Glücklicherweise haben wir aber einen Anhaltspunkt, der diesen Zeitraum am unteren Rande einengen kann, und zwar den Verlauf des kimmerischen Marsches durch Kleinasien. Vorab muß jedoch erwähnt werden, daß die griechischen Quellen den Anführer der Kimmerier Lygdamis nennen.[283] Mit dem ᴵtug-dam-me-i (Tugdamme) der assyrischen Inschriften ist dieser ohne jeden Zweifel identisch.[284] – Die Kimmerier stammten aus dem nordpontischen Bereich, woher sie im Laufe des achten Jahrhunderts ins östliche Anatolien eindrangen.[285] Im

beiten, mag folgendes belegen: Hinsichtlich des ägyptischen Aufstandes im Deltagebiet nach dem erfolgreichen Feldzug gegen Tarqu ist beim Prisma A (Kol. I, 90–109 – Text: wie oben Anm. 41 angegeben) von zwanzig namentlich erwähnten, der Reihe nach aufgezählten Prinzen die Rede. In den entsprechenden Passus der älteren Prismen (soweit erhalten) werden demgegenüber nur wenige oder gar keine Namen angeführt. Einem alten Bericht (vielleicht einem der E-Manuskripte) muß der Verfasser des Prismas A diese Namen demzufolge entnommen haben. Das Prisma F – Text: wie oben Anm. 279 angegeben – berichtet z.B. von der einfachen Überquerung des Flusses Idide (Kol. 4, 47: ina U₄ᵐᵉ-šú-ma e-bir I₇, „an demselben Tage überquerte ich den Fluß"). Demgegenüber steht beim Prisma A (Kol. 5, 95–103) eine längere Erzählung von der Furcht der Truppen vor des Stromes wilder Flut; doch ließ Istar die Truppen einen Traum sehen usw. Der Verfasser des Prismas A schöpfte also nicht nur aus den alten Berichten, sondern schuf auch neu. Ihm ist daher zuzutrauen, auch hinsichtlich der lydischen Geschichte einen gänzlich neuen Bericht angesichts jüngerer Ereignisse zu schreiben. Ein weiteres Indiz für sein Interesse an Lydien und Gyges oben Anm. 273.

283 Strab. 1,3,21, p. 61; Kallim. Artem. 252.

284 Dies bemerkte zuerst A.H. Sayce – siehe H. Winckler, Althistorische Forschungen 1, Leipzig 1897, 485 Anm. 3. Seinerzeit schlug Rev. Sayce vor, daß man *Δύγδαμις als Λύγδαμις verschrieben habe. Wahrscheinlicher ist aber, daß der Name des Kimmeriers mit einer Konsonantenballung anfing, der aus einem Dental mit folgendem /L/ bestand – S. Karwiese bei A.T.L. Kuhrt (Reallexikon der Assyrologie, s.v. Lygdamis, 187). Solch ein Konsonant ist in Kleinasien gut bezeugt (A. Heubeck, Lydiaka, Erlangen 1959, 19–21), und der Name „Lygdamis" mag kleinasiatischen Ursprungs gewesen sein. Die Gleichsetzung von Lygdamis und Tugdamme akzeptieren im übrigen fast alle Forscher.

285 Neuere Versuche, eine Auswanderung der Kimmerier aus der heutigen Ukraine nach Anatolien zu leugnen – U. Cozzoli, I Cimmeri, Roma 1968, 103–105; M. Salvini, La storia della regione in epoca urartea, in: (Hrsgg.) P.E. Pecorella und M. Salvini, Tra lo Zagros e l'Urmia, Roma 1984, 45–47; A.K.G. Kristensen, Who were the Cimmerians and where did they come from?, Copenhagen 1988, 13–20; G. Lanfranchi, I Cimmeri, Padova 1990, 4 –, sind nicht akzeptabel. Zwar werden die Kimmerier in den assyrischen Quellen zum ersten Mal im Jahre 714 unweit des Urmia-Sees erwähnt, doch ist dies mit der Annahme einer Einwanderung in dieses Gebiet vereinbar. Die älteste Quelle über die Kimmerier bleibt nach wie vor Hom. Od. 9,14–19 welche die Kimmerier als sagenhaftes Volk am Rande der bewohnten Welt kennt. Diese Vorstellung von den Kimmeriern kann nur zu einer Zeit entstanden sein, als den Griechen das Gebiet, in dem die Kimmerier wohnten, zwar bekannt war, aber noch als Ende der Welt gelten konnte. Außerhalb des Gesichtskreises der Griechen lag nun einmal das östliche Anatolien im frühen siebenten Jahrhundert, als diejenige Odyssee, die auf uns gekommen ist, abgeschlossen wurde. Aus dem nordpontischen Bereich kennen wir Ortsnamen, welche auf die einstmalige Präsenz von Kimmeriern in dieser Gegend schließen lassen – den kimmerischen Bosporos, kimmerische Mauern, einen kimmerischen Ort zum Übersetzen, einen Landstrich namens Kimmeria (Aischyl. Prom. 730; Hekat. FGrHist 1, Fr. 208; Hdt. 4,12,1). Die Nordküste des Schwarzen Meeres im achten Jahrhundert paßt nun einmal auf die soeben erwähnten Kriterien für die Abfassungszeit der

Jahre 714 besiegten sie Rusa I., den König Uraṛṭus, in einem Grenzgebiet zwischen Uraṛṭu und Mannäa südlich des Urmia-Sees, wo sie kurzfristig ansässig geworden sein mögen.[286] Von dort aus verzogen sie in nordwestlicher Richtung an die Küste des Schwarzen Meeres und kamen schließlich nach Sinope, das die milesischen Kolonisten (wohl im frühen siebenten Jahrhundert) ihretwegen räumen mußten.[287] Sinope verließen sie aber kurze Zeit später und stießen nach Kilikien vor, wo sie Asarhaddon im Jahre 678 besiegte.[288] Nach einigen Jahren in Uraṛṭu[289] und Medien[290] kehrten sie wieder in den Westen zurück. Vor 665 wehrte Gyges einen kimmerischen Angriff auf Lydien ab[291]; anläßlich einer kimmerischen Plünderungsexpedition trank Midas, der sagenumwobene letzte König Phrygiens, Ochsenblut und starb also durch eigene Hand.[292] Im Jahre 657 regierten die Kimmerier nach dem Zeugnis von ABL 1391 im Westlande, in „Amurru.“[293] „Amurru“ war in dieser Zeit ein allgemeiner, literarischer Ausdruck der assyrischen Inschriften für alle Gebiete, die westlich von Assyrien lagen. Welches Land genau hier bezeichnet wurde, ist deswegen unklar. Obgleich sich Simo Parpola für Syrien entscheidet,[294] bleibt indes anderes möglich. Den Kimmeriern wurde auf jeden Fall in ABL 1391 Schlimmes prophezeit, denn ihre Herrschaft im Westland sollten sie alsbald verlieren. Nach 650 waren sie wieder in Lydien und eroberten Sardeis, wobei Gyges den Tod fand.[295]

Odysseestelle. Zu den Kimmeriern jetzt A.I. Ivantchik, Les Cimmériens au Proche-Orient (Orbis Biblicus et Orientalis 127), Fribourg 1993; Verf. Bemerkungen zu den Zügen der Kimmerier und Skythen durch Vorderasien, Klio 77, 1995, 7–34.

286 Zur umstrittenen Datierung dieser Schlacht habe ich mich in dem Anm. 285 angeführten Artikel geäußert. Hier kann ich nur meine Ansicht anführen, daß sie im Jahre 714 stattfand und nicht mit der später in diesem Jahre erfolgten Schlacht zwischen Urartäern und Assyrern am Uauš-Berg identisch war. Quellensammlung bei Lanfranchi, Cimmeri (Anm. 285) 11–42.

287 Ps.-Skymn. 947–950; Hdt. 4,12. Von der Präsenz der Kimmerier in Sinope kann Herodot m.E. nur aus milesischer Quelle erfahren haben. Gut möglich erscheint mir daher, daß die aus Sinope vertriebenen Kolonisten nach Milet zurückgingen.

288 Asarhaddon-Chronik, Z. 9. Text bei Grayson, Chronicles (oben Anm. 272) Chronicle 14. Zur Lokalisierung der Schlacht in Kilikien Lanfranchi, Cimmeri (Anm. 285) 52–54.

289 SAA, 4, Nr. 18.

290 SAA, 4, Nr. 43–45, 48–51, 77–80; ABL 1026 – Text bei Lanfranchi, Cimmeri (Anm. 285) 84–85 –; vgl. damit ferner Behistun-Inschrift, Kol. II, 13–17 – Text bei R.G. Kent, Old Persian: Grammar, Texts, Lexicon, New Haven 1953, 116–134, jetzt auch R. Schmitt, The Bisitun Inscriptions of Darius the Great. Old Persian Text, London 1991 (Corpus Inscriptionum Iranicarum, 1,1, Texts 1), 27–76.

291 Die Prismen E und die Harran Tafeln (siehe oben zu Anm. 271 und 276).

292 Strab. 1,3,21, p. 61.

293 S. Parpola, Letters from Assyrian Scholars to the Kings Esarhaddon and Assurbanipal 1, Neukirchen 1970, Nr. 110 und Nr. 300; 2, Neukirchen 1983, 307–311. Zur Datierung L.F. Hartman, The Date of the Cimmerian Threat against Ashurbanipal according to *ABL* 1391, JNES 21, 1962, 34–37. Olmstead, Assyrian Historiography, Columbia, Mo. 1916, 53ff. (zitiert bei Hartman, 25 Anm. 6), hatte zuvor den Brief ins Jahr 652 datiert, doch sind Father Hartmans Argumente gegen diese Datierung entscheidend.

294 Parpola, Letters (Anm. 293: 1983) 308. Früher dachte man an Lydien – Hartman, Date (Anm. 293) 29. Meiner Meinung nach kann man auch an Phrygien denken.

295 Kallinos, Fr. 5a West = Strab. 14,1,40, p. 648.

Wegen der Richtung des kimmerischen Angriffs – sie kamen aus dem Osten – setze ich die in den griechischen Quellen bezeugten Raubzüge[296] in Ionien nach dem Fall von Sardeis an: Solange sie Gyges abwehrte, hätten die Kimmerier wohl kaum in die Küstengebiete westlich von Lydien vordringen können. Nachdem das lydische Heer geschlagen und Sardeis geplündert worden war, hatten die Kimmerier freie Bahn in Lydien und den westlich davon liegenden Gebieten Ioniens. Wie lange sie im Westen Kleinasiens blieben, wissen wir nicht, aber zwei oder drei Jahre vergingen wohl,[297] bis es Ardys, dem Sohne des Gyges, gelang, sie zu vertreiben; oder aber bis sie Lydien und Ionien freiwillig räumten.

Auch einen weiteren Raubzug werden wir um diese Zeit datieren müssen, und zwar den der Trerer gegen Magnesia am Mäander.[298] Ich gehe davon aus, daß Archilochos auf diese Zerstörung anspielt, wie uns der Gewährsmann Strabons (14,1,40, p. 647) ausdrücklich versichert[299]:

---

296 Hdt. 1,6,3; Strab. 1,3,21, p. 61; Kallim. Artem. 252–258 (Angriff auf Ephesos); vgl. Hesych. s.v. Λύγδαμις (Brand eines Artemistempels – mit hoher Wahrscheinlichkeit des berühmten Artemistempels zu Ephesos).

297 Eine Tradition von einem dreijährigen Aufenthalt des Lygdamis in Kleinasien kann es gegeben haben: siehe C.B. Welles, Royal Correspondence, New Haven 1934, Nr. 7, Z. 16–17. Es handelt sich hierbei um einen Grenzstreit zwischen Priene und Samos, bei dem Bezug auf die Besitzverhältnisse z.Z. des kimmerischen Einmarsches genommen wird. Z. 16–17 heißt es: Λύγδα[μιν κ]ατασχόντα [...]α [ἔτη], „Lygdamis hielt ... Jahre." Die genaue Zahl fehlt, aber nur τρία, „drei," ἑπτά, „sieben," und δέκα, „zehn," passen. Von diesen müßte man wohl τρία vorziehen, denn es ist unwahrscheinlich, daß Lygdamis sieben oder zehn Jahre in Ionien blieb. Trotz der historischen Wahrscheinlichkeit ist es nichtsdestoweniger denkbar, daß die Griechen einen so langen Aufenthalt für möglich hielten. Also läßt sich nicht mit Bestimmtheit sagen, wie lange Lygdamis dieser Inschrift zufolge in Ionien weilte.

298 Strab. 14,1,40, p. 647.

299 Blakeway, Date (Anm. 243) 45–46, ist jedoch anderer Meinung. Er behauptet, daß die Quelle Strabons Unrecht habe, und sucht nach einem anderen Anlaß, vom Leid der Magneten zu sprechen. Es gibt zwei Möglichkeiten: 1.) Plin. Nat. 35,8 erwähnt ein Gemälde von einem *Magnetum proelium*, welches Kandaules dem griechischen Maler Bularchos für eine gewaltige Summe abgekauft haben soll. Plin. Nat. 7,38 ist die Rede vom *Magnetum exitium*. Da Plin. Nat. 35,8 die vollständigere Version der Geschichte bietet, wird man wohl mit Jacoby, Date (oben Anm. 245) 104–105, meinen, daß es gar nicht sicher sei, daß das Gemälde eine magnetische *Niederlage* dargestellt haben soll. Auf jeden Fall sieht diese unerhebliche Anekdote sehr verdächtig aus: soll ein lydischer König im ersten Viertel des siebenten Jahrhunderts wirklich ein griechisches Gemälde gekauft haben? 2.) Nikol. Dam. FGrHist 90, Fr. 62, sagt, daß Gyges Magnesia (am Sipylos oder am Mäander?) erobert habe. Diese Geschichte handelt nun von einem aus Smyrna stammenden Musikanten namens Magnes, den die Magnesier mißhandelten. Die Verbindung zwischen Magnes und Magnesia beruht sicherlich auf der Ähnlichkeit der beiden Namen. Im übrigen ist auf Nachrichten über die lydische Frühzeit bei Nikolaos nur bedingte Gewähr, denn bezüglich Lydiens schrieb er eine kindisch absurde, hellenistische Überarbeitung des Herodot und des Xanthos aus: den echten Xanthos kannte Nikolaos nicht. Siehe K. von Fritz, Die Λυδιακά des Lyders Xanthos, in: Griechische Geschichtsschreibung, I: Anmerkungen, Berlin 1967, 348–377; in betreff der Μαγνήτων κακά, „des Leids der Magneten," 370–371.

Καὶ τὸ παλαιὸν δὲ συνέβη τοῖς Μάγνησιν ὑπὸ Τρηρῶν ἄρδην ἀναιρεθῆναι, Κιμμερικοῦ ἔθνους, εὐτυχήσαντας πολὺν χρόνον· τῷ δ' ἑξῆς ἔτει Μιλησίους κατασχεῖν τὸν τόπον. Καλλῖνος μὲν οὖν ὡς εὐτυχούντων ἔτι τῶν Μαγνήτων μέμνηται καὶ κατορθούντων ἐν τῷ πρὸς τοὺς Ἐφεσίους πολέμῳ, Ἀρχίλοχος δὲ ἤδη φαίνεται γνωρίζων τὴν γενομένην αὐτοῖς συμφοράν·

　　κλαίειν (sic) τὰ Θασίων, οὐ τὰ Μαγνήτων κακά·

ἐξ οὗ καὶ αὐτὸν νεώτερον εἶναι τοῦ Καλλίνου τεκμαίρεσθαι πάρεστιν. ἄλλης δέ τινος ἐφόδου τῶν Κιμμερίων μέμνηται πρεσβυτέρας ὁ Καλλῖνος, ἐπὰν φῇ·

　　νῦν δ' ἐπὶ Κιμμερίων στρατὸς ἔρχεται ὀβριμοεργῶν·[300]

ἐν ᾗ τὴν Σάρδεων ἅλωσιν δηλοῖ.[301]

„In alter Zeit widerfuhr es den Magneten, daß sie von den Trerern, einem kimmerischen Stamm, gänzlich vernichtet wurden, nachdem sie lange Zeit Wohlstand genossen hatten. Im darauf folgenden Jahre aber nahmen die Milesier von dem Ort Besitz. Kallinos erinnert an die Zeit, in der es den Magneten gut ging und sie im Krieg gegen die Ephesier den Sieg errangen. Archilochos aber scheint sie zu kennen, als ihnen schon Unglück geschehen war:

　　,Das Leid der Thasier, statt das der Magneten, zu beweinen.'

Daraus kann man erschließen, daß er auch jünger als Kallinos ist. Kallinos erinnert auch an einen anderen, älteren Einmarsch der Kimmerier, wenn er sagt:

　　,Nun greift das Schreckliches bewirkende Heer der Kimmerier an.'

Darin spricht er klar von der Einnahme von Sardeis."

Wie sich deutlich ergibt, hält dieser Autor die Raubzüge der Trerer für später als die kimmerische Eroberung von Sardeis: Archilochos müsse man später als Kallinos datieren, weil Archilochos trerische Raubzüge kenne, wohingegen Kallinos von diesen nichts wisse.

Nun, Kallinos erwähnt die Trerer mindestens einmal, und zwar in einem Zusammenhang, der auf einen Krieg schließen läßt:

　　Τρήερας ἄνδρας ἄγων.[302]

„Trererische Männer führend."

300 Kallinos, Fr. 5a West.
301 Strab. 14,1,40, p. 647. Jacoby, Date (Anm. 245) 107, sagt, daß Strabon hier Kallisthenes ausgeschrieben habe. Jacoby hat sich schlicht vertan, denn Kallisthenes kann es gar nicht gewesen sein, zumal dieser an eine zweite Einnahme von Sardeis durch die Trerer glaubte. Die Kallisthenes-Stelle ist unten Anm. 308 im Wortlaut zitiert; vgl. auch Jacoby, Kommentar zu FGrHist 124, Fr. 29.
302 Kallinos, Fr. 4 West = Steph. Byz. s.v. Τρῆρος.

Daß hier die Rede nicht unbedingt vom Kriege sein muß, versteht sich von selbst. Es ist nichtsdestoweniger schwer einzusehen, welchen Anlaß Kallinos gehabt hätte, von einem thrakischen Volksstamm zu berichten, es sei denn, dieser Stamm wäre in den Westen Kleinasiens eingewandert.[303] Den Zweck dieser Einwanderung kennen wir; demzufolge wußte sicherlich auch Kallinos von trerischen Raubzügen in Ionien, obzwar er die Zerstörung von Magnesia keinesfalls hätte erwähnen müssen. Daß er davon gerade nicht berichtet, war wahrscheinlich der Grund, warum der Kommentator bei Strabon (14,1,40, p. 647) Kallinos später als Archilochos ansetzt.[304]

Obgleich dieser Kommentator die Trerer für einen kimmerischen Stamm hält,[305] wissen wir, daß sie mit den Kimmeriern von Hause aus nichts zu tun hatten, denn zu Lebzeiten des Thukydides hatten jene ihre Wohnsitze in Thrakien: infolgedessen waren sie sicherlich ein thrakischer Stamm.[306] Mit den Kimmeriern aber brachte man sie in der Antike hoffnungslos durcheinander: Strabon z.B. spricht von Trerern, wo er ohne jeden Zweifel Kimmerier meint; bei ihm ist manchmal überhaupt nicht klar, ob Lygdamis der Anführer der Trerer oder der Kimmerier gewesen sein soll.[307] Möglich ist nun, daß die Trerer zu irgendeiner Zeit im westlichen Kleinasien Raubzüge nach kimmerischem Vorbild durchführten, aber dies würde nicht einwandfrei erklären, warum man später behauptete, daß die Trerer ein kimmerischer Stamm gewesen wären, und die beiden Völker miteinander verwechselte. Am ehesten empfiehlt sich daher folgende Erklärung: einst wanderten die Trerer mit den Kimmeriern (vgl. die Kimbern und die Teutonen). Trerer und Kimmerier hätte man unter diesen Umständen durchaus für verwandt halten können, und es wäre zudem leicht möglich gewesen, Trerer und Kimmerier zu vertauschen. Auch konnte Lygdamis später als Anführer beider Völker erscheinen, was er genaugenommen war, wenn Trerer und Kimmerier unter seiner Führung durch Ionien zogen. Der Gewährsmann Strabons, der von der Zerstörung Magnesias durch die Trerer berichtet, hält diese Zerstörung für später als die Eroberung von Sardeis, und, soweit ich sehen kann, ist dieser

---

303   Was Jacoby, Kommentar zu Kallisth. FGrHist 124, Fr. 29, nicht bemerkt.

304   Ich nehme an, daß Ath. 12, p. 525c = Kallinos, Fr. 3 West, diesen (oder einen ähnlichen) Bericht auf irreführende Weise verkürzt, wenn er folgendes sagt: ἀπώλοντο δὲ καὶ Μάγνητες οἱ πρὸς τῷ Μαιάνδρῳ διὰ τὸ πλέον ἀνεθῆναι, ὥς φησι Καλλίνος ἐν τοῖς ἐλεγείοις καὶ ᾽Αρχίλοχος· ἑάλωσαν γὰρ ὑπὸ ᾽Εφεσίων (sic!), „aber auch die Magneten am Mäander wurden wegen eines luxuriösen Lebensstils zugrunde gerichtet, wie Kallinos in seinen Elegien und Archilochos erzählen: denn sie wurden unterworfen von den Ephesiern." Der Gewährsmann Strabons (14,1,40, p. 647) hätte nicht so nachlässig sein können, ein Gedicht des Kallinos, das auf die trerische Zerstörung Magnesias hingewiesen hatte, einfach zu übersehen. Athenaios aber, der eine Stelle gelesen hatte, die Verse beider Dichter zitierte, hätte sehr wohl den Gegenstand dieser Stelle wiedergeben können, ohne deutlich zu machen, welcher Dichter was gesagt hatte. Athenaios unterlief auf jeden Fall ein anderer Irrtum: Milet statt Ephesos verleibte sich das Gebiet Magnesias ein. Gegen Ephesos hatte Magnesia zuvor einen Sieg erfochten.

305   Strab. 14,1,40, p. 647.

306   Thuk. 2,96,4. Vgl. Steph. Byz. s.v. Τρῆρος. Siehe auch Cozzoli, Cimmeri (Anm. 285) 71– 74.

307   Strab. 1,3,21, p. 61.

Meinung nichts entgegenzuhalten. Denn wenn sich die Trerer den Kimmeriern angeschlossen hatten, konnten sie mit diesen erst nach dem Fall von Sardeis in Ionien eindringen.[308]

Wir haben gesehen, daß die Kimmerier – und die Trerer – einige Zeit nach der Eroberung von Sardeis in Ionien blieben. Irgendwann aber brachen sie auf und zogen wieder gen Osten. Von dem Weg, den sie nahmen, wissen wir nichts und können deswegen die Länge ihrer Reise nicht einschätzen. Soviel wir wissen, könnten sie unterwegs Raubzüge in Phrygien durchgeführt haben, einem Lande, das sie schon vorher drangsaliert hatten. Daß die Kimmerier dieselben Länder mehrfach angriffen, zeigt der Fall von Lydien oder, wie wir gleich sehen werden, der von Assyrien. Von den weiteren Taten des Tugdamme im Südosten Anatoliens berichten nun die Ištar-Tafeln[309]: Er kam dort an und schloß ein Bündnis mit Mugallu, dem König Tabals, ab, der alsdann erkrankte und starb. Dieses Bündnis mit Tugdamme brachen Mugallus Erben, die außerdem Geschenke an Aššurbanipal sandten. Der Absage des Bündnisses zum Trotz erschien Tugdamme an der assyrischen Grenze, nachdem er seine Truppen zum Krieg gerüstet hatte. Den Ištar-Tafeln zufolge zwangen die Götter Tugdamme,[310] sich zurückzuziehen und

---

308 Der Vollständigkeit halber sei darauf hingewiesen, daß Kallisthenes an eine zweite Eroberung von Sardeis glaubte, an der die Trerer beteiligt gewesen sein sollen: φησὶ δὲ Καλλισθένης ἁλῶναι τὰς Σάρδεις ὑπὸ Κιμμερίων πρῶτον, εἶθ᾽ ὑπὸ Τρηρῶν καὶ Λυκίων, ὅπερ καὶ Καλλῖνον δηλοῦν, τὸν τῆς ἐλεγείας ποιητήν, ὕστατα δὲ τὴν ἐπὶ Κύρου καὶ Κροίσου γενέσθαι ἅλωσιν, „Callisthenes aber sagt, daß Sardeis zuerst von den Kimmeriern eingenommen worden sei; dann von den Trerern und Lykiern, wie auch Kallinos, der Elegiendichter, klarstellt; aber schließlich gebe es die Einnahme zur Zeit von Kyros und Kroisos" (Kallisth. FGrHist 124, Fr. 29 = Strab. 13,4,8, p. 627; Kallinos, Fr. 5b West). Kallisthenes zitiert zwar als Gewährsmann Kallinos, aber es bleibt dennoch unsicher, ob es in der Tat eine zweite Eroberung von Sardeis gab, denn Kallinos scheint nur eine erwähnt zu haben (siehe oben zu Anm. 300). Kallisthenes hatte nun als Historiker viel Phantasie und kümmerte sich kaum um Genauigkeit. Er kann sich ohne weiteres von den beiden Namen „Trerer" und „Kimmerier" haben täuschen lassen – siehe Jacoby, Kommentar zu FGrHist 124, Fr. 29, und Cozzoli, Cimmeri (Anm. 285) 75–77. Entscheidend gegen eine zweite Eroberung von Sardeis ist m.E. Hdt. 1,15, der nur von *einer* Eroberung – durch die Kimmerier – weiß. Zu Herodots Datierung dieser Eroberung in die Regierungszeit des Ardys Verf. Zur griechischen und vorderasiatischen Chronologie des sechsten Jahrhunderts v. Chr. unter besonderer Berücksichtigung der Kypselidenchronologie, Historia 42, 1993, 385–417. – Im übrigen kann die gelegentlich vertretene Datierung der zweiten Eroberung von Sardeis ins siebente Regierungsjahr des Ardys (z.B. F. Kiechle, s.v. Ardys im Kleinen Pauly) nicht ernst genommen werden, denn dieses Datum basiert auf einer Mutmaßung E. Meyers, Geschichte des Altertums 1, § 452, S. 545, aufgrund einer Schätzung Rohdes, ἔγονε (Anm. 281) 199–200.

309 Ištar-Tafeln, Z. 142–161. Text bei R.C. Thompson und Sir Max E.L. Mallowan, Ann ArchAnth 20, 1933, 80–98.

310 Unklar bleibt, ob das assyrische Heer gegen Tugdamme ins Feld zog oder nicht. Dem assyrischen König stehen zwar die Götter im Kampfe bei, aber die Formulierung der Ištar-Tafeln, laut deren nur die Götter gekämpft hätten, macht es fraglich, ob ein Zusammenstoß zwischen Assyrern und Kimmeriern tatsächlich stattfand. Die Krankheit und den darauf folgenden Tod des Tugdamme (siehe unten zu Anm. 311) stellen die Ištar-Tafeln auf jeden Fall als göttliche Strafe dar: Man denke in diesem Zusammenhang an den Tod des Gyges,

einen Eid zu schwören, daß er den Frieden mit Assyrien bewahren werde. Seines Eides ungeachtet marschierte er später nochmals an die assyrische Grenze, weshalb ihn Aššur eines grausamen Todes sterben ließ. Seinen Tod datiert man um 640.[311]

Tugdamme und die Kimmerier verbrachten sicherlich einige Jahre im Westen Kleinasiens. Zwei Jahre nahmen zudem die beiden Züge an die Grenze Assyriens in Anspruch, wenn wir annehmen wollen, daß Tugdamme nach dem ersten, abgesagten Angriff im darauf folgenden Jahr erneut den Krieg begann. Dies müssen wir natürlich nicht annehmen, und ein paar Jahre können die Unternehmungen voneinander getrennt haben. Man denke doch an die Angriffe auf Lydien (vor 665 und nach 650). Des weiteren wissen wir nicht, ob Tugdamme gleich nach dem zweiten Ansturm starb, oder ob es längere Zeit dauerte, ehe ihn Aššur niederschlug. Wie lange Tugdamme für den Zug von Ionien nach Kilikien brauchte, wissen wir ebenfalls nicht. Wir sprechen also von mindestens vier oder fünf und wahrscheinlich sieben oder acht Jahren, welche den Tod des Tugdamme von dem des Gyges trennten. Den *terminus ante quem* für den Tod des Gyges werden wir also um 647 oder 648 ansetzen dürfen. Der *terminus post quem* kann, wie wir sahen, um 650 festgesetzt werden. Demzufolge starb Gyges kurz nach 650.[312]

Über den archäologischen Befund in Sardeis sei noch ein Wort gesagt: Ein Brand in der „Lydian III" Schicht, welche die Ausgräber in die Jahre 700–650 datieren, ist zwar bezeugt, nur ist die Chronologie der drei „lydischen" Schichten kaum sicher und kann deswegen nicht verwandt werden, um ein Datum der kimmerischen Eroberung von Sardeis festzustellen.[313] Eine Datierung dieses Ereignisses in die Zeit direkt nach 650 steht aber in keinem Widerspruch zur Chronologie der lydischen Schichten.

Dieses Datum stellt nun einen brauchbaren Anhaltspunkt für die Datierung der beiden einschlägigen Fragmente (19 und 20 West) des Archilochos dar. Wie wir sahen, fand die Zerstörung Magnesias durch die Trerer unmittelbar nach der Eroberung von Sardeis und dem Tode des Gyges statt. Sardeis fiel kurz nach 650,

---

der auf Geheiß Aššurbanipals niedergeschlagen wurde, wobei dieser gegen jenen gar nichts unternahm. Deshalb ist es möglich, daß ein aus eigenem Willen erfolgter Rückzug Tugdammes von der assyrischen Grenze als von den Göttern erzwungen hingestellt wird. Diesen Hinweis verdanke ich Dr. E. Weissert.

311 Tadmor, Desyatiletiya (oben Anm. 270) 241. Das Datum basiert auf den Ištar-Tafeln, die um 640 (Tadmor, ebenda) datiert werden.

312 Vgl. Cogan und Tadmor, Gyges (Anm. 270) 84, die für den Tod des Gyges 650 (die nächste runde Zahl angeben).

313 G.M.A. Hanfmann u.a., Sardis, Cambridge, Mass. 1983, 26–29. Es ist zu bedauern, daß die Ausgräber sich fast gar nicht darum bemüht haben, die literarische Tradition über Lydien zu verstehen bzw. auszuwerten. Z.B. wird Nikolaos von Damaskos so besprochen, als ob er den echten Xanthos widerspiegeln würde: die Arbeit von Kurt von Fritz (oben Anm. 299) findet keinen Platz in der Bibliographie. Die oben (Anm. 270) angeführten Artikel zum Sterbedatum des Gyges sind Hanfmann unbekannt. Die Ausgräber haben ferner eine Sammlung literarischer Quellen mitsamt sehr knappem Kommentar veröffentlicht (J.G. Pedley, Sardis: M2, Cambridge, Mass. 1972), die aber nicht empfohlen werden kann.

also wurde Magnesia wohl in den frühen vierziger Jahren des siebenten Jahrhunderts verwüstet. In diese Zeit müssen wir Archilochos, Fr. 20 West, datieren, während Archilochos das Gygesfragment vor 650 geschrieben haben muß. Vielleicht können wir aber ein noch genaueres Datum der Abfassungszeit dieses Gedichtes feststellen. Gyges wird doch als reicher, mächtiger Herrscher beschrieben. Ein allzufrühes Datum des betreffenden Fragmentes darf dementsprechend als unwahrscheinlich gelten, denn es muß einige Zeit gedauert haben, ehe der Name des Mermnaden sprichwörtlich für Glück und Reichtum wurde. Die Zeit gleich nach dem ersten kimmerischen Angriff eignet sich ebenfalls schlecht für die Abfassung des Gygesfragmentes. Den Angriff hatte Gyges zwar überstanden, aber er sah sich genötigt, Aššurbanipal um Hilfe anzuflehen. Gerade davon hätte Archilochos vielleicht nicht gewußt, aber er muß schon erkannt haben, daß es in Lydien böse zuging; denn wir dürfen vermuten, daß es Gyges nicht leicht gefallen sein wird, sich unter den Schutz eines fremden Herrschers zu stellen, und daß es schon besonders schlechter Umstände bedurft haben wird, bis er es schließlich tat. Obgleich er die Oberherrschaft Aššurbanipals formell nicht anerkannte, schätzte er doch den guten Willen des assyrischen Königs. Wohl während eines runden Jahrzehntes versuchte er, sich an Aššurbanipal anzulehnen,[314] offenbar weil er assyrische Hilfe nötig hatte.[315] Um die Mitte der fünfziger Jahre des siebenten Jahrhunderts aber vermittelte er Truppen[316] für Psammetichos, welcher Ägypten von Assyrien unabhängig gemacht hatte.[317] Daß Gyges nicht gewußt haben soll, daß diese Tat den Zorn Aššurbanipals erregen würde, ist schlicht unvorstellbar. Also war jetzt das Selbstvertrauen des Mermnaden so stark angewachsen, daß er das Wohlwollen Assyriens entbehren zu können glaubte.[318] Nach Herodot stieß Gyges in die griechischen Küstengebiete vor: Kolophon nahm er ein; Milet und Smyrna griff er an, wenngleich ohne Erfolg.[319] Auch diese Ereignisse wird man sicherlich gegen das Ende seiner Regierungszeit datieren wollen, denn sie bezeugen den Anfang der allmählichen Erweiterung des Lyderreiches, die während der Regierungen der nächsten vier Könige unverändert

---

314 Einmal schickte Gyges Gefangene an Aššurbanipal (Harran-Tafeln, Rs. 19–21 – Text: wie oben Anm. 276 angegeben); laut des Prismas A (Kol. II, 111–112 – Text: wie oben Anm. 277 angegeben) schickte er beständig Gesandte an den assyrischen Hof.

315 G. Tarditi, In margine alla cronologia di Archiloco, RFIC 87, 1959, 116–117, argumentiert, daß der lydische Sieg über die Kimmerier nach dem ersten Angriff einen *terminus post quem* für das Gygesfragment abgebe. Der Sieg über die Kimmerier kann aber kein großer, ruhmreicher gewesen sein, wie Tarditi meint, denn unmittelbar danach bat Gyges um Hilfe.

316 Eigentlich wissen wir nicht, ob Gyges lydische Truppen nach Ägypten schickte oder ob er ionische bzw. karische Söldner für Psammetichos anwarb.

317 Siehe jedoch A.J. Spalinger, Psammetichos, King of Egypt: I, JARCE 13, 1976, 133–147, der argumentiert, daß die Loslösung Ägyptens kein großes Ereignis gewesen sei und daß es Aššurbanipal gleichgültig gewesen sei, was Psammetichos in Ägypten machte.

318 Um mit den assyrischen Inschriften zu reden, *a-na e-muq ra-man-i-šu it-ta-kil*, „auf seine eigene Kraft hat er sich verlassen" (Prisma A, Kol. II, 113 – Text: wie oben Anm. 277 angegeben).

319 Hdt. 1,14,4. Nikol. Dam. FGrHist 90, Fr. 62, erwähnt auch eine Eroberung von Magnesia, aber auf diese Geschichte ist wenig Verlaß (siehe oben Anm. 299).

fortdauerte. In den letzten Jahren seiner Regierungszeit war Gyges also ein glücklicher, durchaus erfolgreicher Herrscher. Demgemäß gehört das Gygesfragment in die zweite Hälfte der fünfziger Jahre des siebenten Jahrhunderts.[320]

D. Die Gründung von Thasos

Einen vierten Anhaltspunkt für die Datierung des Archilochos bietet uns die Gründung der parischen Kolonie Thasos im Norden der Ägäis. Man hat zwar des öfteren versucht, die Gründung von Thasos anhand der Fragmente des Archilochos zu datieren,[321] doch ist dies wahrscheinlich von vornherein ein methodologisch falscher Ansatz, denn die Gedichte des Archilochos (wie auch immer wir ihn datieren) bezeugen nur eine parische Siedlung auf Thasos zu seinen Lebzeiten. Zudem dürfen wir nicht mit den französischen Ausgräbern annehmen, daß Archilochos der Sohn des Gründers von Thasos gewesen sei, denn Archilochos – in seinen eigenen Gedichten – beschrieb sich als den armen Sohn einer Sklavin.[322] Der Sohn des Oikisten war er daher sicherlich nicht.

Im übrigen gibt es auch nichts, woraus sich zwangsläufig der Schluß ergäbe, daß Telesikles, der Vater des Archilochos, wirklich der Oikist von Thasos gewesen wäre. Denn der folgende, als Begründung dafür angeführte Orakelspruch erlaubt auch eine andere Deutung:

ἄγγειλον Παρίοις Τελεσίκλεες, ὥς σε κελεύω
    νήσῳ ἐν ᾽Ηερίῃ κτίζειν εὐδείελον ἄστυ.[323]

Setzt man ein Komma nach κελεύω, dann ist wie folgt zu übersetzen: „Sage den Pariern, Telesikles, wie ich dir befehle, daß sie auf der Insel Eëria eine ansehnliche Stadt gründen sollen."[324] Dieser poetische Name von Thasos, Eëria, entstammt, wie Blakeway[325] meint, ohne jeden Zweifel einem Gedicht des Archilochos: in einigen jetzt verschollenen Versen habe er seiner neuen Heimat den

---

320 Eine ganz andere Darstellung der kimmerischen und trerischen Einfälle bei Spalinger, Date (Anm. 270) 405–407. Soweit ich sehen kann, hängen seine Argumente in hohem Grade von folgenden problematischen Annahmen ab: 1.) Die Trerer seien ein kimmerischer Stamm gewesen (ebenda, 405) – dazu oben zu Anm. 306. 2.) Sardeis sei zum zweiten Mal im siebenten Regierungsjahre des Ardys erobert worden, ebenda – dazu oben, Anm. 308. In diesem Zusammenhang werden Strab. 14,1,40, p. 647, und Hdt. 1,15, nicht ganz richtig wiedergegeben. 3.) Gyges sei um 644 gestorben. 4.) Ebenda, 406–407, kann ich seinen Argumenten nicht folgen, mache nur darauf aufmerksam, daß ABL 1391 keinen Angriff auf Lydien (oben Anm. 293 und 294) bezeugt.

321 Z.B. J. Pouilloux, Recherches sur l'histoire et les cultes de Thasos (Études Thasiennes 2), Paris 1954, 22–24.

322 Siehe oben Anm. 250.

323 Oinomaios von Gadara bei Eus. (Praep. Ev. 6,7,8 = Parke-Wormell, Nr. 230 = Fontenrose, Nr. Q55). Vgl. Steph. Byz. s.v. Θάσος.

324 So (sehr ausführlich) A.J. Graham, The Foundation of Thasos, ABSA 73, 1978, 76–77; siehe auch Treu, Archilochos (oben Anm. 256) 118–119, der trotz seiner Interpunktion im Text richtig übersetzt.

325 Blakeway, Date (Anm. 243) 50.

Namen „Eëria" gegeben. Unter dieser Voraussetzung sieht man, wie dieser Orakelspruch entstand: Archilochos hatte Thasos einst Eëria genannt. Aufgrund der betreffenden Verse erdichtete man späterhin einen rätselhaften Orakelspruch, welcher den Pariern befahl, eine Stadt auf einer unbekannten Insel zu gründen.[326] Das Rätsel sollen die Parier erst dann gelöst haben, als sie merkten, daß Eëria nach einem Gedicht des Archilochos nichts anderes als die Insel Thasos war. Da normalerweise angenommen wird, daß Archilochos die thasischen Gedichte schrieb, während er auf Thasos weilte, wird durch diesen Orakelspruch eigentlich nahegelegt, daß Archilochos auf Thasos war, bevor die Parier die Insel überhaupt besiedelten. Wie dem auch sei, es gibt noch andere konstruierte Orakel, die sich mit Archilochos und Telesikles beschäftigten. Z.B. wurde Telesikles angeblich gesagt, daß sein Sohn ἀθάνατος...καὶ ἀοίδιμος, „unsterblich und ein Sänger," sein werde.[327] Dieser Orakelspruch ist offensichtlich unhistorisch.[328] Bei Lichte besehen erscheint es also geradezu unmöglich, daß Telesikles der Oikist von Thasos war. Im übrigen werden alle diese Orakel gemeinhin für unecht gehalten.[329]

Wir sind also auf den archäologischen Befund auf Thasos angewiesen, um das Datum der Gründung zu ermitteln. Keramik, die unbestritten auf Paros hinweist, tritt erst in der zweiten Hälfte des siebenten Jahrhunderts häufig auf. Hingegen gibt es nichts unzweifelhaft Parisches, das viel früher als das Jahr 650 datiert werden kann.[330] Jedoch hat man andere kykladische Keramik gefunden, die vor dieses Jahr zu datieren ist. Es handelt sich dabei um die sogenannte melische Keramik, die aber vermutlich parisch ist.[331] Des weiteren gab es unter

---

326 Daß der Orakelspruch selbst spät erdichtet wurde, ist klar: ἠέριος bedeutet ja in diesem Zusammenhang „nebelig": „gründe auf *nebliger* Insel eine *deutlich sichtbare* (εὐδείελος) Stadt." Ἠέριος mit der Bedeutung „nebelig" ist aber erst in hellenistischer Zeit belegt. Archilochos hingegen muß Thasos „Insel des frühen Morgens" genannt haben.

327 Oinomaos von Gadara bei Eus. (Praep. ev. 5,33,1 = Parke-Wormell, Nr. 231 = Fontenrose, Nr. Q56).

328 Siehe z.B. Graham, Foundation (oben Anm. 324) 79.

329 H.W. Parke und D.E.W. Wormell, The Delphic Oracle, Oxford 1956, datieren die betreffenden Orakelsprüche, Nr. 230 - 232, (mit Ausnahme der von ihnen für echt gehaltenen Antworten [Nr. 4 und 5] an den Mörder des Archilochos) in die Jahre zwischen 431 und 373; J. Fontenrose, The Delphic Oracle, Berkeley 1978, Nr. 55–58, hält sämtliche Orakelsprüche, die sich mit Archilochos beschäftigen, für unecht; ebenso G. Tarditi, La nuova epigrafe Archilochea e la tradizione biografica del poeta, PP 11, 1956, 133–137.

330 L. Ghali-Kahil, Études Thasiennes 7, Paris 1960, 140–141; Graham, Foundation (Anm. 324) 61.

331 Siehe F. Salviat, La colonisation grecque dans le nord de l'Égée, VIIIᵉ congrès international d'archéologie classique, Paris 1963, 300–301, und N.M. Kontoleon, Archilochos und Paros, Fond. Hardt 10, Genève 1964, 58–62. Diese Umbenennung der „melischen" Keramik ist jedoch umstritten: siehe J. Boardman, Tocra 1 (ABSA Suppl. 4), London 1966, 15. Die enge Verwandtschaft der „melischen" Keramik von Paros und Delos einerseits und der von Thasos und zwei Fundstätten in der Nähe von Kavala auf dem Festland gegenüber von Thasos andererseits hat sich aber anhand einer naturwissenschaftlichen Analyse bestätigen lassen: A.P. Grimanis, M. Vassiliki-Grimani, M.I. Karayannis, Instrumental Neutron Activation Analysis of 'Melian' Potsherds, Proceedings of the 1976 International Conference of the GDCh (Gesellschaft Deutscher Chemiker), München 1976, 1120–1127.

der späteren Stadt Thasos eine einheimische Siedlung, die aller Wahrscheinlichkeit nach in die erste Hälfte des siebenten Jahrhunderts gehört.[332] Diese einheimische Siedlung ist an zwei Stellen ausgegraben worden, wobei an einer eine Stratigraphie von vier Schichten festgestellt werden konnte,[333] deren unterste die einheimische Siedlung enthielt und durch einen Brand zerstört wurde.[334] Diese einheimische Siedlung gehört in die erste Hälfte des siebenten Jahrhunderts.[335]

Die französischen Ausgräber gelangten aufgrund der literarischen Quellen zur Überzeugung, daß die Stadt Thasos in dem Zeitraum von 710 bis 680[336] gegründet worden sei. Diese Datierung beeinflußte dann ihre Vorschläge zur Deutung der archäologischen Funde sehr stark:[337] So glaubte Salviat mit Recht, daß es sich um eine einheimische Siedlung handelte, die er aber vor die parische Siedlung (deren Gründung er um 680 ansetzte) datierte.[338] Bernard hingegen vermutete eine parische Siedlung, deren Bewohner thrakische Keramik benutzten, sobald er merkte, daß die Siedlung nicht vor die parische Siedlung (die er ins erste Viertel des siebenten Jahrhunderts setzte) datiert werden konnte.[339] Seiner Meinung nach bezeugte der Brand einen thrakischen Angriff. Ungeachtet des Brandes sowie des Fehlens parischer Keramik in der Schicht glaubte schließlich Pouilloux Indizien für ein friedliches Zusammenleben der Thraker und Parier finden zu können. Meines Erachtens aber hat A.J. Graham völlig recht, wenn er solche Vorschläge von vornherein ablehnt, besonders wenn sie, wie wir gesehen haben, auf dem unhaltbaren Schluß basieren, daß der Vater des Archilochos der Oikist von Thasos gewesen sei.[340] Graham selbst läßt die Besiedlung der Insel durch Parier um 650 (oder etwas früher) beginnen,[341] während Kontoleon aufgrund seiner zugegebenermaßen umstrittenen Deutung der sogenannten melischen und siphnischen Keramik für einen *terminus post quem* um das Jahr 660 eintritt.[342]

---

332 Die Erstveröffentlichung: P. Bernard, Céramiques de la première moitié du VIIᵉ siècle à Thasos, BCH 88, 1964, 77–146; eine bessere Deutung des Befundes bei Graham, Foundation (Anm. 324) 71–72.

333 Bernard, Céramique (Anm. 332) 78–87; Graham, Foundation (Anm. 324) 62–65.

334 Bernard, Céramique (Anm. 332) 87.

335 Von den vier Schichten (Z, Y, X, W - von oben nach unten) waren Schichten Y und W bewohnt, während Z und X aus Erde und Asche bestanden. Die Keramik entstammt Schicht W, welche Bernard *grosso modo* in die erste Hälfte des siebenten Jahrhunderts datiert: Oberhalb von Schicht Z fand man eine Amphora, die um 625 datiert wird. Schicht Y muß für einige Jahre bewohnt gewesen sein, so daß W wohl vor das Jahr 650 gehört. Mit den Keramikfunden stimmt diese Datierung überein: Graham, Foundation (Anm. 324) 66–70.

336 Z.B. Pouilloux, Recherches (Anm. 321) 22–24; vgl. dens. Archiloque et Thasos: histoire et poésie, Fond. Hardt 10, Genève 1964, 23.

337 Pouilloux, Archiloque (Anm. 336) 14–16.

338 Salviat, Colonisation (Anm. 331) 302–303.

339 Bernard, Céramique (Anm. 332) 142–144.

340 Graham, Foundation (Anm. 324) 71–72.

341 Graham, Foundation (Anm. 324) 87.

342 Kontoleon, Archilochos (Anm. 331) 58–62. Die „siphnische" Keramik soll die Vorläuferin der „melischen" gewesen sein; beide Gattungen sollen parisch sein; die „melische" Keramik soll die „siphnische" um 660 ersetzt haben.

Angesichts des Fehlens jeglicher Spuren sicher bzw. vermutlich parischer Keramik in der Stadt Thasos vor diesem Jahr sind die älteren Theorien von Pouilloux und Bernard wohl unhaltbar, denn es ist doch nicht möglich, daß parische Siedler unter Eingeborenen gewohnt hätten, ohne jegliche Spuren hinterlassen zu haben. Natürlich schließt dies nicht aus, daß parische Siedler zuerst anderswo auf der Insel wohnten und die Stelle der Stadt Thasos erst später eroberten. Archilochos spricht nämlich von Gefechten mit den Thrakern[343] – und die Einheimischen waren aller Wahrscheinlichkeit nach Thraker[344] –, die sowohl auf dem Festland als auch auf der Insel hätten stattfinden können. In diesem Zusammenhang sei noch einmal auf die Spuren eines Brandes in der einheimischen Siedlung hingewiesen. Zudem gibt es eine Tradition, laut deren Thasos den Eingeborenen gewaltsam entrissen wurde.[345] Natürlich müssen keineswegs äußere Feinde den Brand verursacht haben, da Städte in Gebieten, in denen häufig Erdbeben stattfinden, auf ganz natürliche Weise in Flammen aufgehen können. Aus der einheimischen Stadt stammt auf jeden Fall nicht genug Material, um eine Eroberung nachzuweisen. Aber einiges deutet, wie wir sehen werden, doch darauf hin, daß die Parier diese einheimische Siedlung eroberten.

Denn eine Kolonie gründete man normalerweise in einem Gebiet, in dem es keine einheimische Siedlung gab. So läßt sich die Tatsache, daß die Megarer Chalkedon siebzehn Jahre vor Byzantion gründeten, eher mit einer Besiedlung der europäischen Küste des Bosporos durch Thraker als mit der Blindheit der Megarer (Hdt. 4,144,2) erklären. Im Falle von Thasos ist daher vielleicht an einen parischen Brückenkopf anderswo auf der Insel zu denken, wenn die Parier die Stelle der späteren Stadt Thasos wirklich eroberten. Denn es wäre sehr schwer, Krieg gegen Einheimische vom Meer aus zu führen und anschließend eine Pflanzstadt in demselben Jahr zu gründen. Dennoch bleibt es ebensogut möglich, daß die einheimische Siedlung einem natürlichen Brand zum Opfer gefallen war, bevor die Parier nach Thasos kamen.

Nach den vorliegenden Funden muß die parische Kolonisation von Thasos wohl einige Jahre vor 650 angesetzt werden, und zwar wegen der sogenannten melischen Keramik, die man ohnehin in die erste Hälfte des siebenten Jahrhunderts datiert.[346] Wenn Kontoleon mit seiner Auslegung der melischen und siphnischen Keramik richtig liegt, dann wurde Thasos wohl um 660 gegründet.

---

343 Z.B. Archil. Fr. 5 oder Fr. 93a West.

344 Graham, Foundation (Anm. 324) 71–72; H. Koukouli-Chrysanthaki, AE (Chr.), 1970, 16–22, und dies. AAA 3, 1970, 215–222, (Ausgrabungen zweier thrakischer Siedlungen auf Thasos – die Keramik ähnelte derjenigen in der Bernardschen Schicht W).

345 Apollod. Bib. 2,5,9; IG 14,1293, Z. 83–84. (Herakles erobert Thasos zugunsten der Söhne des parischen Königs, Androges.) Natürlich gibt es auf diese Tradition kaum Verlaß. Doch wenn wir eine einheimische Siedlung, die verbrannt wurde, unterhalb der parischen Stadt Thasos kennen, dann müssen wir über diese Tradition nachdenken. Bernard, Céramique (oben Anm. 332) 142–143, ignoriert die Aussage dieser Tradition (parische Eroberung von Thasos) und glaubt an einheimische Angriffe auf eine parische Siedlung.

346 Da man die einheimische thrakische Keramik jetzt kennt (importierte Funde stammen aus Lemnos und Makedonien – Bernard, Céramique [Anm. 332] 105 bzw. 124), kann man mit gutem Gewissen annehmen, daß Parier die melische Keramik nach Thasos brachten.

E. Zusammenfassung

Fassen wir also zusammen: Archilochos erwähnte seinen Zeitgenossen, Gyges, wenige Jahre vor der Mitte des siebenten Jahrhunderts. Auch von der Zerstörung Magnesias am Mäander kurz nach dem Tode des Gyges (ein wenig nach 650) wußte er. Er wanderte nach Thasos aus, das wohl um 660 gegründet wurde. Für die von Archilochos beobachtete Sonnenfinsternis kommen also diejenigen von 661 und 648 in Frage.[347] Mit derjenigen von 661 ist die Zeit vielleicht etwas knapp bemessen, aber sie ist keinesfalls auszuschließen, sofern wir bereit sind, den *terminus post quem* für die Gründung von Thasos (660) nicht allzu genau zu nehmen – diese Finsternis war ja total auf Thasos, aber nicht auf Paros. An derjenigen von 648 dagegen ist nichts auszusetzen. Die Finsternis des Jahres 711 liegt dagegen viel zu früh, denn Archilochos wäre dann zur Zeit der Kolonisation von Thasos ein siebzigjähriger Greis gewesen.[348] Wenn wir nun die Finsternis des Jahres 648 wählen, fallen alle datierbaren Gedichte in den Zeitraum von 655 bis 645. Natürlich können sämtliche datierbaren Gedichte späte oder frühe Werke des Archilochos sein, so daß wir nicht wissen, ob man für seine Tätigkeit an die Jahre zwischen 665 und 645 oder zwischen 655 und 635 denken sollte. Wenn aber Archilochos die Sonnenfinsternis auf Thasos im Jahre 661 sah, dann müßte man seine dichterische Tätigkeit in den Zeitraum von 665 bis 645 datieren.[349]

Wie wollen wir jetzt das Gedicht datieren, das sich mit dem Lelantischen Krieg beschäftigt? Genaugenommen hätten wir freien Spielraum zwischen den Jahren, sagen wir, 665 und 635, wobei aber alle sicher datierbaren Gedichte innerhalb des Zeitraumes von 655 bis 645 liegen bzw. liegen können. Unter diesen Umständen ist es wohl das sicherste Verfahren, das Mittlere zu wählen und das Jahr 650 herauszugreifen. Archilochos bezeugt einen Krieg auf Euboia um 650, d.h. um die Mitte des siebenten Jahrhunderts.

347 Siehe oben Kapitel 4, Teil 1, B.

348 F. Lasserre, Le Fragment 74 (= 122 West) d'Archiloque, MH 4, 1947, 1–7, argumentiert, daß Archilochos von seinem Vater von der Sonnenfinsternis im Jahre 711 gehört habe. Als Argument führt Lasserre seine Auslegung der Einleitung zu diesem Gedicht bei Aristot. (rhet. 1418) an: [ὁ Ἀρχίλοχος] ποιεῖ γὰρ τὸν πατέρα λέγοντα περὶ τῆς θυγατρὸς ἐν τῷ ἰάμβῳ, „denn [Archilochos] läßt *den* Vater über die Tochter in dem iambischen Gedicht sprechen." Lasserre behauptet, hier würde der bestimmte Artikel „sein" statt „der" bedeuten; d.h. „Archilochos läßt *seinen (eigenen)* Vater sagen..." Soweit ich sehen kann, hat niemand Lasserre hierin folgen können.

349 Die Angaben des Tatianos bei Eusebios (Praep. Ev. 10,11,4); des Eusebios in beiden Versionen des Kanons; des Kyrillos von Alexandrien (C.Iulian. 1,14); des Clemens von Alexandrien (Strom. 1,21,131,7); des Cicero (Tusc. 1,1,3); des Pausanias (10,28,3); und des Cornelius Nepos bei Aulus Gellius (17,21,8) werden sowohl von Blakeway, Date (Anm. 243) als auch von Jacoby, Date (Anm. 245) besprochen; siehe jetzt auch A.A. Mosshammer, Phainias of Eresos and Chronology, CSCA 10, 1978, 105–132. Alle diese Angaben sind völlig wertlos, denn sie hängen von einer zu hohen Datierung des Gyges ab. Nur Nepos – Regierungszeit des Tullus Hostilius (traditionell 671–640) – und Eusebios – 665/664 (armenischer Kanon) bzw. 664/663 (Hieronymos) – geben ein Datum an, das richtig sein könnte: Wahrscheinlich wählte Apollodoros für die Blütezeit des Archilochos das Ende der Regierungszeit des Gyges aus, obgleich wir den Grund dafür nicht mehr erkennen können. (Nach Apollodoros starb Gyges im Jahre 663 – siehe oben Anm. 281.)

2. ARCHILOCHOS UND DER HOMERISCHE HYMNOS AUF APOLLON

Einen anderen Text hat Marta Sordi in Verbindung mit dem Lelantischen Krieg gebracht, und zwar einige Verse des homerischen Hymnos auf Apollon:

> Κηναίου τ' ἐπέβης ναυσικλείτης Εὐβοίης·
> στῆς δ' ἐπὶ Ληλάντῳ πεδίῳ· τό τοι οὐ ἅδε θυμῷ
> τεύξασθαι νηόν τε καὶ ἄλσεα δενδρήεντα.[350]

> „Du schrittst nach Kenaion auf dem durch Schiffe berühmten Euboia hin-über: da standst du in der Lelantischen Ebene: es erfreute nicht dein Herz, hier einen Tempel zu errichten und bewaldete Haine [anzulegen]."

Dieses Gedicht datiert sie in die zweite Hälfte des siebenten Jahrhunderts (es ist hier nicht von Belang, ob sie damit richtig oder falsch liegt) und setzt auch den Lelantischen Krieg in diesen Zeitraum. Sie vermutet, daß Apollon die Lelantische Ebene nicht gefallen habe, weil sie zu dieser Zeit von den Kämpfen heimgesucht worden sei.[351] Natürlich kann man ebensogut behaupten, daß der junge Gott keinen Tempel in der Ebene habe bauen wollen, weil sie zuvor vom Krieg verwüstet worden war, aber dies nur nebenbei. Es ist doch ganz klar, daß Apollon die Ebene verläßt, weil er seinen Tempel in Delphi bauen muß. Das Wesentliche im Hymnos ist eigentlich genau das Gegenteil von dem, worauf Frau Sordi ihr Augenmerk lenkt. Die Verse zeigen doch, daß die Lelantische Ebene eine besonders schöne Landschaft war: Sie war sehenswert, und man erwartete es sogar, daß Apollon einen Tempel hier bauen würde. Zum größeren Ruhme Delphis aber kehrt der Gott der Ebene den Rücken. Gemeint ist offensichtlich: wie schön auch immer die Ebene sein mag, Delphi ist sehr viel schöner. In diesen Versen sehe ich folglich keine Anspielung auf den Lelantischen Krieg.

Die weiteren Überlegungen Frau Sordis zur Datierungsfrage finde ich nicht besonders hilfreich. Sie ist z.B. von naxischer und parischer Teilnahme am Kriege überzeugt.[352] (Im sechsten Kapitel wird gezeigt werden, daß Paros und Naxos nur mit größter Mühe in die Bündnissysteme der beide Kontrahenten, Chalkis und Eretria, eingeordnet werden können und daß es ferner sehr schwer sein dürfte, einen überzeugenden Beleg ihrer Teilnahme am Krieg zu finden.[353]) Da nun Archilochos in einem Krieg gegen Naxos fiel, schlägt Frau Sordi vor, daß dieser Krieg der Lelantische gewesen sei[354]: den Krieg habe Archilochos doch als bevorstehenden (οὔτοι πόλλ' ἐπὶ τόξα τανύσσεται...ξιφέων δὲ πολύστονον ἔσσεται ἔργον, „nicht viele Bogen werden gespannt werden...der Schwerter

---

350 Hymn. Hom. Ap. 219–221.
351 Sordi, Lega (Anm. 240) 46.
352 Sordi, Lega (Anm. 240) 45 (in Anlehnung an N.M. Kontoleon, Νέαι ἐπιγραφαὶ περὶ τοῦ Ἀρχιλόχου ἐκ Πάρου, AE, 1952, 82–84.)
353 Siehe unten Kapitel 6, Teil 5.
354 Sordi, Lega (Anm. 240) 45. An und für sich ist dies schon problematisch. Da Paros und Naxos stetige Feinde waren, hätten sie, soweit wir wissen, Krieg gegeneinander vor und nach dem Lelantischen Krieg führen können, selbst wenn sie am Lelantischen Krieg teilnahmen.

wird die vielstöhnende Arbeit sein") beschrieben.[355] Infolgedessen müsse der Krieg kurz vor dem Tode des Archilochos begonnen haben. (Frau Sordi entscheidet sich für die Sonnenfinsternis des Jahres 648 und hält dieses Jahr für den *terminus ante quem* des Krieges.) Ich weiß nun wirklich nicht, ob Archilochos den Lelantischen Krieg durch dichterisches Hellsehen voraussagte. Meiner Meinung nach spricht er von einer kommenden Schlacht in einem vorher begonnenen und zur Zeit der Dichtung noch andauernden Krieg. Deswegen kann er die kommende Schlacht „voraussagen": der Krieg ist noch nicht beendet, und man erwartet weitere Kämpfe.[356]

3. [THEOGNIS] UND DER LELANTISCHE KRIEG

Ich zitiere Verse 891–894 der Theognidea:

ὤ μοι ἀναλκίης· ἀπὸ μὲν Κήρινθος ὄλωλεν,
  Ληλάντου δ' ἀγαθὸν κείρεται οἰνόπεδον·
οἱ δ' ἀγαθοὶ φεύγουσι, πόλιν δὲ κακοὶ διέπουσιν.
  ὥς δὴ †κυψελίζων† Ζεὺς ὀλέσειε γένος.

„Ach, meine Schwäche! Kerinthos ist verloren, das gute Weinfeld Lelantons wird ‚geschoren': die Guten fliehen, die Schlechten aber regieren die Stadt. Ebenso möge Zeus ... zerstören."

Für die unmetrische Korruptel κυψελίζων gibt es eine Variante, und zwar κυψελίζον (ohne δή). Die Emendation Hermanns zu δὴ Κυψελιδῶν trifft sicherlich das Richtige, denn es gibt eine beachtenswerte Parallele, und zwar ein Epigramm an einem Standbild in Olympia:

εἴ μὴ ἐγὼ χρυσοῦς σφυρήλατός εἰμι κολοσσός,
  ἐξώλης εἴη Κυψελιδῶν γενεά.[357]

---

355 Sordi, Lega (oben Anm. 240) 45.
356 Siehe oben zu Anm. 11.
357 Phot. Lex. s.v. Κυψελιδῶν ἀνάθημα. In den Handschriften steht zwar εἰμί, „ich bin," am Anfang der ersten Zeile, doch ist die Emendation notwendig. Eine Variante zitiert Photios aus Apellas (oder Apollas) Pontikos = FGrHist 266, Fr. 5: εἰμὶ ἐγὼ ναξος (d.h. „massiv"; Akzent unbekannt – siehe LSJ ad loc.) παγχρύσεός εἰμι κολοσσός· ἐξώλης κτλ., „Ich bin ein Standbild aus massivem Gold usw." Suid. s.v. Κυψελιδῶν ἀνάθημα, heißt es αὐτὸς ἐγὼ χρυσοῦς σφυρήλατός εἰμι κολοσσός· ἐξώλης κτλ., „Ich selbst bin ein Standbild aus getriebenem Gold, usw." Denselben Ape/ollas zitiert auch Suidas: εἰμὶ ἐγὼ Νάξιος (sic) παγχρύσεός εἰμι κολοσσός· ἐξώλης κτλ., „ich bin ein naxisches Standbild aus massivem Gold, usw." Den Vorzug verdienen die Versionen mit σφυρήλατος, „getrieben," nicht nur weil man um 600 Statuen so herstellte, sondern auch weil Plat. Phaedr. 236b, als er die Weihgabe der Kypseliden beschrieb, das seltene Wort σφυρήλατος verwandte. Σφυρήλατος hatte der Philosoph im Epigramm wohl gelesen. Dasselbe gilt auch von Strab. 8,3,30, p. 353, und Agaklytos FGrHist 411, Fr. 1 = Photios, a.a.O. Was schließlich den Unterschied zwischen der Version bei Photios und der bei Suidas betrifft, so ist αὐτός, „selbst," offensichtlich ein schwacher Ersatz für das korrupte erste εἰμί, „ich bin," der dem Sinn des Epigramms wenig hinzufügt.

„Wenn ich kein Standbild aus getriebenem Golde bin,
dann möge das Kypselidengeschlecht zugrunde gehen."

Wir haben nun allen Grund, anzunehmen, daß Kypselos selbst diese Statue (denn dies ist die Bedeutung von κολοσσός; vgl. Aischylos, *Agamemnon*, 416) weihte. Denn zufolge einer in der Antike nacherzählten Anekdote soll er versprochen haben, eine Weihgabe in Olympia zu weihen, falls es ihm gelingen sollte, die Macht an sich zu reißen.[358] Aufgrund der Inschrift an der Statue können wir nun vermuten, daß er dem Zeus ein goldenes Standbild versprochen hatte. Den Sinn des Epigramms erklärt dies in der Tat einwandfrei: „Wenn ich keine Statue aus getriebenem Golde bin, dann soll das Geschlecht der Kypseliden zugrunde gehen." Da es ja wirklich ein Standbild aus getriebenem Golde war, bestand für Kypselos und sein Haus keine Gefahr. Vielmehr durfte er einer ruhmreichen Herrschaft entgegensehen, weil er seinen Pflichten den Göttern gegenüber gerecht geworden war.[359] Gerade deswegen dürfen wir nicht daran zweifeln, daß Kypselos diesen goldenen Zeus weihte.[360]

---

358 Genaugenommen soll er versprochen haben (Agaklytos, FGrHist 411, Fr. 1, und Ps.-Aristot. Oik. 2,1, p. 1346), das ganze Vermögen der Korinthier zu weihen: in den ersten zehn Jahren seiner Herrschaft soll er je ein Zehntel vom Vermögen eines jeden Bürgers verlangt und so das ganze Vermögen der Korinthier zusammengebracht haben. Diese Geschichte ist offensichtlich nicht wörtlich zu nehmen.

359 J. Servais, Le 'colosse' des Cypsélides, AC 34, 1965, 160, argumentiert, daß ein Tyrann niemals seinen Sturz auch nur angedeutet hätte. Das Epigramm hält Servais dementsprechend für eine spätere Erdichtung aufgrund einer echten Weihinschrift (nach ihm, ebenda, 171: Ζανὸς ἐγὼ χρύσους σφυρήλατός εἰμι κολοσσός, „Ich bin Zeus' Standbild aus getriebenem Gold"). Seine Argumente überzeugen jedoch nicht, und seine Rekonstruktion der angeblich echten Inschrift ist bestenfalls willkürlich.

360 Man könnte einwenden, daß Kypselos sein Haus nicht nach dem von seinem Namen abgeleiteten Patronymikon genannt hätte; vielmehr hätte er ein vom Namen seines Vaters oder Großvaters abgeleitetes Patronymikon verwenden müssen. Abgesehen davon, daß Kypselos' Großvater ebenfalls „Kypselos" geheißen haben mag, kann man einem Tyrannen, der sich als Gründer einer Herrscherdynastie betrachtet, sehr wohl zutrauen, aus Stolz und Übermut sein eigenes Haus mit seinem eigenen Namen zu bezeichnen.
In der Antike herrschte jedenfalls die Meinung, daß Kypselos dieses Standbild geweiht hatte: Strab. 8,3,30, p. 353, Agaklytos, FGrHist 411, Fr. 1, und Paus. 5,2,3. Nur Didymos (Schmidt, p. 404 = Phot. Lex. s.v. Κυψελιδῶν ἀνάθημα) bietet eine abweichende Version, der zufolge Periandros diese Statue geweiht haben soll. (Trotz Jacoby – Kommentar zu Ephoros, FGrHist 70, Fr. 178 = Diogenes Laertios, 1,96 – glaube ich nicht, daß Ephoros, a.a.O., vom goldenen Standbild des Zeus spricht. Statt dessen spricht er von einem ἀνδριάς, „Männerbild," den Periandros geweiht hatte. Nur selten bezieht sich ἀνδριάς auf Götter – LSJ ad loc. –, so daß alle Wahrscheinlichkeit dafür spricht, daß die Rede bei Ephoros von etwas anderem war.) Didymos war nun einmal ein über alle Maße produktiver Kompilator – dazu Ath. 4, p. 139c, und Suid. s.v. Δίδυμος –, dem man den Spitznamen βιβλιολάθας, „der Bücher vergessen hat," gab. Angesichts der Berichte bei Strabon und Pausanias wird man daher annehmen müssen, daß Didymos sich eines Versehens schuldig machte.
Die Scholien zu Plat. Phaidr. 236 (Hermias, Scholia in Platonis Phaedrum) bieten eine konfuse Geschichte von einem dem Zeus geweihten ἀνδριάς und von einem ἄγαλμα, „Standbild," des Zeus. Das erste sollen die Söhne des Periandros geweiht haben, das zweite sollen sie nach ihrem Sturz versprochen haben, falls sie jemals an die Macht zurückkehren

Dieses Standbild nun widmete er dem Zeus aller Wahrscheinlichkeit nach zu einem möglichst frühen Zeitpunkt nach seinem Regierungsantritt um 630.[361] Infolgedessen gibt es einen *terminus post quem* kurz nach diesem Jahre für die vier oben zitierten Verse der Theognidea. Zwischen der Aufstellung der Statue und dem Verfassen dieser Verse aber werden etliche Jahre verronnen sein, denn es dürfte doch einige Zeit gedauert haben, ehe das Epigramm berühmt und in aller Munde war. Daraus ergibt sich ein näherer *terminus post quem* für dieses Gedicht gegen Ende des Jahrhunderts.

Diese Verse der Theognidea müssen wir uns jetzt näher anschauen. Die darin enthaltenen geographischen Angaben scheinen auf Chalkis hinzuweisen: Kerinthos ist ein Ort an der Ostküste Euboias nordöstlich von Chalkis; die Lelantische Ebene unmittelbar östlich von Chalkis ist den geographischen Begebenheiten entsprechend eher chalkidisches als eretrisches Territorium. Demgemäß wird die vom Dichter erwähnte Polis wohl Chalkis sein. Offenbar ist er selbst Adliger oder Oligarch, wie schon die Rede von οἱ ἀγαθοί, „den Guten," und οἱ κακοί, „den Schlechten," zeigt.[362] In Chalkis also hat es mit Sicherheit soeben einen Sturz der aristokratischen Herrschaft zu Gunsten einer weniger aristokratischen Gruppierung gegeben.[363] Wir müssen also nach einem Regierungswechsel suchen, der Anlaß zur Klage bot. Dafür bietet sich in erster Linie ein Sturz der Hippobotai, der Aristokraten von Chalkis, an. Bevor wir aber darauf zu sprechen kommen, müssen wir uns zuerst möglichst klar darüber werden, was diese vier Verse über die Katastrophe sagen, welche Chalkis widerfahren ist.

Die Lelantische Ebene ist zerstört worden. Das Wort κείρω, „scheren," in diesem Zusammenhang bedeutet das Abschneiden von Getreide oder Bäumen, was man üblicherweise während einer Belagerung tat, um die Verteidiger zur Aufgabe zu zwingen.[364] So verfuhren z.B. die Lyder während ihres Krieges gegen die Milesier.[365] Andererseits aber könnte „Theognis" vielleicht meinen, daß man das Feld für eine Reiterei eingeebnet habe, wie es die Athener nach Hdt. 5,63,4 taten. In letzterem Falle jedoch handelte es sich nicht um wertvolle Rebstöcke, und es ist schwer zu glauben, daß die Chalkidier mit Absicht ihr eigenes Weinfeld zunichte gemacht hätten.[366] Demzufolge hat irgendein Feind die Rebstöcke abgehauen, um Chalkis zu schaden.

sollten. Auf diesen Bericht ist kein Verlaß, obwohl man bemerken sollte, daß der dem Zeus geweihte ἀνδριάς (den auch Ephoros erwähnt) und das Standbild des Zeus als verschiedene Gegenstände behandelt wurden.
361 Verf. Chronologie (Anm. 308).
362 Zur topographischen Lage Bakhuizen, Chalcidian Studies (Anm. 55) 123–133 bes. 127. Zur politischen Gesinnung des Dichters B.A. van Groningen, Theognis, Amsterdam 1966, 339–341. van Groningen meint, der Autor sei Chalkidier; Will, Korinthiaka (Anm. 239) 394 Anm. 5, ist andererseits der Ansicht, daß der Dichter der echte Theognis sein könnte – wegen der politischen Gesinnung des Dichters.
363 Siehe van Groningen, Theognis (oben Anm. 362) 339; siehe auch H.T. Wade-Gery, The Poet of the Iliad, Cambridge 1952, 61 Anm. 1.
364 LSJ s.v.; Hdt. 6,99,2 (persische Belagerung von Karystos); Thuk. 1,64,2 (Athenische Eroberung von Pallene); vgl. Aen. Tact. 15,9.
365 Hdt. 1,17,2.
366 Man könnte auch in Erwägung ziehen, daß der Dichter darauf hinweisen will, daß eine

Mit dieser Katastrophe verbunden ist der Verlust von Kerinthos. Wir wissen nun nicht, ob Kerinthos aus dem chalkidischen Territorium ausschied, weil es seine Unabhängigkeit erlangte, oder ob die Chalkidier diesen Posten aus anderen Gründen räumen mußten. Das Wort ἀπόλλυμι, „zerstören," aber kann auch auf eine Zerstörung von Kerinthos hindeuten. Wenn wir das Wort so auslegen, dann wurde Kerinthos von irgendeinem Feind verheert.

Das Allerschlimmste für den adligen Dichter bleibt aber die beginnende Herrschaft der κακοί. Die Rede von κακοί und ἀγαθοί weist unzweideutig auf einen Parteienstreit oder eine interne Umwälzung hin, wie es sich aus zahlreichen Stellen beim echten Theognis ergibt.[367] Die Art der Umwälzung, von der „Theognis" spricht, bleibt leider unklar. Die Vielfalt der Katastrophen, welche die Schlechten herbeiführen, geht aus folgendem Zitat hervor:

ἐκ τῶν [sc. κακῶν] γὰρ στάσιές τε καὶ ἔμφυλοι φόνοι ἀνδρῶν
    μούναρχοί τε· πόλει μήποτε τῇδε ἅδοι.[368]

Denn von den [Schlechten] [sc. kommen] Bürgerkriege und Mord an Landsleuten sowie Alleinherrscher: möge das dieser Stadt niemals widerfahren!

Also kann die Rede von κακοί in den Versen 891–894 mehreres andeuten. Gibt es jetzt einen Tyrannen oder jemanden, der im Begriffe ist, sich zum Tyrannen aufzuwerfen? Oder fängt eine andere Partei an zu regieren?

Am rätselhaftesten bleibt aber die letzte Zeile, welche dem Anschein nach die Kypseliden verflucht. Haben sich die Kypseliden in einen internen Streit der Chalkidier eingemischt? Oder werden die Kypseliden nur als Beispiel eines Tyrannengeschlechtes genannt? Kann die Redewendung „die Kypseliden sollen zugrunde gehen" nur sprichwörtlich für „verflucht!" gewesen sein? Der Wortlaut ist: „*so* sollen die Kypseliden zugrunde gehen," d.h. der Dichter hofft, daß diese Katastrophe (Abhauen von Getreide und Bäumen) auch anderen widerfahren wird. Er muß doch an bestimmte Personen denken, welche dieses Unheil erleiden sollen. Es liegt also nahe, den Dichter beim Worte zu nehmen und den Schluß zu ziehen, daß die Kypseliden zu diesem für seine Stadt so schweren Unglück beitrugen, wenngleich andere Möglichkeiten offenbleiben müssen.

An diesem Punkt wird es vielleicht hilfreich sein, die politische Geschichte von Chalkis nach 630 in aller Kürze zu skizzieren, um danach den historischen Anlaß dieser Verse feststellen zu können. – Von einem Tyrannen namens Antileon, dem die Chalkidier die Haut abzogen, wissen Alkaios und Solon.[369] Das

---

Schlacht in der Ebene den Weinbau zerstört habe. Mitten unter Rebstöcken jedoch können Hopliten kaum gekämpft haben. Ferner impliziert das Wort κείρω das beabsichtigte Abhauen von Getreide bzw. Bäumen: eine zufällige Zerstörung kommt demnach nicht in Frage. – L.H. Jefferys Vorschlag, Archaic Greece (oben Anm. 95) 66, daß man κείρω als „raking in the Hippobotic crops" auslegen könne, erscheint mir unmöglich, denn κείρω im Sinne von „ernten" ist nirgendwo belegt.

367 Am deutlichsten Verse 53–68.
368 Theognidea, 51–52.
369 Alk. Fr. 296a Lobel-Page; dazu P. Maas, How Antileon's Tyranny ended, CR 70, 1956, 200. Zur Zeitstellung des Alkaios Verf. Chronologie (Anm. 308). Solon, Fr. 33 West; dazu

Datum seines Todes mag, grob geschätzt, um 600 liegen. Daß die Hippobotai
nach dem Sturz dieses Gewaltherrschers an die Macht zurückkehrten, wird man
sicherlich annehmen wollen, zumal Aristoteles sagt, daß sich dessen Tyrannis in
eine Oligarchie verwandelte.[370] Außerdem standen die Hippobotai im Jahre 506
noch an der Spitze des chalkidischen Staates, als die Athener die Lelantische
Ebene in Besitz nahmen.[371] Nebst Antileon gab es in Chalkis auch einen zweiten
Tyrannen namens Phochos, den wir aber nicht datieren können. Über ihn sagt
Aristoteles, daß ihn der Demos im Vereine mit den Adligen gestürzt und daraufhin die Macht an sich gerissen habe.[372] Dem Wortlaut zufolge regierte nach dem
Sturz des Tyrannen statt des Adels der Demos. Phochos könnten wir zwar vor das
Jahr 506 datieren, müßten aber dann zusätzlich annehmen, daß die Hippobotai
die Demokratie später gestürzt hätten. Deswegen liegt es näher, die Tyrannis des
Phochos in die Zeit nach 506 zu datieren: er kann die Macht in den Wirren nach
der Eroberung der Ebene durch die Athener oder aber während der Perserkriege
ergriffen haben. Da die Hippobotai ihre führende Rolle nach 506 anscheinend nie
wieder zurückgewannen, müßte man dann keine weitere Umwälzung in Chalkis
zwischen dem Sturz des Antileon und der athenischen Eroberung der Ebene
postulieren. Jedenfalls erscheint eine Demokratie in Chalkis im fünften Jahrhundert wahrscheinlicher als eine im sechsten.[373] Ferner wissen wir, daß eine Demokratie in Chalkis regierte, als Chalkis nach den Perserkriegen Teil des athenischen Reiches wurde. Aus diesen Gründen setze ich die Herrschaft des Phochos
kurz vor dieser Demokratie an. Tabellarisch sieht das so aus:

Antileon ist Tyrann	– um 600
Hippobotai wieder an der Macht	– nach Antileon bis 506
Athener nehmen die Ebene in Besitz	– 506
Phochos ist Tyrann	– erstes Drittel des 5. Jh.
Demokratie	– nach Phochos

Jetzt müssen wir uns bemühen, die Verse des „Theognis" mit diesen Ereignissen in Verbindung zu bringen. Die athenische Eroberung der Ebene war
zweifelsohne eine verheerende Niederlage für Chalkis. Wenn die athenischen
Philaiden an dieser Niederlage beteiligt waren, dann könnte man die Verfluchung
der Kypseliden unter Verweis auf einen Ahnherrn dieser Familie erklären, denn
dieses Haus war mit den korinthischen Kypseliden verwandt[374]: ein Mitglied
hatte sogar den Namen „Kypselos" getragen.[375] Nichtsdestoweniger scheint es

H. Lloyd-Jones, More about Antileon, Tyrant of Chalcis, CP 70, 1975, 197. Auch für
Solons Archontat (traditionell 594/593) gibt es eine Tiefdatierung (etwa 575–570): dazu M.
Miller, The accepted Date for Solon: Precise But Wrong?, Arethusa 2, 1969, 62–86.

370 Aristot. Pol. 1316a.
371 Hdt. 5,77; Ail. Var. hist. 6,1. (Ich halte es für falsch, die ailianische Kleruchie mit jener der
     Mitte des fünften Jahrhunderts zu verbinden. Siehe unten zu Anm. 782.)
372 Aristot. Pol. 1304a.
373 Selbst Athen erlangte eine „Demokratie" erst im letzten Jahrzehnt des sechsten Jahrhun-
     derts.
374 So J. Carriere, Theognis, Paris 1975, 180–181.
375 Siehe Bradeen, The Fifth Century Archon List, Hesperia 32, 1963, 193–196. Vgl. Hdt.
     6,128,2.

kaum möglich, daß die Athener das Weinfeld zerstörten, zumal sie die Chalkidier sehr rasch besiegten. Denn Getreide hieb man erst ab, wenn ein längerer Krieg bevorstand.[376] Außerdem nahmen die Athener die Ebene doch in Besitz, und die Frage erhebt sich, ob sie, mit Kroisos zu reden, ihr eigenes Vermögen zerstört hätten.[377] Schließlich muß man auch darauf hinweisen, daß „Theognis" nichts von einem Verlust der Ebene sagt: er spricht von der Verwüstung der Ebene, die seinen Worten zufolge wohl in chalkidischem Besitz blieb.

Mit dem Tyrannen Phochos können wir recht wenig anfangen, denn wir wissen so gut wie nichts über ihn. Antileon hingegen gehört in das richtige Zeitalter, denn ihn kann man um 600 ansetzen, d.h. einige Jahre nach der Weihung des Kolosses, an den Kypselos das berühmte Epigramm schreiben ließ. Antileons Machtergreifung war, soviel wir wissen, das erste Mal, daß die Hippobotai die Regierungsgewalt abtreten mußten. Folglich war sie eine passende Gelegenheit für einen Adligen, über den plötzlichen Verfall der Herrschaft der ἀγαθοί zu klagen. Es ist außerdem sehr gut möglich, daß die Kypseliden den Antileon bei seiner Machtübernahme unterstützten, denn in der Tat versuchten Tyrannen des öfteren, einem Kollegen an die Macht zu verhelfen. Man denke nur an Theagenes und Kylon,[378] Peisistratos und Lygdamis[379] oder Lygdamis und Polykrates.[380] Wenn der Machtergreifung des Antileon ein Bürgerkrieg vorausgegangen war, dann wäre es doch möglich, daß Antileon Chalkis belagern mußte, um die Hippobotai aus der Stadt zu vertreiben. Antileon wurde nun einmal gehaßt, wie die Art seines Todes zeigt; denn um eine solche Strafe zu rechtfertigen, muß er wohl ein gewalttätiger Mensch gewesen sein. Dasselbe kann man auch den Anspielungen bei Solon und Alkaios entnehmen. Es scheint also möglich, daß Antileon aus Zorn das Lelantische Weinfeld zerstörte, um die Stadt in seine Gewalt zu bringen und um die Hippobotai in die Flucht zu schlagen. Da die Ebene anscheinend ausschließlich den Hippobotai,[381] seinen Feinden, gehörte, hätte sie dieser Akt besonders schwer getroffen. Antileon und seine Anhänger können also die κακοί gewesen sein, deren beginnende Herrschaft die jammernden Verse des „Theognis" hervorriefen. Dennoch bleibt es angesichts unserer lückenhaften Kenntnis der Geschichte des archaischen Chalkis immer möglich, daß „Theognis" auf ein anderes Ereignis des sechsten oder späten siebenten Jahrhunderts anspielt. Nichtsdestoweniger glaube ich, daß dieses Gedicht nichts mit dem Lelantischen Krieg zu tun haben kann, wenngleich es formell denkbar wäre, daß Eretria die Ebene verwüstete und einen chalkidischen Posten in Kerinthos zerstörte, während Chalkis von einer Stasis geschwächt war. Aber von äußeren Feinden wird in den Versen 891–894 nicht gesprochen – die Bösewichte sind eindeutig die κακοί der Polis selbst. Es sei zudem angemerkt, daß die

---

376 Vgl. das Verfahren der Lyder im elfjährigen Kriege gegen Milet oder das der Spartaner im Peloponnesischen Krieg.
377 Vgl. Hdt. 1,88,3.
378 Thuk. 1,126; Paus. 1,28,1; 1,40,1; vgl. Hdt. 5,71.
379 Hdt. 1,64,2.
380 Polyain. Strat. 1,23,2.
381 Hdt. 5,77; Ail. Var. hist. 6,1.

Eretrier – wenn diese denn gemeint sind – nicht versucht haben, Chalkis die Ebene zu entreißen, obwohl Chalkis zu dieser Zeit so auffallend schwach war. Daher liegt es näher anzunehmen, daß die Schlechten (die Chalkidier gewesen sein müssen) diejenigen waren, welche die Ebene verwüsteten. – Meiner Ansicht nach sollten diese Verse der Theognidea mit der Machtergreifung des Antileon und nicht mit dem Lelantischen Krieg in Verbindung gebracht werden.

Schließlich gibt es erhebliche Schwierigkeiten bei der Verbindung dieses Gedichtes mit dem Lelantischen Krieg[382]: 1.) Um 600 waren weder Chalkis noch Eretria führende Staaten, weswegen ein großer Krieg zu dieser Zeit sich kaum um die beiden euboiischen Städte gedreht haben dürfte. 2.) Nach 600 kann Milet nur schwerlich am Krieg teilgenommen haben, denn in diesen Jahren führte Lydien Krieg gegen Milet.[383] 3.) Korinth scheint wirklich auf der falschen Seite zu stehen, zumal alle anderen Zeugnisse auf Freundschaft zwischen Chalkis und Korinth bzw. Feindschaft zwischen Eretria und Korinth schließen lassen.[384] 4.) Eine Datierung des Krieges nach 600 würde den anderen Zeugnissen widersprechen, und nichts zwingt uns dazu, dem Archilochos, dem archäologischen Befund und der Tradition einer Verbindung zwischen Hesiod und einem am Krieg Beteiligten (Amphidamas) diesen Vierzeiler aus der Theognidea vorzuziehen. 5.) Die aristokratischen Ehren, welche man dem letztgenannten anläßlich seines Todes zuteil werden ließ, passen einfach nicht in das sechste Jahrhundert.[385]

4. „KÖNIG" AMPHIDAMAS UND DIE SEESCHLACHT

Für Forrest ist die Teilnahme eines Königs namens Amphidamas am Krieg entscheidend für ein Datum im späten achten Jahrhundert: „active kings…were becoming unfashionable at the end of the eighth century."[386] Dies jedoch ist etwas, das man nicht so leichthin sagen darf: Sparta hatte immer aktive Könige; Pheidon war ein sehr aktiver König von Argos frühestens im dritten Viertel des siebenten Jahrhunderts[387]; Lampsakos hatte einen König in der ersten Hälfte

382 Für Argumente gegen eine Datierung des Lelantischen Krieges ins sechste Jahrhundert siehe auch Tausend, Mythos (Anm. 242) 504–505, und Sordi, Lega (Anm. 240) 42–44.
383 Hdt. 1,17–18. Ein genaues Datum können wir nicht vorschlagen, denn wir kennen keine glaubwürdige Chronologie der Könige Lydiens. Die Regierungszeiten bei Herodot und den Chronographen sind viel zu hoch und allesamt wertlos. Aber der Druck auf Milet von seiten Lydiens wäre vor und nach dem Krieg sehr stark gewesen, weshalb es unmöglich ist, eine Zeit nach dem milesisch-lydischen Krieg herauszusuchen, in der Milet am Lelantischen Kriege hätte teilnehmen können, wie Costanzi, Guerra lelantea (Anm. 70) 785–788, es tut. Denn Herodot, der 1,18 wahrscheinlich von einem von dem Lelantischen Krieg abhängigen Kriege spricht, meint, daß der Lelantische Krieg mehrere Jahre vor dem milesisch-lydischen stattgefunden habe. Dazu unten Kapitel 6, Teil 2.
384 Siehe unten Kapitel 6, Teil 3.
385 Siehe oben zu Anm. 68 und 129; siehe auch unten, Kapitel 4, Teil 4.
386 Forrest, Colonisation (Anm. 244) 161 Anm. 9.
387 Herodot (6,127,3) nennt Pheidon einen Tyrannen; bei Aristoteles (Pol. 1310b) heißt es, er sei zwar ein „König" gewesen, sei jedoch zum Tyrannen geworden. Ich weiß von keinem

desselben Jahrhunderts.[388] Es ist daher die reinste *petitio principii*, wegen der Teilnahme eines Königs erschließen zu wollen, daß der Lelantische Krieg im späten achten Jahrhundert stattgefunden habe – nicht zuletzt in Anbetracht des Untergangs der Monarchie in Chalkis vor 750.[389]

Zudem wissen wir, daß Amphidamas gar kein König war, denn Plutarch nennt ihn nur einen „kriegerischen Mann":

ἀκούομεν γὰρ ὅτι καὶ πρὸς τὰς Ἀμφιδάμαντος ταφὰς εἰς Χαλκίδα τῶν τότε σοφῶν οἱ δοκιμώτατοι ποιηταὶ συνῆλθον· ἦν δ' ὁ Ἀμφιδάμας ἀνὴρ πολεμικός, καὶ πολλὰ πράγματα παρασχὼν Ἐρετριεῦσιν ἐν ταῖς περὶ Ληλάντου μάχαις ἔπεσεν.[390]

„Denn wir hören, daß von den damaligen Weisen die angesehensten Dichter auch anläßlich der Beisetzung des Amphidamas zusammen nach Chalkis kamen: denn Amphidamas war ein kriegerischer Mann, und nachdem er den Eretriern viele Schwierigkeiten verursacht hatte, fiel er in den Kämpfen um Lelanton."

Daraus wird wohl klar, daß zumindest Plutarch diesen Mann nicht für einen König hielt. Viel früher hatte Hesiod, wie wir bereits gesehen haben, nur den Namen dieses Mannes erwähnt.[391] Wenn Forrest nun behauptet, daß Amphidamas ein König gewesen sei, dann stützt er sich dabei lediglich auf das *Certamen* und die *Vita Hesiodi*. In diesen Quellen heißt es aber, daß Amphidamas der βασιλεὺς Εὐβοίας, „König Euboias," gewesen sei.[392] Auf diesen evidenterweise unhistorischen Titel im Rahmen eines erdichteten Wettkampfes zwischen Homer und Hesiod ist ganz offenkundig nicht der geringste Verlaß.[393] Wenn Amphida-

---

Forscher, der ihn nicht als König akzeptiert. Das Datum ergibt sich daraus, daß Herodot, a.a.O., seinen Sohn, Leokedes, um 575 heiratsfähig nennt. Nach Aristoteles, a.a.O., war die „Tyrannis" des Pheidon etwas älter als die des Kypselos (um 630). Wenn Pheidon relativ alt war, als Leokedes geboren wurde, und Leokedes seinerseits relativ alt um 575 war, dann kann man die Angabe des Aristoteles akzeptieren: Pheidon ist dann um 675 geboren und König um 650, während Leokedes dann um 625 geboren ist. Argumente, denen zufolge Pheidon ins achte oder frühe siebente Jahrhundert zu setzen wäre, sind nicht ernst zu nehmen – G.L. Huxley, Argos et les dernieres Tèmènides, BCH 82, 1958, 588–601, bzw. N.G.L. Hammond, The Peloponnese, CAH, 3³, 324–325 –, denn sie scheitern alle an der Herodotstelle. M.E. schließt die durch diese Herodotstelle gesicherte Datierung des Pheidon eine Teilnahme dieses Herrschers am Lelantischen Kriege eindeutig aus.

388 Charon von Lampsakos, FGrHist 262, Fr. 7 = Plut. De mulierum virtute, 18, p. 255.
389 Siehe oben zu Anm. 66.
390 Plut. Septem sapientium convivium, 10, p. 153.
391 Hes. Op. 654–656 (zitiert oben zu Anm. 71).
392 Abgedruckt bei T.W. Allen, Homeri Opera 5, Oxford 1983, pp. 228 bzw. 222.
393 Vgl. Dion von Prusa, Orationes, 2,12: Alexander der Große und Philipp sprechen über Homer und Hesiod. Alexander hat soeben behauptet, daß Homer der bessere gewesen sei. Als Philipp darauf aufmerksam macht, daß Hesiod im Certamen den Sieg errungen habe, erwidert Alexander, οὐ γὰρ ἐν βασιλεῦσιν ἠγωνίζετο, ἀλλ' ἐν γεωργοῖς καὶ ἰδιώταις! („Denn sie stritten nicht *vor Königen*, sondern vor Bauern und Privatpersonen.") Nach Meinung Dions gab es zu dieser Zeit anscheinend keine Könige mehr in Chalkis.

mas freilich ein König gewesen wäre, dann hätte er spätestens kurz vor der Mitte des achten Jahrhunderts gelebt. Wenn wir aber als Arbeitshypothese annehmen, daß Amphidamas als Adliger kämpfte, als es auf Euboia keine Könige mehr gab, dann haben wir einen *terminus post quem* um 750 für den Lelantischen Krieg. Meines Wissens hat noch niemand vorgeschlagen, daß Amphidamas vor 750 gelebt habe, also scheint unser Zeitansatz eine haltbare Annahme zu sein.

Amphidamas kann nun ein älterer Zeitgenosse Hesiods gewesen sein,[394] so daß wir aufgrund dessen ein Datum für den Lelantischen Krieg vorschlagen könnten, wenn nicht die Chronologie und Autorenschaft des hesiodischen Corpus vielumstrittene Fragen wären. Deshalb ist es unmöglich, den Krieg nach dem Dichter oder den Dichter nach dem Krieg zu datieren.[395] Dennoch zeigt die Verbindung zwischen Amphidamas und Hesiod, daß der Krieg in der Frühzeit stattfand.

Der Scholiast zu Hesiod, Op. 654–656, auf den wir bei Gelegenheit bereits hingewiesen haben, teilt uns weiteres über den Tod des Amphidamas mit: [φησὶν ὁ Πλούταρχος] τὸν μὲν οὖν Ἀμφιδάμαντα ναυμαχοῦντα πρὸς Ἐρετριείας ὑπὲρ τοῦ Ληλάντου ἀποθανεῖν· ἆθλα δ’ ἐπ’ αὐτῷ καὶ ἀγῶνας θεῖναι τελευτή- σαντι τοὺς παῖδας, „[Plutarch sagt], daß Amphidamas in einer Seeschlacht um Lelanton gegen die Eretrier gestorben sei, aber daß die Söhne aus diesem Anlaß Leichenspiele und Agone zu Ehren des Verstorbenen veranstaltet hätten.“[396] Das Wort ναυμαχέω, „eine Seeschlacht schlagen,“ versuchte Carl Friedrich Hermann seinerzeit zu μονομαχέω, „im Zweikampf kämpfen,“ zu emendieren.[397] Diese Emendation begründete er mit einem Verweis auf eine Thukydides-Stelle (1,13), in welcher der Historiker die Entwicklung des griechischen Schiffswesens dartut.

Dieser sagt nämlich, die Korinthier seien die ersten gewesen, welche Trieren gebaut hätten. Des weiteren sei der korinthische Schiffbaumeister, Ameinokles, dreihundert Jahre vor dem Ende des Peloponnesischen Krieges nach Samos gefahren und habe dort vier Trieren gebaut. (Dieses Datum hält Thukydides für äußerst wichtig, und wir vermuten, daß er meint, daß Samos der nächste Staat gewesen sei, der in den Besitz dieser neuen Kriegswaffe gelangte.) Vierzig Jahre später habe die erste Seeschlacht stattgefunden, und zwar zwischen den Korinthi- ern und deren Kolonisten, den Kerkyraiern.

Sicherlich will Thukydides nicht behaupten, daß vierzig Jahre lang keiner auf den Gedanken gekommen sei, zu Schiffe zu kämpfen. Denn er spricht von einer

---

394 Wir haben schon erwähnt, daß der Scholiast zu dieser Stelle uns mitteilt, daß Plutarch (Fr. 84 Sandbach) diese Stelle für unecht hielt. M.E. aber entbehrt diese Athetese jeglicher Grundlage – siehe oben zu Anm. 73 und 129.

395 Datierung Hesiods aufgrund des Krieges: H.T. Wade-Gery, Hesiod, Phoenix 3, 1949, 87, oder Tedeschi, Guerra lelantina (Anm. 72) 166–167; Datierung des Krieges aufgrund von Hesiod: J. Salmon, Wealthy Corinth, Oxford 1984, 67, oder Blakeway, Date (Anm. 243) 48.

396 Plut. Fr. 84 Sandbach.

397 C.F. Hermann, Die Kämpfe zwischen Chalkis und Eretria um das lelantische Gefilde, Gesammelte Abhandlungen, Göttingen 1849, 194. Die Emendation wird zuweilen noch heute akzeptiert: Angelo Brelich, Guerre, agoni e culti nella Grecia archaica (Antiquitas, Reihe 1, Band 7), Bonn 1961, 10.

wirklichen Seeschlacht, wie man sie zu seinen Lebzeiten verstand. Sowohl den Scholiasten als auch Thukydides nahm Hermann jedoch beim Worte: wenn nach Thukydides die erste Seeschlacht im Jahre 664 stattgefunden habe, der Lelantische Krieg aber seiner [Hermanns] Meinung nach in die Zeit vor diesem Jahre gehöre, dann müsse das Wort ναυμαχέω im Scholion verderbt sein. Sofern der Scholiast aber ναυμαχέω im Sinne von „auf dem Meer zu kämpfen" und nicht im Sinne von „in einer regelrechten Seeschlacht zu kämpfen" verstand, müssen wir Amphidamas, Hesiod und den Lelantischen Krieg keinesfalls in die Zeit nach dem Jahr 664 setzen.[398] Schließlich machen wir noch einmal auf die Ehren aufmerksam, welche Amphidamas nach seinem Tode erhielt.[399] Diese Ehren, wie bereits gesagt, können mit den ehrenhaften Beisetzungen eretrischer Helden um die Wende vom achten zum siebenten Jahrhundert durchaus verglichen werden,[400] was die Vermutung nahelegt, daß auch Amphidamas um diese Zeit starb.

5. ZUSAMMENFASSUNG DER ERGEBNISSE

Einige Ergebnisse aus den im zweiten Kapitel durchgeführten archäologischen Untersuchungen dürfen wir hier ohne weitere Erläuterung anführen:

1. Die erste Bestattung auf dem Gelände des späteren Heroons in Eretria erfolgte um 710–705, wohingegen die letzte um 690 stattfand. Unter den Beigesetzten waren wahrscheinlich mehrere Kriegshelden. Den Bau des eigentlichen Heroons zu Eretria datiert man ins zweite Viertel des siebenten Jahrhunderts.
2. Um 680 fingen die Eretrier plötzlich an, ihren verstorbenen (Kriegs?)Helden Opfer darzubringen. Diesen Kult könnte man mit einem Krieg in Verbindung bringen, wenn nämlich die Eretrier von toten Kriegern Hilfe in einem gegenwärtigen Krieg erhalten wollten.
3. Im frühen siebenten Jahrhundert errichteten die Eretrier eine Wehrmauer, die höchstwahrscheinlich mit einem Krieg zu verbinden ist.
4. Die Stadt Xeropolis, die zwischen Chalkis und Eretria lag und die wahrscheinlich die Mutterstadt Eretrias war, wurde um die Jahrhundertwende zerstört.
5. Die eretrische Festung auf Andros wurde um 700 verlassen.

Im dritten Kapitel wurden folgende Ergebnisse erzielt:

6. Chalkis und Eretria scheinen im achten Jahrhundert befreundet gewesen zu sein, denn sie kolonisierten gemeinsam auf der Chalkidike sowie im Westen und beteiligten sich – wahrscheinlich gemeinsam – an der Handelsfaktorei in Al Mina. Neben Chalkis war auch Eretria an der euboiischen Kolonisation von Sizilien im letzten Viertel des achten Jahrhunderts beteiligt.

---

398 So E. Curtius, Studien zur Geschichte von Korinth, Hermes 10, 1876, 220. Geometrische Krieger können natürlich auch auf dem Meere kämpfen: siehe die Abbildungen bei G. Ahlberg, Fighting by Land and Sea in Greek Geometric Art, Stockholm 1971, 25–38.

399 Siehe oben zu Anm. 66.

400 Siehe oben Kapitel 2, Teil 2.

7. Die euboiische Siedlungstätigkeit im Westen endete einige Jahre vor der Jahrhundertwende, woraus wir den Schluß ziehen können, daß der Krieg etwas später begann.

8. Die euboiische Anwesenheit in Al Mina endete um die Jahrhundertwende.

In diesem, d.h. dem vierten Kapitel wurde folgendes festgestellt:

9. Archilochos, ein Zeitgenosse des Krieges, dürfte den Lelantischen Krieg im Zeitraum 655–645 erwähnt haben, sagen wir, um 650.

10. Hesiod, ein früharchaischer Dichter, war ein Zeitgenosse eines Kriegsteilnehmers, des Amphidamas.

11. Amphidamas können wir grob um die Wende vom achten zum siebenten Jahrhundert datieren, d.h. in ungefähr denselben Zeitraum, in dem die Beisetzungen im eretrischen Heroon stattfanden.

12. Datierungen des Krieges ausschließlich in die zweite Hälfte des achten Jahrhunderts, in die zweite Hälfte des siebenten oder in die erste des sechsten sind gänzlich unbegründet.

Der Krieg fing sicherlich in den letzten Jahren des achten Jahrhunderts an (Nr. 1, 4, 6 und 7). Um 700 belegen einige Zeugnisse (Nr. 5, 8, 10, und 11) Kämpfe auf Euboia. Diese dauerten nach der Jahrhundertwende (Nr. 2 und 3) bis ins zweite Viertel des siebenten Jahrhunderts an. Archilochos (Nr. 9) berichtet um 650 vom fortlaufenden Kriege. Dies ist der späteste Beleg von Kämpfen zwischen Chalkis und Eretria in der archaischen Zeit. Dementsprechend hoffe ich gezeigt zu haben, daß der Lelantische Krieg in die Jahre 710–650 zu datieren ist.

Diese lange Dauer des Krieges verwundert nicht. Es liegt doch in der Natur eines Konfliktes um fruchtbare Gebiete (und der Lelantische Krieg, obgleich er über einen einfachen Grenzzwist hinausging,[401] verdankte höchstwahrscheinlich einem Streit um die Lelantische Ebene seinen Ursprung[402]), daß der Krieg immer wieder von neuem aufflammt und sich folglich über Jahrzehnte hinzieht. In eben diese Richtung weisen die am besten bezeugten Kriege um fruchtbare Ebenen im archaischen Griechenland: die Messenischen Kriege und die Kämpfe zwischen Megara und Athen um die ertragreichen Gebiete um Eleusis.[403] Natürlich waren diese beiden Fehden von Perioden des Friedens unterbrochen, so daß sich dasselbe im Falle des Lelantischen Krieges aus apriorischen Gründen vermuten läßt. Denn es kann argumentiert werden, daß es eigentlich zwei Kriege um das Lelantische Feld gegeben habe: den einen um 700 dem archäologischen Befund zufolge und den anderen um 650 gemäß dem Archilochosfragment. Welcher Krieg wäre dann der „Lelantische"? Das Problem ist schlechthin semantisch. Wir Moderne sagen ja „der Lelantische Krieg," wohingegen die Griechen nur vom Kriege zwischen Chalkis und Eretria sprachen. Vielleicht sollten wir eher von den „Lelantischen Kriegen" reden, genauso wie wir es im Falle der Messenischen Kriege tun. Es kann, wie gesagt, durchaus zwei oder mehr „heiße Phasen" in dem mehrere Jahrzehnte währenden Konflikt zwischen Chalkis und Eretria gegeben haben, bevor die bewaffneten Auseinandersetzungen endgültig erloschen.

401 Thuk. 1,15 – zitiert oben zu Anm. 28.
402 Besprechung unten Kapitel 7.
403 Besprechung unten Kapitel 7.

Die Datierung des Krieges soll uns nun bei der Bearbeitung zweier weiterer Fragenkomplexe, nämlich des Heerwesens und der verbündeten Staaten, helfen. Da sich die Kampfesweise der Griechen im Laufe der Zeit ständig veränderte, sind brauchbare Auskünfte über den Zeitansatz des Krieges für die Diskussion des Heerwesens absolut unerläßlich. Dasselbe gilt auch für ein altes Lieblingsthema in der Forschung, die Frage nach den Bundesgenossen auf seiten der Chalkidier bzw. der Eretrier. Da die Allianzen zwischen den Poleis gleich dem Heerwesen Änderungen ausgesetzt waren, ist auch hier eine klare Vorstellungen über die Zeitstellung des Lelantischen Krieges vonnöten. Somit gehen wir zur Behandlung des Heerwesens einerseits und der Bundesgenossen andererseits über.

KAPITEL 5:
DAS KAMPFWESEN WÄHREND DES KRIEGES

Die Kampfesweise der Euboier im Lelantischen Krieg hat man folgendermaßen beschrieben: „Ein ritterlicher Zug geht durch diesen ‚lelantischen Krieg‘, nur das Schwert und die Stosslanze…sollten im Nahkampf entscheiden, verpönt war der Gebrauch aller Wurfwaffen, wie Wurfspeer, Bogen und Schleuder, und eine feierliche Vertragsurkunde…heiligte das Übereinkommen."[404] Aus dem Zusammenhang wird deutlich, daß Bürchner vom Nahkampf zu Fuß spricht. Im Gegensatz dazu urteilte Forrest: „most of the fighting between Chalkis and Eretria was with cavalry."[405] Sehr extrem war die Meinung von Gardner, der an keinen wirklichen Krieg glaubte: „it was a kind of fighting-match or ordeal by combat."[406] Ich hoffe, daß wir im Folgenden zu sichereren Schlußfolgerungen gelangen können.

1. INFANTERIE IM LELANTISCHEN KRIEG

Das wichtigste Zeugnis für die euboiische Kampfesweise in der Frühzeit stellen einige bereits besprochene Verse des parischen Dichters Archilochos dar, die ich der Bequemlichkeit halber noch einmal zitiere:

οὔτοι πόλλ᾽ ἐπὶ τόξα τανύσσεται, οὐδὲ θαμειαὶ
    σφενδόναι, εὖτ᾽ ἂν δὴ μῶλον Ἄρης συνάγῃ
ἐν πεδίῳ ξιφέων δὲ πολύστονον ἔσσεται ἔργον·
    ταύτης γὰρ κεῖνοι δάμονές εἰσι μάχης
δεσπόται Εὐβοίης δουρικλυτοί.[407]

„Nicht viele Bogen werden gespannt werden, noch werden die Schleudern häufig sein, wann immer eine Schlacht in der Ebene geschlagen wird; statt dessen wird die vielstöhnende Arbeit Schwertern gehören, denn die kriegerischen Herren Euboias sind in dieser Art des Kampfes erfahren."

Anders als im ersten Kapitel wollen wir dieses Fragment jetzt bezüglich seiner Aussage zum Heerwesen während des Lelantischen Krieges besprechen. Offenbar werden die Fernwaffen am Kampf keinen Anteil haben, der Streit werde vielmehr mit dem Schwerte ausgefochten. Dem Wort δουρικλυτός, „durch den

---

404 Bürchner, RE s.v Chalkis, 2081.
405 Forrest, Colonisation (Anm. 244) 161.
406 Gardner, Numismatic Note (Anm. 6) 91.
407 Archilochos, Fr. 3 West.

Speer berühmt," könnte man vielleicht weiteres entnehmen. Wird in der Ausrüstung der „Herren Euboias"[408] auch der Speer einen festen Platz finden? Oder weist das Wort nur auf die kriegerische Tapferkeit dieser Herren hin?

Homer bedient sich des öfteren dieses Wortes, und zwar stets mit Bezug auf einen einzelnen Helden.[409] In Fr. 3 West aber verwendet Archilochos das Wort in der Mehrzahl.[410] Es bezieht sich jedoch auf nichts Besonderes, so daß der Verdacht nahe liegt, daß der Dichter die unbenannten Herren nur mit einem üblichen Heroenepitheton ausschmücken will. Er spricht von einer Mehrzahl von Männern, wird folglich gezwungen, den Plural zu verwenden. Das Wort kann also durchaus ein einfaches Epitheton sein.[411]

Nichtsdestoweniger hat Sir Denys Page vorgeschlagen, daß man δουρικλυτοί, „durch den Speer berühmt," emendieren sollte: „Here, with repeated emphasis, the poet insists that their special weapon was the *sword*, ξιφέων ἔσσεται ἔργον, ταύτης δάμονές εἰσι μάχης [den Schwertern wird die Arbeit geören, im dieser Art des Kampfes sind sie erfahren]. It is then not only unapt but also disagreeable to describe them, in passing, as 'famous with the spear'; most inelegant and unlike Archilochus."[412] Daher erwägt Sir Denys, zu ἄορι κλυτοί, „durch das Schwert berühmt," zu emendieren. Meiner Meinung nach aber liegt die Auslegung von δουρικλυτός als nahezu bedeutungslos gewordenem, schmückenden Epitheton trotz allem näher.

Ungeachtet dieses Meinungsunterschiedes aber bleibt nach wie vor klar, daß der Kampf, welcher den Herren Euboias hauptsächlich gefällt, der Schwertkampf ist. Demzufolge kann dieser Krieg kein gewöhnlicher Hoplitenkrieg gewesen sein, denn die Hauptwaffe des Hopliten war bekanntlich die Stoßlanze,[413] obgleich er auch ein kurzes, breites Schwert als Nebenwaffe trug, falls ihm der Speer zerbrechen sollte[414]: Hätte Archilochos auf die übliche Kampfesweise

---

408 Diese Wendung (δεσπόται Εὐβοίης, „Euboias Herren") weist wohl nicht darauf hin, daß der Lelantische Krieg nur zwischen Adligen stattfand, d.h. kein Massenkampf war. Zu dieser Wendung oben Anm. 12.

409 Siehe H. Ebeling, Lexicon Homericum, Leipzig 1885, s.v. δουρὸς κλυτός.

410 W. Donlan, Archilochus, Strabo and the Lelantine War, TAPhA 101, 1970, 138 Anm. 22, ist sich ganz sicher, daß die Verwendung des Wortes in der Mehrzahl entscheidend sei: das Wort könne kein bedeutungsloses Attribut eines Helden sein.

411 Statt „durch den Speer berühmt" mag man nur noch „kriegerisch" gehört haben.

412 Sir Denys L. Page, Various Conjectures, PCPS N.S. 7, 1961, 68. Gegen die Aufassung des Wortes δουρικλυτός als eines üblichen Epithetons argumentiert Sir Denys folgernderma-ßen: „Conventional epithets in Archilochus are as a rule made appropriate to their contexts, even if merely decorative."

413 Die Stoßlanze ist nicht unbedingt wegen des Wortes δουρικλυτός anzunehmen. Die grund-sätzliche Schwierigkeit wohnt dem Worte selbst inne, denn „Speer" kann entweder „Stoß-lanze" oder „Wurfspieß" heißen. Außerdem hatten die Epen die Bedeutung von δουρικλυ-τός auf jeden Fall stark beeinflußt, so daß das Wort auf keine bestimmte Art von Speer mehr hinweisen konnte, zumal der homerische Krieger seinen Speer als Stoßlanze sowie als Wurfspeer hatte verwenden können.

414 A.M. Snodgrass, Arms and Armour of the Greeks, London 1967, 84–85. Abbildungen solcher Schwerter bei: British Museum, Guide to the Exhibition illustrating Greek and Roman Life, London 1908, Abb. 87; AE, 1927–1928, 109, Abb. 66; Snodgrass, ebenda, Abb. 50–52.

eines Hopliten hinweisen wollen, dann hätte er die vielstöhnende Arbeit ausdrücklich der Lanze zuweisen müssen.[415] Daß Archilochos seinerseits die klassische Hoplitentaktik schon kannte, belegen zwei Fragmente, auf die wir jetzt zu sprechen kommen.[416] Seinen Schild wirft Archilochos Fr. 5 West auf der Flucht weg:

ἀσπίδι μὲν Σαΐων τις ἀγάλλεται, ἣν παρὰ θάμνῳ,
  ἔντος ἀμώμητον, κάλλιπον οὐκ ἐθέλων·
αὐτὸν δ' ἐξεσάωσα. τί μοι μέλει ἀσπὶς ἐκείνη;
  ἐρρέτω· ἐξαῦτις κτήσομαι οὐ κακίω.

„Irgendein Saier freut sich über meinen Schild, eine schuldlose Waffe, die ich unfreiwillig bei einem Busch hinterließ: Mich selbst aber rettete ich. Was kümmert mich jener Schild? Laß' ihn fahren! Ich werde mir sogleich einen noch besseren besorgen."

Den Schild fallen zu lassen, hat nur dann einen Sinn, wenn der Schild nicht auf dem Rücken getragen werden konnte. Den vorhoplitischen Schild nun konnte man über die Schulter werfen, um damit den Rücken zu schützen, während man floh.[417] Diese Schlußfolgerung – Archilochos kenne den Hoplitenkampf – ist umso wahrscheinlicher, als die Rede in Fr. 2 West eher von dem einen schweren Hoplitenspeer als vom Wurfspieß zu sein scheint:

ἐν δορὶ μέν μοι μᾶζα μεμαγμένη, ἐν δορὶ δ' οἶνος
  Ἰσμαρικός· πίνω δ' ἐν δορὶ κεκλιμένος.[418]

„Im Speer ist mein geknetetes Brot, im Speer
ismarischer Wein: ich trinke an meinen Speer angelehnt."

Wenn diese Waffen schon zu Lebzeiten des Archilochos die übliche Rüstung eines Kriegers gewesen wären, dann hätte in Fr.3 West das Wort ξίφος, „Schwert,"

---

415 H.L. Lorimer, The Hoplite Phalanx with Special Reference to the Poems of Archilochus and Tyrtaeus, ABSA 42, 1947, 115; Snodgrass, Early Greek Armour and Weapons, Edinburgh 1964, 179–180; P.A.L. Greenhalgh, Early Greek Warfare, Cambridge 1973, 91–92.

416 Snodgrass, The Hoplite Reform and History, JHS 85, 1965, 113. Greenhalgh, Warfare (Anm. 415) 90.

417 Snodgrass, Arms and Armour (Anm. 414) 53.

418 Δόρυ bedeutet hier offenbar „Speer." In der Forschung aber hat man δόρυ gelegentlich als „Schiff," „Baum" und „Pranger" deuten wollen. Literaturhinweise auf die erstaunlich vielen Artikel darüber sind bei P.A. Perotti, Archilocho fr. 2 D, GIF 37, 1985, 223–231, zu finden. Perotti argumentiert (leider), daß δόρυ hier „Schiff" bedeute. Der an entlegenem Orte publizierte Aufsatz Sir Maurice Bowras (A Couplet of Archilochus) ist in dem Sammelband On Greek Margins, Oxford 1970, 67–71, unverändert nachgedruckt worden. Von Perotti übersehen: Rankin, Archilochus Fg. 2.D., Fg. 7 (L.-B.), Emerita 40, 1972, 469–474. Als Parallele zu Archilochos, Fr. 2 West, vgl. einige Zeilen des kretischen Adligen Hybrias bei Athenaios (15, pp. 695f–696a). Ebenso wie Archilochos schreibt Hybrias seinen Waffen (mit denen er erntet, pflügt und den Wein ausspreßt) alles Glück in seinem Leben zu. Ebenso wie Archilochos bedient sich Hybrias emphatischer Wiederholung (οὗτος, „dieser," bei Hybrias; ἐν δορί, „im Speer," bei Archilochos), um die Vorrangstellung seiner Waffen in seinem Leben zu verdeutlichen.

schwerlich einen Sinn, falls Archilochos auf einen normalen Hoplitenkrieg hinweisen wollte. Denn ein Hoplit kämpft mit der Stoßlanze statt des Schwertes. Entweder wies Fr. 3 West ganz allgemein auf den berühmten euboiischen Nahkampf hin, oder aber Archilochos beschrieb eine Periode, in der man das Schwert anstelle der Stoßlanze verwenden konnte, d.h. eine Übergangsperiode vor der Vollendung des Hopliten, der ja doch nicht fertig aus dem Kopfe des Zeus sprang. Was aber den euboiischen Nahkampf anbelangt, so ist eine Stelle im Schiffskatalog *locus classicus*:

> Οἳ δ' Εὔβοιαν ἔχον μένεα πνείοντες Ἄβαντες,
> Χαλκίδα τ' Εἰρέτριάν τε πολυστάφυλόν θ' Ἱστίαιαν
> Κήρινθόν τ' ἔφαλον Δίου τ' αἰπὺ πτολίεθρον,
> οἵ τε Κάρυστον ἔχον ἠδ' οἳ Στύρα ναιετάασκον,
> τῶν αὖθ' ἡγεμόνευ' Ἐλεφήνωρ, ὄζος Ἄρηος,
> Χαλκωδοντιάδης, μεγαθύμων ἀρχὸς Ἀβάντων.
> τῷ δ' ἅμ' Ἄβαντες ἕποντο θοοί, ὄπιθεν κομόωντες,
> αἰχμηταὶ μεμαῶτες ὀρεκτῇσιν μελίῃσι
> θώρηκας ῥήξειν δηΐων ἀμφὶ στήθεσσι·
> τῷ δ' ἅμα τεσσαράκοντα μέλαιναι νῆες ἕποντο.[419]

„Die aber über Euboia herrschten, die Zorn ausatmenden Abanten, über Chalkis und Eretria und das traubenreiche Histiaia; über Kerinthos am Meere und die steile Zitadelle Dions; die über Karystos herrschten und die Styra bewohnten; die führte Elephenor, Sproß des Ares, Sohn des Chalkodon, der Herrscher der hochherzigen Abanten, an. Ihm folgten die schnellen Abanten, die ihr Haar hinten lang wachsen ließen, Speerkämpfer, eifrig mit ausgestreckten Eschenholzlanzen der Feinde Brustpanzer zu zerhauen. Ihm [Elephenor] aber folgten vierzig schwarze Schiffe."

Hier kämpfen die grimmigen Abanten hauptsächlich mit der Stoßlanze. Man könnte nun vorschlagen, daß das Epitheton δουρικλυτός bei Archilochos in diesen Zeilen seine Erklärung finde: in eben diesem Sinne seien die Herren Euboias durch ihre Speere berühmt gewesen.[420] Auf jeden Fall aber liegt die Bedeutung dieser Zeilen vornehmlich im Hinweis auf den Nahkampf der euboiischen Krieger.[421]

---

419 Hom. Il. 2,536–545.
420 So R. Renehan, Early Greek Poets: some Interpretations, HSCP 87, 1983, 2.
421 So Greenhalgh, Warfare (Anm. 415) 91: „highly formalized description." Θώρηκας ῥήξειν δηΐων ἀμφὶ στήθεσσι ist in der Tat sehr formelhaft: vgl. ῥῆξε δὲ θώρηκος γύαλον, „aber er zerriß die Einsenkung des Brustpanzers" (Il. 13,507 und 17,314) oder ῥῆξεν δέ οἱ ἀμφὶ χιτῶνα χάλκεον, „aber er riß um seinen bronzenen Panzer" (Il. 13,439–440). Auch im Falle von μεμαῶτες ὀρεκτῇσιν μελίῃσι gibt es vergleichbare Formulierungen: vgl. μεμαῶτα...ὀξέϊ δουρὶ νύξ', „den Eifrigen stach er mit scharfem Speer" (Il. 11,95–96), oder μεμαῶτα βάλ' ἔγχεϊ, „den eifrigen warf er mit dem Speer [sc. nieder *vel sim.*]" (Il. 20,386). Μελίῃσι ist natürlich für das Ende eines Hexameters geeignet: vgl. Od. 14,281. Ich glaube nicht, daß Homer die Kampfesweise der Euboier genau beschreiben wollte. Statt dessen wollte er nur sagen, sie seien tüchtige Nahkämpfer, und drückte sich dementsprechend aus. Ähnliches sagte er über die Arkader (Il. 2,604 – sie seien Nahkämpfer), obschon er in diesem Falle keine Einzelheiten erwähnte.

Daß Archilochos allgemein auf diesen Nahkampf hinweisen könnte, wird durch einen anderen antiken Autor deutlich. Denn Plutarch verbindet Fr. 3 West ausdrücklich mit dem euboiischen Nahkampf: Um zu beweisen, wie tapfer und zäh die alten Euboier gewesen sind, die er auch bei dem homerischen Namen „Abanten" nennt (οἱ δὲ Ἄβαντες ἐκείραντο πρῶτοι τὸν τρόπον...καὶ μάλιστα δὴ πάντων εἰς χεῖρας ὠθεῖσθαι τοῖς ἐναντίοις μεμαθηκότες, ὡς μαρτυρεῖ καὶ Ἀρχίλοχος ἐν τούτοις, „aber die Abanten ließen sich als erste auf diese Weise das Haar schneiden...und vor allem weil sie eifrig waren, mit den Gegnern handgemein zu werden, wie auch Archilochos in den folgenden [Versen] bezeugt"), zitiert Plutarch unser Fragment.[422] Anschließend erklärt er den seltsamen Haarschnitt der alten Euboier: das Haar sollen sie vorne kurz geschnitten und hinten lang haben wachsen lassen, um ihren Gegnern keine Handhabe zu bieten.[423] Strabon berichtet ebenfalls von einem euboiischen Volke namens Kureten, das aus demselben Grunde das Haar vorne kurz geschnitten haben soll.[424] Als Nachweis des kriegerischen Eifers der Euboier führt Strabon an anderer Stelle die oben zitierten Verse der Ilias an.[425] Diese euboiische Kampfesweise ist also gut belegt, und es muß eingestanden werden, daß die Archilochos-Stelle möglicherweise nur diesen Topos widerspiegelt.[426]

Dennoch sieht es nicht so aus, als wären die Verse des Archilochos leere Worte. Zwar behauptet Forrest,[427] Archilochos habe von keinem wirklichen Krieg gesprochen, doch muß Forrest schließlich seine Datierung des Krieges ins achte Jahrhundert aufrechterhalten. Es ist auf alle Fälle sehr schwer zu glauben, daß Archilochos einen imaginären Krieg auf solch lebendige Weise beschrieben hätte.[428] Wie wir im vierten Kapitel sahen, ist Archilochos jemand, der vom tatsächlichen, gegenwärtigen Leben spricht.[429] Infolgedessen werden wir bis zum Beweis des Gegenteils davon ausgehen müssen, daß Archilochos einen realen Krieg zu seinen Lebzeiten schildert. Des weiteren geht sein Kommentar zur Kampfesweise der Euboier auf die Einzelheiten ein und kann keinesfalls als eine

---

422 Plut. Thes. 5,2–3.

423 Dazu W. K. Pritchett, The Greek State at War 4, Berkeley 1985, 30 mit Anm. 93. Es ist im geometrischen Zeitalter in der Tat bezeugt, daß ein Krieger seinen Gegner am Helmbusch faßt und ihn zu Boden zieht: G. Ahlberg, Fighting (Anm. 398) 80 und Abb. 6 (zweimal), Abb. 9 und Abb. 10. Diese Erklärung des Haarschnitts könnte also auf echter Tradition beruhen, besonders wenn Il. 2,542, eine Besonderheit des Kampfes im geometrischen Griechenland wiedergibt. Es ist allerdings wahrscheinlicher, daß der Haarschnitt der Abanten als Zeichen der Stammeszugehörigkeit diente.

424 Strab. 10,3,6, p. 465.

425 Strab. 10,1,13, pp. 448–449.

426 In diesem Sinne Jacoby, Date (Anm 245) 108.

427 Forrest, Colonisation (Anm. 244) 163–164. Im Anschluß an Wade-Gery, Poet (Anm. 363) 61 Anm. 1, schlägt er vor, daß Archilochos auf den Streit zwischen Chalkis und Andros über die Siedlung Akanthos (Plut. Quaestiones Graecae, 30) hingewiesen habe. Warum Archilochos diesen Zwist als einen Krieg der Herren Euboias hätte darstellen sollen, bleibt indes unklar. Vgl. W. Halliday, Greek Questions (Anm. 182) 139–141, der gar nicht auf den Gedanken kam, diesen Streit mit Archilochos, Fr. 3 West zu verbinden.

428 Vgl. Donlan, Archilochus (Anm. 410) 135–136 und Anm. 11.

429 Siehe oben, Kapitel 4, Teil 1, A.

Verkettung bedeutungsloser Verallgemeinerungen betrachtet werden. Bezüglich der Schwerter läßt sich seine Angabe auch eindeutig bestätigen, denn aus den Gräbern um das eretrische Heroon kennen wir mehrere lange Hiebschwerter.[430] Wir dürfen in diesem Zusammengang auch an den guten Ruf chalkidischer Schwerter erinnern, die doch im Altertum so berühmt waren.[431] Deshalb sollten wir auch seiner Äußerung zum Verzicht auf die Fernwaffen Glauben schenken.

Zu diesem Verzicht finden wir bei Strabon einen aufschlußreichen Kommentar: Chalkis und Eretria hätten sich normalerweise vertragen. Auch zur Zeit des Krieges seien sie sich einig gewesen, auf zivilisierte Art und Weise zu kämpfen und auf die Fernwaffen zu verzichten:

δηλοῖ δὲ καὶ τοῦτο ἐν τῷ ᾿Αμαρυνθίῳ στήλη τις, φράζουσα μὴ χρῆσθαι τηλεβόλοις. [Allgemeines zum Heerwesen.[432]] Οἱ δ᾿ Εὐβοεῖς ἀγαθοὶ πρὸς μάχην ὑπῆρξαν τὴν σταδίαν, ἣ καὶ συστάδην λέγεται καὶ ἐκ χειρός.[433]

„Aber eine Stele im Amarynthion macht auch dieses klar, indem sie zeigt, daß man Fernwaffen nicht benutzte...Aber die Euboier ragten im Nahkampf hervor, der ‚Handgemenge‘ sowie ‚Handgemein-Werden‘ genannt wird.“

Diesen Bericht entnahm der Gewährsmann Strabons einer Inschrift auf einer Stele, die in dem eretrischen Artemistempel zu Amarynthos aufgestellt worden war. Die Authentizität dieser Inschrift hat Forrest jedoch stark angezweifelt: „Seventh century inscriptions are few. Even if this one existed it is doubtful whether Strabo would have been epigraphist enough to read it.“[434] Zuallererst muß man vom Gewährsmann Strabons statt von Strabon selbst reden. Denn je nach dem, von wem Strabon den Bericht über die τηλεβόλα, die „Fernwaffen,“ übernahm, kann der Einwand Forrests in gänzlich anderem Licht erscheinen. Wir wissen z.B., daß Polybios auf einen ähnlichen Vertrag anspielt:

[οἱ ἀρχαῖοι] συνετίθεντο πρὸς σφᾶς μήτ᾿ ἀδήλοις βέλεσι μήθ᾿ ἐκηβόλοις χρήσασθαι κατ᾿ ἀλλήλων, μόνην δὲ τὴν ἐκ χειρὸς καὶ συστάδην γινομέν- ην μάχην ἀληθινὴν ὑπελάμβανον εἶναι κρίσιν πραγμάτων.[435]

„[Die Alten] vereinbarten miteinander, weder unsichtbare Geschosse noch Fernwaffen untereinander zu benutzen, sondern nahmen an, allein der wahre Kampf – d.h. Handgemein-Werden und Handgemenge – führe die Entscheidung der Dinge herbei.“

---

430 Siehe oben zu Anm. 121–123.
431 Alk. Fr. 357 Lobel-Page = Ath. 14, p. 627; vgl. Aischyl. Fr. 703 Mette = Plut. De defectu oraculorum, 43, p. 434, der eigentlich von euboiischen Schwertern spricht.
432 Diesen Passus hält Meineke für eine Interpolation.
433 Strab. 10,1,12–13, p. 448. Zu dieser Übereinkunft R. von Scala, Die Staatsverträge des Altertums 1, Leipzig 1898, Nr. 19 und H. Bengtson, Die Staatsverträge des Altertums 2, München 1962, Nr. 102.
434 Forrest, Colonisation (Anm. 244) 163.
435 Polybios, 13,3,4. Dazu F.W. Walbank, A Historical Commentary on Polybius 2, Oxford 1967, 416.

Es ist evident, daß die beiden Berichte letzen Endes demselben Gewährsmann entnommen worden sind: Die Formulierungen μὴ ἐκηβόλοις [βέλεσι] χρήσασθαι, „noch Fernwaffen zu benutzen," und μὴ χρῆσθαι τηλεβόλοις, „daß man Fernwaffen nicht benutzte," sind offenkundig miteinander verwandt.[436] Zudem definieren Strabon wie Polybios die euboiische Kampfesweise gleich zweimal – καὶ συστάδην...καὶ ἐκ χειρός, „Handgemenge sowie Handgemein-Werden," bzw. ἐκ χειρὸς καὶ συστάδην, „Handgemein-Werden und Handgemenge." Beiden Berichten liegt also dieselbe Quelle zugrunde, und diese kann doch nur Ephoros gewesen sein.[437] Umso wahrscheinlicher wird diese Schlußfolgerung in Anbetracht der Fähigkeit des Ephoros, Inschriften im Wortlaut zu zitieren.[438] Wie scharf auch immer wir die historiographische Leistung des Ephoros kritisieren mögen,[439] wir müssen der Ehrlichkeit halber im selben Atemzug auch eingestehen, daß er gute Quellen kannte und auswertete.[440] Seine Fähigkeiten überschätzt man jedenfalls nicht, wenn man sagt, daß er eine alte Inschrift im Artemistempel der Eretrier abgeschrieben habe. Daher glaube ich, daß diese Inschrift mit hoher Wahrscheinlichkeit im vierten Jahrhundert in die literarische Überlieferung kam. Freilich muß die Inschrift, welche Ephoros las, nicht unbedingt dem siebenten Jahrhundert entstammen,[441] aber sie gibt sicherlich eine sehr alte Tradition wieder, denn eine weitere, offenbar mit ihr zu verbindende Inschrift im selben Heiligtum erwähnt einen Festzug, am dem sogar Streitwagen teilgenom-

---

436 Streng genommen bedeutet ἐκηβόλος „attaining his aim." Das Wort verstanden spätere Autoren jedoch als „far-shooting" (LSJ s.v. ἐκηβόλος; P. Chantraine, Dictionnaire étymologique de la langue grecque, Paris 1968–1980, s.v. ἐκηβόλος). Offenbar benutzt Polybios das Wort mit der Bedeutung „aus der Ferne abgeschossen" (A. Mauersberger, Polybios Lexikon, Berlin 1954–, s.v. ἐκηβόλος), so daß ἐκηβόλος dem τηλεβόλος bei Strabon ohne jeden Zweifel gleicht. Polybios verwandte nur ein jüngeres – jedoch ähnliches – Wort.

437 Gemeinsame Überlieferung bei Autoren wie Strabon, Diodor, Pausanias usf. weist in erster Linie auf Ephoros hin. Siehe auch R. von Scala, Die Studien des Polybios, Stuttgart 1890, 308 Anm. 1, der aber leider die Thalassokratienliste des Eusebios ins Gespräch bringt. Diese Liste entnahm Eusebios aus Diodor (Armenischer Kanon, pp. 106–107 Karst). Von Scala vertritt nun die Meinung, daß Diodor die Liste aus Ephoros übernommen habe, und verbindet die von dieser Liste erwähnte Thalassokratie der Eretrier mit dem chalkidisch-eretrischen Vertrag. Die Schwierigkeit dabei ist natürlich, daß der Armenische Kanon diese eretrische Thalassokratie in die Jahre 502–487 datiert. (Vgl. Karst, pp. 106–107; Synkellos 1, p. 469 Dindorf.) Den Vertrag über die Fernwaffen hingegen müssen wir in die archaische Zeit datieren. Entweder brachte Diodor die ursprüngliche Liste bei Ephoros chronologisch durcheinander, oder die Liste stammt nicht aus Ephoros. Letzteres halte ich für wahrscheinlicher.

438 Ephor., FGrHist 70, Fr. 199 = Diodor, 13,41,3. Es handelt sich um ein in Koroneia aufgestelltes Epigramm von zwölf Seeleuten, die während des Peloponnesischen Krieges einen Schiffbruch überlebten.

439 Seine Darstellung historischer Ereignisse κατὰ γένη, „nach Themen," ist z.B. für das chronologische Chaos bei Diodor verantwortlich.

440 Dazu C.G. Starr, The Credibility of Early Spartan History, Historia 14, 1965, 262.

441 Eine unlesbar werdende Inschrift hätten die Eretrier doch neu aufschreiben können. Ferner hätte man auch im sechsten Jahrhundert eine Inschrift feierlich aufstellen können, die sich mit den „guten, alten" Helden des siebenten befaßte, die so zäh und mutig waren, daß sie die „memmenhaften" Fernwaffen nicht einmal anrührten.

men hatten, die schon in den frühesten Zeiten veraltet waren.[442] Aus diesen Gründen erscheinen mir die Zweifel Forrests an der Echtheit der Inschrift gänzlich ungerechtfertigt.[443]

Es bleibt noch klarzustellen, daß Archilochos vom selben Verzicht auf die Fernwaffen spricht. Denn Walter Donlan, den die Argumente Forrests in gewissem Grade überzeugt haben, meint, die Verse des Archilochos hätten mit dem Vertrag nichts zu tun. Donlan argumentiert nun, Archilochos sage, daß „wenige" Bogen gespannt werden und die Schleudern nur „spärlich" sein würden, während Strabon demgegenüber von vollem Verzicht auf derartige Waffen rede. Deshalb könnten Strabon und Archilochos gar nicht von derselben Angelegenheit gesprochen haben.[444] Diese Haarspalterei Donlans ist nicht tragfähig. Gewiß sagt Archilochos, daß die Bogen οὐ πόλλα, d.h. „nicht viel" oder „selten," und daß die Schleudern οὐ θαμειαί, d.h. „nicht häufig" oder „spärlich," sein würden. Aber diese Sprechweise, Litotes, wobei man eine Bejahung durch die Negierung des Gegenteils ausdrückt, läuft auf eine sehr emphatische Bejahung hinaus.[445] Wenn der Fährmann in Fr. 34 West sagt, ἀμισθὶ γάρ σε πάμπαν οὐ διάξομεν, „denn ich werde dich nicht ganz ohne Lohn hinüberbringen," so meint er, nicht daß er irgend einen Lohn erhalten, sondern daß er einen besonders guten bekommen wird. In Fr. 14 West sagt Archilochos: οὐδεῖς ἂν μάλα πόλλ' ἱμερόεντα πάθοι. „Keiner wird sehr viel Erfreuliches erleben," d.h. „keiner wird überhaupt etwas Erfreuliches erleben" oder „alle werden nur recht Trauriges erleben." Wenn also Archilochos sagt, daß die Bogen οὐ πόλλα, „nicht viele," und die Schleudern οὐ θαμειαί, „nicht häufig," seien, dann wird er doch gemeint haben, daß man diese Waffen überhaupt nicht einsetzte.

Zuletzt noch ein Wort zu den apriorischen Argumenten Forrests, denen zufolge ein Vertrag, kraft dessen die Fernwaffen verpönt waren, um die Mitte des siebenten Jahrhunderts gar nicht denkbar wäre. „At the end of the eighth and beginning of the seventh century the new hoplite technique of warfare was appearing in Greece. We are asked to believe that some years after its introduction the δουρικλυτοὶ δεσπόται [„kriegerische Herren"] of Euboea solemnly agreed to ban obsolete methods and use only the newest weapons, to ban pikes and stick to gunpowder. It is difficult to believe that any competent δουρικλυτὸς

---

442 Siehe unten zu Anm. 479, 480 und 489.

443 Forrest, Colonisation (Anm. 244) 164, argumentiert, daß man den Vertrag aufgrund der Archilochosstelle viel später erdichtet und als Inschrift feierlich aufgestellt habe, um erklären zu können, warum die alten Euboier auf den Gebrauch von Bogen und Schleudern verzichtet hatten. Dies widerlegt sich von selbst; siehe auch Donlan, Archilochus (Anm. 410) 140, oder Sordi, Lega (Anm. 240) 44 Anm. 4.

444 Donlan, Archilochus (Anm 410) 134. Vgl. auch W. Helbig, Über die Einführungszeit der geschlossenen Phalanx, SBAW, 1911, 12. Abh. 26.

445 H. Lausberg, Handbuch der literarischen Rhetorik, München 1960, 304: „der…gemeinte superlativische Grad der Bedeutung wird durch die Negierung des Gegenteils umgeschrieben: ‚nicht klein' für gemeintes ‚sehr groß.'" F. Dornseiff, Pindars Stil, Berlin 1921, 77: „Diese [Litotes] bildet eine verstärkte Bejahung, durch sie wird ein archaisch-zierliches Ausbiegen, ein ‚Untertreiben' erreicht." (Aus A. Köhnken, Gebrauch und Funktion der Litotes bei Pindar, Glotta 54, 1976, 62 Anm. 1.)

δεσπότης [„kriegerischer Herr"] needed a compact to persuade him to make the change."[446] In diesen Bemerkungen aber verkennt Forrest die Kampfesweise der Griechen, die immer Fernwaffen (Bogen, Schleuder, Wurfspeer) während und insbesondere vor einer Schlacht verwandten.[447] Wenn Archilochos, der wahrscheinlich von einer euboiischen Besonderheit redet, uns mitteilt, daß die Euboier – im Gegensatz zu den anderen Griechen – Fernwaffen gerade nicht einsetzten, dann kann man doch mit gutem Gewissen vermuten, daß sie dies irgendwann vereinbart hatten. Infolge all dessen erscheint mir die Authentizität des Vertrages unanfechtbar.

Jetzt muß präzisiert werden, welche Wurfwaffen es waren, deren Gebrauch die Euboier ablehnten. Vom Verzicht auf Bogen und Schleuder spricht Archilochos, so daß außer Zweifel steht, daß der Gebrauch dieser Waffen verboten war. Ob neben ihnen auch der Wurfspeer verpönt war, kann man aufgrund der Archilochos-Stelle nicht mit Sicherheit sagen, denn es ist möglich, daß Archilochos Bogen und Schleuder stellvertretend für alle Wurfwaffen nennt. Andererseits kann man von vornherein ebensogut behaupten, daß nur Bogen und Schleuder verboten worden seien und daß der Gebrauch aller anderen Waffen einschließlich des Wurfspeeres gestattet gewesen sei. Für letzteres sprechen die archäologischen Funde, denn man hat einige Lanzenspitzen in den Gräbern um das eretrische Heroon gefunden. Diese Spitzen gehörten nun einmal zu einer Art von Wurfspeer.[448] Zudem kennt man eine Vase aus Eretria, welche Krieger mit Wurfspießen darstellt.[449] Hinzu kommt noch der Wortlaut des Vertrages, den uns Polybios überliefert: μήτ' ἀδήλοις βέλεσι μήθ' ἐκηβόλοις χρήσασθαι, „weder unsichtbare Geschosse noch Fernwaffen zu benutzen." Die Wurfwaffen definiert er hier zweimal: es sind die „Geschosse aus der Ferne" (ἐκηβόλα offenbar gleich den τηλεβόλα[450]) und „die unsichtbaren Geschosse" (ἄδηλα βέλη).[451] Ἐκηβόλα, „Fernwaffen," läßt auf nichts Genaueres schließen, aber die ἄδηλα βέλη, die „unsichtbaren Geschosse," können nur die Geschosse sein, die so abgeschossen werden, daß die Angegriffenen nicht sehen können, woher sie kommen und wer sie geschossen hat. Derartige Geschosse sind nun Pfeile und geschleuderte Steine. Einen Wurfspeer dagegen warf man vor der eigentlichen Schlacht, wenn die

446 Forrest, Colonisation (Anm. 244) 163–164.
447 Zum Gebrauch von Fernwaffen in der zweiten Hälfte des siebenten Jahrhunderts Tyrtaios (Fr. 11 West – unten zu Anm. 467 zitiert), der Schleudern und Wurfspeere erwähnt.
448 Siehe oben zu Anm. 124.
449 Boardman, Pottery (Anm. 79) 7 und Tafel 3a. Die Krieger tragen Wurfspieße und Hoplitenschilde. Die Vase datiert Boardman um 700. Vgl. eine um etwa 30 Jahre ältere Vase (L. Kahil, Céramique géométrique et subgéométrique d'Érétrie, AK 11, 1968, 100 und Tafel 27, Abb. 4). Hier tragen die Krieger ebenfalls zwei Wurfspeere; einer von ihnen trägt auch einen vorhoplitischen Schild sowie ein Schwert.
450 Siehe oben Anm. 436.
451 Andererseits könnte man meinen, daß ἄδηλος hier „ungewiß, unsicher" bedeute und sich auf die herbeigesehnte Entscheidung in der Schlacht beziehe; d.h. daß die Geschosse in bezug auf den Ausgang „unsicher" seien. Dennoch scheint ἄδηλος in der Bedeutung „ungewiß" eher mit abstrakten Begriffen als mit Konkreta gebraucht zu werden: ἄδηλος θάνατος, „ungewisser Tod," usw.

Krieger einander gegenüber standen.[452] Da konnte man doch sehen, wer die Waffe abgeschossen hatte. Pfeile und geschleuderte Steine aber wurden aus dem Hinterhalt abgeschossen, weshalb man den Gegner nicht sehen konnte. Den Euboiern erschien derartiges als schmählich und feige, und dementsprechend verboten sie es.[453] Es sei noch angemerkt, daß diese Vereinbarung wahrscheinlich nur Kämpfe zwischen Chalkis und Eretria betraf, denn Strabon spricht von einem Abkommen, das nur für den Krieg um die Lelantische Ebene galt. In diesem Zussamenhang denkt man unwillkürlich an die von Kerkyra heimkehrenden eretrischen Kolonisten, deren Ausschiffung die Eretrier mit Schleudern verhinderten. Denn an sich ist es doch sehr unwahrscheinlich, daß Chalkidier oder Eretrier auf Bogen und Schleudern verzichtet hätten, wenn sich ihre Gegner dieser Waffen bedienten, zumal es unvorteilhaft gewesen wäre, brauchbare Waffen[454] nicht zu benutzen. Wenn aber auch die Gegner damit einverstanden waren, auf diese Waffen zu verzichten, dann konnte man sie beiseite legen und ungestört auf eine der Arete entsprechende Weise kämpfen. Wurfwaffen setzten die Chalkidier bzw. Eretrier zweifellos ein – sofern ihre Gegner derartige Waffen verwandten. Untereinander aber pflegten sie den mannhaften Nahkampf.

Vorhin bemerkten wir, daß Archilochos auf den üblichen Hoplitenkampf, wie man ihn zu klassischen Zeiten verstand, nicht hinweisen kann, weil er vom Schwert statt von der Stoßlanze spricht. Dementsprechend stellt sich die Frage nach der Entwicklung der Hoplitentaktik in vorklassischer Zeit. Auch wenn der Fernkampf sowohl bei Homer[455] als auch in den Vasenbildern des achten Jahrhunderts,[456] noch eine wichtige Rolle spielt, kommt nichtsdestoweniger auch der Massennahkampf im Epos vor; ja, er hat bereits eine derart prominente Rolle inne, daß man ihn keineswegs für eine junge Erscheinung in der Umwelt der Dichter/des Dichters halten wird.[457] Des weiteren läßt ein in Argos aufgefunde-

452 Dies war übrigens das normale Verfahren im siebenten Jahrhundert – siehe Snodgrass, Armour and Weapons (oben Anm. 415) 138.

453 Während des ganzen Krieges scheint das Verbot wirksam gewesen zu sein, wenngleich man vielleicht erwarten könnte, daß die eine Seite, als sie zu verlieren drohte, das Abkommen ignoriert hätte. Das Verbot kennen wir jedoch auch aus Archilochos, der eher gegen Ende des Krieges lebte. Da alle Zeugnisse vom Waffengebrauch während der Kämpfe zwischen den Chalkidiern und Eretriern miteinander übereinstimmen, wie wir noch sehen werden, ist wohl an ein Verbot zu denken, das für die Dauer des Krieges galt und erstaunlicherweise auch eingehalten wurde.

454 Der Meinung Forrests zum Trotz waren die Fernwaffen dem Hopliten doch gefährlich. Zu Bogen Lorimer, Hoplite Phalanx (Anm. 415) 115–118. Vgl. den Gebrauch der Bogen vor der Schlacht bei Plataiai (Hdt. 9,49–50). Wenn es nicht vorteilhaft gewesen wäre, Schleudern zu benutzen, dann hätte man es nicht getan. Da wir aber aus Tyrtaios (Fr. 11 West) erfahren, daß man diese Waffen sehr wohl einsetzte, wollen wir doch vermuten, daß man einen triftigen Grund dafür hatte.

455 Man denke nur an einen so wichtigen Helden wie Odysseus, der stets den Fernkampf vorzog. Dessen Sohn ist sogar nach der bevorzugten Kampfesweise seines Vaters benannt: Telemachos, „Der von weitem kämpft." Siehe auch oben Anm. 413.

456 Die von Ahlberg, Fighting (oben Anm. 398) zusammengestellten Vasenbilder zeigen des öfteren Bogen, Pfeile und Wurfspeere.

457 In seinen Studien zu den von Homer in der Ilias geschilderten Schlachten ist J. Latacz,

ner Brustpanzer auf die Entwicklung der Hoplitentaktik schließen.[458] Obgleich der Fund aus dem letzten Viertel des achten Jahrhunderts stammt, hatte er wegen seiner vollendeten Form (die sich in den nächsten Jahrhunderten kaum verändert) sicherlich eine lange Vorgeschichte.[459] Also können wir schon im frühen achten Jahrhundert den Beginn der Entwicklung der Hoplitentaktik erblicken. Die erste geschlossene Phalanx erkennt man aber erst auf der berühmten Chigi-Vase, die der Mitte des siebenten Jahrhunderts entstammt.[460]

Den Lelantischen Krieg haben wir nun im vorigen Kapitel in die Jahre von 710 bis 650 datiert. Dies ist also das Zeitalter der allmählichen Entwicklung der Hoplitentaktik, und man müßte erwarten, daß es in diesem Zeitraum viele Experimente gab,[461] bis eine allgemeingültige Form gefunden wurde. Dementsprechend gilt es nachzuweisen, daß ein Hoplit anfangs auch vorrangig mit dem Schwerte kämpfen konnte.

In der Tat lassen sich Zeugnisse für den Schwertkampf unter Hopliten leicht finden. Eine attische Vase z.B. stellt Hopliten im Zweikampf dar: der Krieger auf der rechten Seite kämpft zwar mit einem Speer, aber der auf der linken Seite ficht mit einer Hiebwaffe. In ihrer Hauptzone zeigt dieselbe Vase fünf weitere Zweikämpfe, und einer dieser zehn Krieger kämpft mit dem Schwert statt dem Speer.[462] Einen Krieger mitsamt seinem Schwert zeigt eine weitere Vase aus derselben Sammlung.[463] Man könnte nun meinen, daß die Lanzen, welche diesen Kriegern gehörten, irgendwie zerbrochen seien und daß diese Hopliten mit ihrer Nebenwaffe hätten kämpfen müssen. Doch sehen die betreffenden Schwerter länger aus

Kampfparänese, Kampfdarstellung und Kampfwirklichkeit in der Ilias, bei Kallinos und Tyrtaios (Zetemata 56), München 1977, passim, zu dem Schluß gekommen, daß der bzw. die Dichter der Ilias (gegen Ende des achten Jahrhunderts?) den Massennahkampf durchaus kennt bzw. kennen und daß jener Massennahkampf als primitiver Vorläufer der klassischen Hoplitenschlacht zu betrachten ist, d.h. die langsame Entwicklung der Hoplitentaktik war schon während der Entstehungszeit der Ilias im Gange. Zur homerischen Kampfesweise zuletzt H. van Wees, Leaders of Men? Military Organisation in the Iliad, CQ 80, 1986, 285–303, ders. Kings in Combat: Battles and Heroes in the Iliad, CQ 82, 1986, 1–24, ders. The Homeric Way of War: The Iliad and the Hoplite Phalanx, G&R, 41, 1994, 1–18, 131–155. van Wees akzeptiert Latacz' These, Homer kenne schon den Massennahkampf, streitet aber ab, daß die Taktik dieses Nahkampfes „phalangenartig" gewesen sei. Statt dessen plädiert er für einen Kampf in einer „open formation." Für uns ist aber allein wichtig, daß auch van Wees in der homerischen Kampfesweise den Vorläufer der klassischen Hoplitenschlacht sieht.

458 Das Einführen von Brustpanzern wäre der Entwicklung des Nahkampfes förderlich gewesen, denn je besser der Krieger geschützt war, desto eher konnte er es wagen, handgemein zu werden. Die beiden Entwicklungen – Einführen von Brustpanzern und Aufkommen des Nahkampfes – hätten einander gegenseitig gefördert.

459 P. Courbin, Une tombe géométrique d'Argos, BCH 81, 1957, 340–356 (Abb. 19–38). Das Datum ergibt sich aus der Keramik im Grab: 339–340.

460 Snodgrass, Arms and Armour (oben Anm. 414) 58; ders., Armour and Weapons (Anm. 415) Tf. 36. Vgl. aber die Besprechung bei van Wees, Homeric Way (Anm. 457) 143.

461 Dazu Snodgrass, Hoplite Reform (Anm. 416) 113; siehe auch die Diskussion Pritchetts, War 4 (Anm. 423) 43–44.

462 CVA, Berlin 1, Tafel 44.2 bzw. 1.

463 CVA, Berlin 1, Tafel 28.1

als die Stoßschwerter, welche dem Hopliten als Nebenwaffe dienten.[464] Am deutlichsten ist es wohl an einer Vase, die zwei Hoplitenphalangen darstellt: in beiden Phalangen kämpft der Hoplit, welcher in der ersten Reihe steht, mit einem Hiebschwert.[465] Ein reiner Schwertkampf, wie ihn Archilochos beschreibt, wäre demnach in der ersten Hälfte des siebenten Jahrhunderts durchaus möglich gewesen.

Einige Verse aus einem Gedicht des Tyrtaios sollten wir in diesem Zusammenhang jetzt zitieren, um zu zeigen, daß ein Hoplit noch im letzten Drittel des siebenten Jahrhunderts[466] der Stoßlanze das Schwert vorziehen konnte:

ἔρδων δ᾿ ὄβριμα ἔργα διδασκέσθω πολεμίζειν
  μηδ᾿ ἐκτὸς βελέων ἑστάτω ἀσπίδ᾿ ἔχων,
ἀλλά τις ἐγγὺς ἰὼν αὐτοσχεδὸν ἔγχεϊ μακρῷ
  ἢ ξίφει οὐτάζων δήϊον ἄνδρ᾿ ἑλέτω,
καὶ πόδα πὰρ ποδὶ θεὶς καὶ ἐπ᾿ ἀσπίδος ἀσπίδ᾿ ἐρείσας,
  ἐν δὲ λόφον τε λόφῳ καὶ κυνέην κυνέῃ
καὶ στέρνον στέρνῳ πεπλημένος ἀνδρὶ μαχέσθω,
  ἢ ξίφεος κώπην ἢ δόρυ μακρόν ἔχων.
ὑμεῖς δ᾿, ὦ γυμνῆτες, ὑπ᾿ ἀσπίδος ἄλλοθεν ἄλλος
  πτώσσοντες μεγάλοις βάλλετε χερμαδίοις
δούρασί τε ξεστοῖσιν ἀκοντίζοντες ἐς αὐτούς,
  τοῖσι πανόπλοισιν πλησίον ἱστάμενοι.[467]

„Er soll zu kämpfen lernen, indem er gewaltsame Taten vollbringt. Er soll nicht außer Reichweite der Geschosse stehen und einen Schild [vor sich] halten, sondern, wenn einer nahe heran, ins Handgemenge kommt, soll er mit dem langen Speer oder dem Schwert zuschlagen und den feindlichen Mann nehmen. Und wenn er Fuß gegen Fuß gestellt und Schild an Schild angelehnt hat, wenn er aber mit Helmbusch gegen Helmbusch und mit Helm gegen Helm und mit Brust gegen Brust geschlagen hat, soll er mit einem Manne kämpfen, indem er entweder die Klinge des Schwertes oder den langen Speer handhabt. Aber ihr, die ihr leicht bewaffnet seid, nachdem ihr euch unter jeweils andere Schilde geworfen habt, werft mit großen Steinen und schleudert geglättete Speere gegen sie, während ihr nahe bei den Schwerbewaffneten steht."

Wie Tyrtaios den Kampf beschreibt, konnte ein Hoplit wahlweise nach dem Schwerte oder nach dem Speere greifen.[468]

---

464 Snodgrass, Arms and Armour (Anm. 414) 84.
465 ABSA 35, 1934–1935, Tafel 52a.
466 Zur Datierung des zweiten Messenischen Krieges und somit des Tyrtaios jetzt Verf. The Dates of the Messenian Wars, Chiron 21, 1991, 25–47.
467 Tyrtaios, Fr. 11 West, Verse 27–38 = Stob. 4,9,16.
468 Der Vollständigkeit halber muß noch auf POxy 2508 (siehe oben zu Anm. 17) Bezug genommen werden, zumal dieses Gedicht, das Archilochos zugeschrieben wird, einige Kriegswaffen erwähnt. Die Waffen sind der Brustpanzer (θῶραξ), der Helm (τετράφαλος [κυνέη]) und der Schild (ἀσπίς). Hinsichtlich des Heerwesens kann aber nichts erschlossen

Fassen wir jetzt zusammen: Vom Schwert spricht Archilochos, ein Zeitgenosse des Krieges. Er gibt auch an, daß die Euboier auf Bogen und Schleudern verzichteten. Des weiteren sagt er, daß die Euboier „durch den Speer berühmt" waren, wenngleich wir nicht erfahren, ob damit Wurfspieße oder Stoßlanzen gemeint sind. Näherliegend ist es allerdings, das Wort als nichts anderes denn ein Heroenepitheton zu betrachten. Über den Gebrauch von Speeren sagt Archilochos also nichts aus, weswegen wir ihm nicht entnehmen können, ob die Euboier Speere (Wurfspeere oder Stoßlanzen) benutzten.

Der bei Strabon und Polybios überlieferte Vertrag erwähnt einen vereinbarten Verzicht auf Bogen und Schleudern. Gemäß dem Wortlaut des Vertrages waren Wurfspeere jedoch erlaubt.

Den Gebrauch von Schwertern und Wurfspeeren bestätigt das archäologische Material; euboiische Schwerter waren zudem im Altertum sehr berühmt.

Dies alles paßt vorzüglich zusammen. Der Krieg fand in dem Zeitraum von 710 bis 650 statt, in dem Zeitalter also, in dem die Hoplitentaktik entwickelt wurde. Obwohl klassische Hopliten mit der Stoßlanze als Hauptwaffe auftraten, war es einem Hopliten in der ersten Hälfte des siebenten Jahrhunderts möglich, mit dem Schwert als Hauptwaffe statt mit der Stoßlanze zu kämpfen, wie die Vasenbilder zeigen.

Das einzige Zeugnis, das sich der Einbindung in das soeben Gesagte scheinbar widersetzt, ist nun der Schiffskatalog. Denn dieser spricht von der Verwendung der Stoßlanze statt des Schwertes, dessen Rolle Archilochos hervorhebt. Doch haben beide Zeugnisse das Wesentliche gemeinsam: die Bevorzugung des Nahkampfes. Wir können dementsprechend erschließen, daß der Schiffskatalog lediglich auf formelhafte Weise den Kriegseifer der alten Euboier und deren Vorliebe für den Nahkampf zum Ausdruck bringen will. Andererseits bleibt möglich, daß zumindest dieser Teil des Schiffskataloges in die zweite Hälfte des siebenten Jahrhunderts (d.h. in die Zeit nach dem Krieg) gehört. Dafür spricht, daß der Schiffskatalog die Stadt Xeropolis nicht erwähnt. Xeropolis wurde, wie wir sahen, um 700 zerstört.[469] Wenn wir nun annehmen, daß einige Jahre verflossen waren, ehe die Stadt gänzlich in Vergessenheit geriet, dann kann dieser Passus des Schiffskataloges sehr wohl der zweiten Hälfte des siebenten Jahrhunderts entstammen. Dagegen mag man zwar einwenden, daß der Schiffskatalog auf eine Besonderheit der euboiischen Kampfesweise aufmerksam zu machen scheint, d.h. daß die Euboier ausschließlich mit der Stoßlanze kämpften, als dies noch nicht üblich war.[470] Doch mag dies auch für die zweite Hälfte des siebenten Jahrhunderts zutreffen, denn wie wir sahen, bedienten sich die Spartaner zu dieser Zeit nebst der Stoßlanze auch des Schwertes.

---

werden, denn wir wissen leider nicht, was für ein Schild es ist, den der Dichter hier beschreibt.

469 Siehe oben zu Anm. 138.

470 Homer erwähnt die besondere Haartracht der Euboier. Vielleicht sollte demgemäß auch ihre Kampfesweise als Besonderheit betrachtet werden.

2. DIE REITEREI IM LELANTISCHEN KRIEG

Mit dem vorhin Gesagten steht ein Bericht des Aristoteles in kaum zu überwindendem Widerspruch. Diesem Bericht zufolge soll eine Stadt, deren Macht sich auf Pferde stützte, eine Oligarchie gewesen sein. Derartige Oligarchien hätten sich nun ihrer Pferde in Kriegen gegen ihre Nachbarn bedient. Ein besonders gutes Beispiel eines solchen Krieges sei der Krieg zwischen Chalkis und Eretria. Also muß der Philosoph der Auffassung gewesen sein, daß die beiden euboiischen Städte hauptsächlich mit der Reiterei gekämpft hätten. Es folgt das Zitat:

διόπερ ἐπὶ τῶν ἀρχαίων χρόνων ὅσαις πόλεσιν ἐν τοῖς ἵπποις ἡ δύναμις ἦν, ὀλιγαρχίαι παρὰ τούτοις ἦσαν· ἐχρῶντο δὲ πρὸς τοὺς πολέμους ἵπποις πρὸς τοὺς ἀστυγείτονας, οἷον Ἐρετριεῖς καὶ Χαλκιδεῖς καὶ Μάγνητες οἱ ἐπὶ Μαιάνδρῳ καὶ τῶν ἄλλων πολλοὶ περὶ τὴν Ἀσίαν.[471]

„Weil in archaischer Zeit die Macht wie vieler Städte auf den Pferden beruhte; derentwegen waren sie Oligarchien. Der Pferde bedienten sie sich aber in Kriegen gegen Nachbarn, wie die Eretrier und die Chalkidier, und die Magneten am Mäander und viele andere in Asien."

Über das Heerwesen einer Oligarchie im Altertum äußert sich Aristoteles offenbar nur auf ganz allgemeine Weise. Nichtsdestoweniger spricht er vom Lelantischen Krieg so, als hätten Chalkis und Eretria mit der Reiterei gekämpft. In Anbetracht dessen muß man zuallererst die Frage stellen, auf welche Belege sich die knappe Äußerung des Aristoteles stützt, denn weder bei Archilochos noch bei Homer hat ein Wort von Pferden gestanden.[472] Es gibt nun eine sehr einfache Erklärung dieser aristotelischen Verallgemeinerung hinsichtlich des Heerwesens im Kriege zwischen Chalkis und Eretria. Denn der Philosoph hätte sehr leicht wissen können, wie die herrschenden Schichten der beiden euboiischen Städte geheißen hatten: Ἱπποβόται, „Pferde-Ernährer," und Ἱππεῖς, „Ritter."[473] Daß nun die Oligarchen Euboias Pferde hatten, um ihren Reichtum darzustellen, steht außer Zweifel.[474] Daß sie sich zu Pferde statt zu Fuß aufs

---

471 Aristot. Pol. 1289b.
472 Ob Aristoteles von der Stele in Amarynthos (auf der 600 eretrische Reiter erwähnt wurden) oder von der Erzählung über den Feldzug des Thessalers Kleomachos nach Chalkis wußte, mag dahingestellt sein. Erstere Quelle belegt bestenfalls nur eine eretrische Reiterei, wohingegen letztere andeutet, daß es eine chalkidische kaum gegeben habe. Besprechung dieser Zeugnisse unten zu Anm. 477 und 483
473 Hdt. 5,77,2; Aristot. Ath. Pol. 15,2. Vgl. Greenhalgh, Warfare (Anm. 415) 75, und Fehling, Lehrstücke (Anm. 5) 201.
474 Die „statuettes fragmentaires…de chevaux et de cavaliers" (Vasen bei L. Kahil, Céramique de l'époque géométrique, subgéométrique et archaïque, AD 22, 1967 Χρονικά, 284, Nr. 1 und 2 und Tafel 183a–b), worauf sich Bérard, Hérôon (Anm. 74) 65, und ders. Note sur la fouille au sud de l'hérôon, AK 12, 1969, 77–78 und Tafel 36.3, bezieht, lassen sich sehr leicht dadurch erklären. Sie stellen kein Indiz dafür dar, daß der Krieg „en tout cas chevaleresque" (Bérard, Hérôon [Anm. 74] 68) war. Bérard ist auf jeden Fall von Brelichs Auslegung des Heerwesens im Lelantischen Krieg (siehe unten zu Anm. 519) stark beeinflußt (ebd. 68 Anm. 29, 71 Anm. 7).

Schlachtfeld begaben, ist ohnehin sehr wahrscheinlich. Dennoch: bestand das ganze Heer aus Reitern? Die Namen der euboiischen Oberschichten weisen eher auf die konservative Haltung der Adligen als auf das Heerwesen der Städte hin. Man denkt in diesem Zusammenhang an die „Hippeis" in Athen, die ja ein Stand und keine Reitertruppe waren.[475] Daher scheint es möglich, daß Aristoteles aus diesen Namen einen falschen Schluß zog. In dieser Meinung werden wir bestärkt, wenn wir in Erinnerung rufen, daß Aristoteles in diesem kurzen Abschnitt einen weiteren Fehler begeht.

Im ersten Kapitel argumentierten wir, daß Aristoteles, als er diesen Passus schrieb, in gewissem Grade von Thukydides (1,15) abhing. Anscheinend aber verstand er Thukydides falsch, denn der Historiker hatte den Lelantischen Krieg als alles andere als einen schlichten Grenzkonflikt dargestellt. Dennoch erweckt Aristoteles den Eindruck, daß der Lelantische Krieg ein alltäglicher Grenzzwist gewesen sei, obgleich auch er an anderer Stelle von der Teilnahme anderer Staaten gesprochen haben mag.[476] Der ganze Bericht bei Aristoteles trägt deshalb den Schein einer allgemeinen, übereilten und sogar nachlässigen Bemerkung. Die Ausführungen des Thukydides verkannte er und zog außerdem einen ungerechtfertigten Schluß aus den Namen der euboiischen Regierungsschichten.

Zwei weitere Berichte über den Gebrauch der Reiterei im Lelantischen Krieg sind uns bekannt. Strabon führt aus, und zwar nach einer Stele in Amarynthos, daß 3.000 Hopliten, 600 Reiter und 60 Streitwagen[477] einst an einem eretrischen Festzug teilgenommen hätten.[478] Daß diese Stele die gleiche Stele war, die den Vertrag über die Fernwaffen enthielt, könnte man vielleicht daraus erschließen, daß Strabon diese Stele zweimal innerhalb zweier Budé-Druckseiten erwähnt. Das erste Mal sagt er ganz deutlich, ἡ στήλη, ἣν ἀνέθεσάν ποτε ἐν τῷ ἱερῷ τῆς Ἀμαρυνθίας Ἀρτέμιδος, „die Stele, die man einst im Heiligtum der Artemis Amarynthia weihte." Auf abgekürzte Weise beschreibt er die Stele das zweite Mal: ἐν τῷ Ἀμαρυνθίῳ στήλη τις, „eine Stele im Amarynthion." Aber wenn eine Stele im Heiligtum stand, können auch andere dort gestanden haben, so daß dies lediglich eine Vermutung bleibt. Da auch Streitwagen in der Liste der teilneh-

---

475 Siehe Snodgrass, Hoplite Reform (Anm. 416) 114; dens. Arms and Armour (Anm. 414) 85. Zu den Hippeis als Stand siehe allgemein F. Gschnitzer, Griechische Sozialgeschichte, Wiesbaden 1981, 82–84.

476 Siehe oben zu Anm. 53 (unklar ist, ob jener Aristoteles, der von Bundesgenossen sprach, der Philosoph oder der chalkidische Lokalhistoriker war).

477 Abbildung eines Streitwagens auf einer geometrischen Vase aus Eretria bei Andreiomenou, Γεωμετρικὴ καὶ ὑπογεωμετρικὴ κεραμεικὴ ἐξ Ἐρετρίας 3, AE, 1981, Tf. 26, 129. Vom Streitwagen springt übrigens ein Mann ab.

478 Strab. 10,1,10, p. 448. Die Zahlen sind ziemlich hoch. Es gibt einige Gründe, die angegebenen Zahlen anzuzweifeln: 1.) Ein Festzug ist kein Krieg. Manche Streitkräfte (z.B. die Streitwagen), die nicht kampffähig waren, können trotzdem daran teilgenommen haben. 2.) Die Inschrift muß sehr alt gewesen sein, so daß die Eretrier die Zahlen im Laufe der Zeit hätten steigen lassen können. 3.) Man weiß nicht, ob die Zahlen lediglich die eretrische Macht wiedergeben: Sie hätten die ganze Macht Südeuboias darstellen können. Wenn der Zug ein Teil des großen euboiischen Artemisfestes war, dann hätte man einige Gründe für die Annahme, daß mehrere Städte vertreten waren.

menden Streitkräfte angeführt wurden, müssen wir die Stele in eine sehr frühe
Zeit datieren, denn Streitwagen sind schon bei Homer wahrscheinlich nichts
anderes als eine vage Erinnerung an ein früheres Zeitalter.[479] Zu historischen
Zeiten jedenfalls kommen Streitwagen nur in den abgelegensten Gebieten der
griechischen Welt vor: Zypern und Kyrene oder Barka.[480] Viel früher als das
siebente Jahrhundert aber werden wir die Inschrift nicht datieren können, denn
die Schrift führte man im historischen Griechenland erst um 750 ein.[481] Schon im
siebenten Jahrhundert aber waren Streitwagen veraltet, weshalb ihre Teilnahme
an einem eretrischen Festzug zu dieser Zeit nur alter Tradition zuliebe erfolgt
sein kann: sie waren ein Überbleibsel aus früheren Zeiten, und die Eretrier setzten
sie im Kampfe sicherlich nicht ein. Es erhebt sich also die Frage, ob auch die 600
Reiter wirklich am Kampf teilnahmen, denn genauso wie die Streitwagen hätten
diese Reiter nur zur Schau dabeisein können, zumal Strabon gar nicht sagt, daß
600 Reiter zu Felde gezogen seien. Außerdem muß die Anwesenheit von Reitern
in einer Schlacht nicht unbedingt darauf hinweisen, daß man mit der Reiterei
kämpfte, ebensowenig wie die Anwesenheit von Streitwagen in homerischen
Schlachten bedeutet, daß man diese tatsächlich einsetzte. Aus diesen Gründen
dürfen wir nicht von vornherein annehmen, daß Strabons Reiter eine wirkliche
Reiterei darstellten, denn die angeblichen Reiter können ihre Pferde nur als
Transportmittel verwandt haben.[482]

Bei Plutarch findet sich nun der zweite Bericht über eine Reiterei im Lelantischen Krieg. Denn dieser Schriftsteller spricht von einem Feldzug thessalischer
Reiter, der zu einem chalkidischen Sieg führte.[483] Die bei ihm angeführte Begründung dieses thessalischen Unternehmens ist auf jeden Fall aufschlußreich,
denn sie impliziert, daß es den Chalkidiern an Reitern gefehlt habe. Einige
Zweifel an dem zu Beginn dieses Abschnittes zitierten Bericht des Aristoteles
sind demnach angebracht. Wie dem auch sei, Plutarch berichtet weiter, daß die
gute Infanterie der Chalkidier die Reiterei der Eretrier nicht zu besiegen ver-
mochte. Deswegen hätten die Chalkidier den Thessaler Kleomachos ersucht, die
eretrische Reiterei zuerst anzugreifen. Ihm sei es dann auch gelungen, die Reiterei Eretrias zu schlagen. Nachdem auch die eretrischen Hopliten das Feld
verlassen hätten, sei den Chalkidiern der Sieg zugefallen. Also scheint Plutarch
eine eretrische Reiterei zu bezeugen.

Nichtsdestoweniger spricht Plutarch eigentlich mehr über die Chalkidier und
die Thessaler als über die Eretrier. Seine Quellen jedenfalls waren eindeutig

---

479 Siehe unten zu Anm. 489.
480 Streitwagen im kyprischen Salamis: Hdt. 5,113. Streitwagen in Kyrene oder Barka: Xen.
     Kyr. 6,1,27 und 2,8; Aen. Tact. 16,14; Diodor, 20,41,1 und 64,2; vgl. Soph. El. 702; Lukian.
     Demosthenis encomium, 23; Ail. Var. hist. 2,27; Max. Tyr. 23,2; Polyain. 7,28,1.
481 Jeffery, Local Scripts (Anm. 161) 12–21. Schriftzeugnisse aus dem achten Jahrhundert sind
     im übrigen sehr spärlich.
482 Wie man für die frührarchaische Zeit normalerweise annimmt. Siehe z.B. Snodgrass, Arms
     and Armour (Anm. 414) 85: „For the actual battle [die Reiter] dismounted and fought in the
     phalanx."
483 Plut. Amatorius, 17, pp. 760–761.

chalkidisch: eine chalkidische Geschichte über den thessalischen Feldherrn Kleomachos; Aristoteles (entweder der Lokalhistoriker oder der Philosoph, der eine
Politeia der Chalkidier verfaßt hatte, die sicherlich auf chalkidischen Quellen
fußte); ein chalkidisches Trinklied und ein gewisser Dionysios von Chalkis.[484]
Den Aristoteles zitiert Plutarch für eine Variante der homoerotischen Geschichte,
welche den Anlaß zu dieser Nachricht über den Krieg bot, daß nämlich der
Thessaler Kleomachos so gut gekämpft habe, weil ihm sein Eromenos zugeschaut habe. Aristoteles hingegen sagt, daß Kleomachos anderswo auf dem
Schlachtfelde gefallen und daß der betreffende Knabe mit einem Feldherrn der
thrakischen Chalkidier liiert gewesen sei. Bei Dionysios hießen der bei Aristoteles anscheinend namenlos gebliebene Erastes wie Eromenos Anton bzw. Philis-
tos. Demgegenüber verbindet Plutarch (oder eine unerwähnte Quelle) die homoerotische Geschichte mit dem viel berühmteren thessalischen Feldherrn. Gewiß können derartige Geschichten kaum aus der archaischen Zeit stammen, aber
wenn man diese homoerotischen Züge beiseite läßt, kommt man auf den historischen Kern der Anekdote[485]: nach Aristoteles (wohl auch nach Dionysios) kamen
thessalische Reiter und chalkidische Aussiedler aus Thrakien den Chalkidiern zu
Hilfe. Wie schon gesagt, scheint es, daß Plutarch nur chalkidische Quellen für
seine Darstellung dieses Feldzuges hatte.

Detlev Fehling hat nun vorgeschlagen, Plutarch habe gemerkt, daß Strabon
die Eretrier mit einer Reiterei versehen hatte.[486] Deswegen habe Plutarch das
Versäumnis im Falle der Chalkidier durch seine Erfindung eines Feldzuges aus
dem sprichwörtlichen Pferdeland wiedergutgemacht.[487] Das trifft nicht zu, nicht
nur wegen der offenbaren Unmöglichkeit des von Fehling geschilderten Vorgan-
ges, sondern auch weil Plutarch sich nicht auf Strabon bezieht. Außerdem erwähnt Plutarch kein einziges Detail über die eretrische Reiterei, die einfach
vorhanden ist, um Kleomachos mit einem Gegner zu versorgen. Im Vergleich
dazu beschreibt Plutarch die Thessaler (οἱ ἄριστοι τῶν Θεσσαλῶν, „die besten
Thessaler"), Kleomachos (ἀνὴρ λαμπρός, „glänzender Mann") und den wunder-
baren Feldzug (ἐξήλασε λαμπρῶς καὶ προσέπεσε τοῖς πολεμίοις, „auf glänzen-
de Weise fuhr er hinaus und fiel auf die Feinde") sehr ausführlich. Deswegen
fragt man sich, ob der Fall nicht in genauer Umkehrung von Fehlings These zu
sehen ist: Von einem thessalischen Feldzug wußte Plutarch und versuchte ihn
durch die Erfindung einer eretrischen Reiterei zu erklären. Warum setzten die
Chalkidier thessalische Reiter ein? Glaubte Plutarch, daß es geschehen sei, weil
die Eretrier eine Reiterei hatten? Nur von den chalkidischen Truppen berichtet
Plutarch, der nichts Genaueres über die eretrischen zu wissen scheint. Lediglich
einen Feldzug thessalischer Reiterei können seine Gewährsleute dementsprechend dargestellt haben; mehr ist dem Zitat des Lokalhistorikers bzw. des Philo-

---

484 Bei Plutarch steht zwar nur Dionysios, aber der bei Lysimachos (FGrHist 382, Fr. 8 =
    Schol. Apoll. Rhod. 1,558) erwähnte Dionysios von Chalkis muß gemeint sein.
485 Siehe auch unten, Kapitel 6, Teil 4.
486 Strab. 10,1,10, p. 448.
487 Fehling, Lehrstücke (Anm. 5) 201–202.

sophen eigentlich nicht zu entnehmen. Zu Unrecht kann Plutarch angenommen haben, daß eine Reiterei auch auf eretrischer Seite gestanden habe.

Zuletzt kann man fragen, inwieweit ein Reiterkrieg im siebenten Jahrhundert überhaupt möglich war. Denn normalerweise wird angenommen, daß man in der früharchaischen Zeit vom Pferd hinabgesprungen sei, wenn man kämpfen wollte. In erster Linie ergibt sich dies aus Homer, zumal der homerische Krieger seinen Streitwagen nur als Transportmittel auf dem Wege zur Schlacht verwendet.[488] Muß er kämpfen, so kämpft er zu Fuß. Édouard Delebecque hat nun argumentiert, daß Homer die Streitwagen öfters als Pferde zu verstehen scheine, d.h. er sage „Streitwagen," spreche aber vom Pferd.[489] Dies bedeutet nur, daß Homer, wie er es des öfteren tat, mykenische Gegenstände nennt, obgleich er an die Gegenstände seiner eigenen Zeit denkt.[490] Hat Delebecque nun Recht, dann müssen wir annehmen, daß der berittene Krieger des achten Jahrhunderts im Normalfall zu Fuß statt zu Pferd kämpfte.[491] Auch im siebenten Jahrhundert scheint dies weitgehend der Fall gewesen zu sein. Denn zahlreiche Vasen aus diesem Jahrhundert stellen berittene Hopliten dar, nur wird der Hoplit in der Regel von einem Knappen begleitet, der das Pferd seines Herrn während der Schlacht hält.[492]

---

488 Eine der wenigen Ausnahmen ist Hom. Il. 11,150–154.

489 É. Delebecque, Le cheval dans l'Iliade, Paris 1951, 71–109. Hom. Il. 8,179; 12,50–59 und 16,380 spricht Homer z.B. von Streitwagen, die über einen Graben springen sollen. Patroklos gelingt es tatsächlich, den Graben mit seinem Streitwagen zu überspringen. Natürlich ist das für einen Wagen völlig unmöglich - obschon es für ein Pferd denkbar wäre.
Wie Delebecque (90–93) hervorhebt, kannte Homer mehrere Ausdrücke für Pferde und die Pferdepflege, wohingegen ihm für Streitwagen recht wenige Wörter geläufig waren. Oft sind die von Homer verwandten Ausdrücke zweideutig, z.B. ἱππεύς, eigentlich „Reiter", für den Fahrer eines Streitwagens. Weitere Besprechung bei Greenhalgh, Warfare (oben Anm. 415) 54–59, und Snodgrass, Armour and Weapons (Anm. 415) 175.
Gegen die Deutung Delebecques haben sich aber J.K. Anderson, Greek Chariot-Borne and Mounted Infantry, AJA 79, 1975, 175–197, sowie van Wees, Homeric Way (oben Anm. 457) 9–13, gewandt.

490 Z.B. sind Homers Schwerter regelmäßig bronzen, obgleich sie Sachen tun, welche nur eiserne Schwerter tun können. Z.B. schlägt Achill jemandem den Kopf ab, so daß der Kopf weit durch die Luft fliegt (Hom. Il. 20,481–482). Dies ist nur mit einem eisernen Schwert möglich (Snodgrass, Arms and Armour [oben Anm. 414] 37), aber nach Homer ist Achills Schwert ein bronzenes.

491 Siehe z.B. Greenhalgh, Greek Warfare (oben Anm. 415) Abb. 37: auf einer um 700 datierten Vase wird ein abgesprungener Krieger dargestellt.

492 Siehe H. Payne und T.J. Dunbabin, Perachora 2, Oxford 1962, Tf. 97, Nr. 2434; Tf. 61, Nr. 1556. Einen deutlicheren Beleg als Greenhalgh, Abb. 36 könnte man gar nicht verlangen: Einen bewaffneten und gerüsteten Krieger, der vom Pferd abgestiegen ist, bezeichnet eine Inschrift als ἱπποβάτας, „der Pferdesteiger." Ein unbewaffneter und nicht gerüsteter Jüngling, der auf einem Pferd sitzt, hält auch ein zweites, von dem der Krieger abgesprungen ist. Dieser Jüngling wird seinerseits mit dem Wort ἱπποστρόφος, „der Pferdewender," beschrieben. Oftmals sieht man, wie ein unbewaffneter Knappe einen Krieger begleitet: JHS 13, 1893, Tf. 12, Abb. 1; W. Helbig, Les ἱππεῖς athéniens, Paris 1902, Abb. 3 und 4; CVA Deutschland 14, Tf. 688; CVA France 1, Tf. 35.12; Greenhalgh, Greek Warfare (Anm. 415) Abb. 73. – Zum Unterschied zwischen einem berittenen Hopliten und einem Reiter im sechsten Jahrhundert vgl. J. Anderson, Ancient Greek Horsemanship, Berkeley 1961, Tf.

Diesen vielen Vasen gegenüber gibt es eine einzige aus dem siebenten Jahrhundert, die einen zu Pferd kämpfenden Krieger darstellen könnte. Aber selbst in diesem Falle muß keineswegs angenommen werden, daß der besagte Krieger wirklich zu Pferd gekämpft habe.[493] Die erste Vase, welche zweifelsohne zu Pferd kämpfende Reiter darstellt, entstammt nun dem frühen sechsten Jahrhundert.[494]

Natürlich gelten diese archäologischen Zeugnisse nur für diejenigen Regionen, aus denen sie stammen. Denn wir müssen immer damit rechnen, daß in anderen Regionen andere militärische Fortschritte erzielt wurden. Insbesondere ist im Falle Thessaliens, das schon seit den frühesten Zeiten einen hohen Ruf für gute Pferde genoß,[495] die Möglichkeit einzuräumen, daß sich hier eine Reiterei früher entwickelte. Daher fällt es mir überhaupt nicht schwer, das in den literarischen Quellen direkt belegte Eingreifen thessalischer Reiter in den Lelantischen Krieg zu akzeptieren.[496] Was aber für Thessalien gilt, muß keinesfalls für Euboia gelten. Im Falle von Chalkis ist eher die Abwesenheit einer Reiterei belegt; im Falle Eretrias hingegen ist bei näherer Betrachtung der Quellen eine Reiterei keineswegs eindeutig belegt. In der Frage, ob auch die Eretrier eine echte Reiterei hatten, mag nun eine eingehende Besprechung der Kampfesweise von Reitern im archaischen Griechenland Klarheit schaffen.

Zuallererst ist es sehr schwer für eine Reiterei, eine Hoplitenphalanx direkt anzugreifen.[497] Nicht wegen der Abwesenheit von Steigbügeln, wie man öfters sagt,[498] denn es gelang den Kataphrakten, die keine Steigbügel hatten, die römi-

29: Gerüstete Hopliten springen ab, während unbewaffnete, nicht gerüstete Knappen deren Pferde halten. Im Gegensatz dazu gibt es zwei mit Wurfspeeren bewaffnete aber sonst ungerüstete Reiter ohne Begleitung.

493 Greenhalgh, Greek Warfare (Anm. 415) Abb. 48. Es sieht so aus, als säße der Krieger im Damensattel oder aber dabei wäre abzuspringen. Greenhalgh (87–88) erwägt allerdings den Vorschlag, daß der ungeschickte Maler einfach beide Beine habe zeigen wollen. Wenn dies zutreffen sollte, wäre diese Vase die einzige, die einen zu Pferd kämpfenden Krieger im siebenten Jahrhundert darstellt. Im anderen Falle aber liefert sie ein weiteres Indiz dafür, daß der Krieger für das eigentliche Gefecht vom Pferd absaß.

494 Greenhalgh, Greek Warfare (Anm. 415) Abb. 52 (obgleich mit falschem Datum – „early seventh century" sc. „sixth": siehe H. Payne, Necrocorinthia, College Park, Maryland 1971, 314 Nr. 1090, wo es heißt „beginning of the sixth century."

495 Siehe vor allem das unten, zu Anm. 770, zitierte Gedicht, welches im siebenten Jahrhundert die Vorzüglichkeit thessalischer Pferde besang. Siehe auch Snodgrass, Arms and Armour (oben Anm. 414) 86.

496 Je später jedoch im Verlauf des Lelantischen Krieges wir den Einsatz thessalischer Reiter erfolgen lassen, umso glaubwürdiger wird unsere Annahme einer echten Reiterei in Thessalien.

497 Man konnte es jedoch versuchen: Helbig, Ἱππεῖς (Anm. 492) Tf. 2, Abb. 2. Ein solcher Angriff gegen unerfahrene Hopliten hätte unter Umständen erfolgreich sein können, aber solange die Hopliten zusammenstanden und nicht nachgaben, war die Aussicht auf Erfolg gering. Man muß sich einfach daran erinnern, wie die Schweizer mit ihren Piken die Ritter des Mittelalters (die Steigbügel, schwere Rüstung und riesige Schlachtrosse hatten) mit Regelmäßigkeit schlugen.

498 Snodgrass, Arms and Armour (Anm. 414) 85.

sche Infanterie bei Carrhae zu vernichten.[499] Auch ohne Steigbügel hat ein Reiter einen festen Sitz auf seinem Reittier, denn er kann sich mit den Beinen an den Seiten des Pferdes festhalten. Deswegen trugen die Reiter der Antike keine Beinschützer an den Oberschenkeln.[500] Nichtsdestoweniger war es einer griechischen Reiterei nahezu unmöglich, gegen eine geschlossene Phalanx einen Frontalangriff durchzuführen: „The Archaic Greeks did not have the mighty chargers of Iran or of Mediæval England."[501] Für solch mühselige Arbeit waren die griechischen Pferde einfach zu klein, und kein Fall eines erfolgreichen Frontalangriffes griechischer Reiterei auf eine geschlossene Phalanx ist uns bekannt. Das Scheitern griechischer Reiter gegen eine Phalanx ist demgegenüber gut bezeugt: Da die thessalische Reiterei die Spartaner durch einen Überraschungsangriff auf das spartanische Lager einmal bereits geschlagen hatte, waren die Spartaner das nächste Mal auf der Hut und besiegten die Thessaler ohne weiteres.[502] Als die Athener im Laufe der sizilischen Expedition gegen die syrakusische Reiterei kämpfen mußten, suchten sie sich ein Schlachtfeld aus, auf dem diese nutzlos war[503]: Mauern, Häuser, Bäume und ein Sumpf auf der einen und Steilabhänge auf der anderen Seite hinderten die sizilische Reiterei daran, um das Schlachtfeld herumzureiten und von hinten oder von der Seite anzugreifen. Infolgedessen errangen die Athener einen leichten Sieg. Es scheint demzufolge ausgeschlossen, daß griechische Reiterei eine Phalanx mit Erfolg direkt angreifen konnte.

Also erhebt sich die Frage, wie man denn mit der Reiterei kämpfte. Der wirksame Gebrauch von Reitern war, Hopliten außerhalb der Phalanx anzugreifen.[504] Die Phalanx konnte man auch umreiten und von hinten angreifen.[505] Der Sinn dieses Vorgehens ist klar: In seinem Rücken ist ein Hoplit ungeschützt. Wird er von hinten angegriffen, so muß er sich wenden. Solange diejenigen Hopliten, welche hinten stehen, sich gemeinsam wenden und den Reitern eine geschlossene Front entgegenstellen, können die angreifenden Reiter nichts aus-

499 Greenhalgh, Greek Warfare (Anm. 415) 78.
500 Sir William Woodthorpe Tarn, Hellenistic Military and Naval Developments, Cambridge 1922, 73–76.
501 Greenhalgh, Greek Warfare (Anm. 415) 79.
502 Hdt. 5,63–64.
503 Thuk. 6,66. (Thukydides sagt ausdrücklich, daß die Athener ein Feld fanden, auf dem die Reiter die Phalanx von vorne angreifen mußten.) Vgl. Xen. Hell. 4,3,4–5: Auf einen Frontalangriff auf die Spartaner unter Agesilaos verzichtete die thessalische Reiterei, die es statt dessen vorzog, mehrere kleine Angriffe von hinten durchzuführen.
504 Was sich aus mehreren Äußerungen Xenophons ergibt: Hell. 7,1,20–21 beschreibt Xenophon, wie die sizilische Reiterei wartete, bis die Phalanx sich auflöste. Herumstreicher griff sie dann an und bewarf diese mit Speeren. Vgl. Equ. mag. 4,18–20, wo Xenophon sagt, daß die Reiterei mehrere kleinere Raubzüge machen solle. Wie ein Wolf oder eine Krähe solle die Reiterei, was nicht verteidigt ist, erschnappen und sofort wieder wegreiten. Man beachte nochmals das Hdt. 5,63–64 beschriebene Schicksal thessalischer Reiter. Vgl. auch Thuk. 6,66: Während der Schlacht selbst wurde die syrakusische Reiterei geschlagen. Nach der Schlacht aber, als die athenischen Hopliten aus der Phalanx heraustraten, um die fliehenden sizilischen Hopliten zu verfolgen, hatte die Reiterei der Syrakusaner Erfolg und verhinderte die Verfolgung, so daß die sizilischen Hopliten den Athenern schließlich entkamen.
505 Vgl. Xen. Hell. 4,3,4, und Thuk. 6,66.

richten. Aber in dieser Wendung besteht eine große Gefahr für die Hopliten: Denn wenn die Phalanx auseinanderbricht, kann sie vernichtet werden. Auch unter diesen Umständen konnten erfahrene Hopliten die Phalanx wohl zusammenhalten, doch blieb diese Taktik für Reiter die einzig erfolgversprechende gegen eine kompakte Phalanx.[506] Dies alles hat zur Folge, daß sich die Reiterei aller Wahrscheinlichkeit nach aus dem Hoplitenkampf selbst entwickelte, weil man im Laufe der Zeit merkte, wie man mit Reitern die geschlossene Phalanx zur Auflösung bringen konnte.[507] Die schwache Stelle in der Rüstung der Phalanx dürfte dementsprechend die Entwicklung der Reiterei gefördert haben.

Über die Waffen eines Reiters seien nun einige Worte gesagt. Im Normalfall war die Hauptwaffe des Reiters im sechsten und im fünften Jahrhundert der Wurfspieß – wie vor allem die Vasenbilder belegen.[508] Die Situation im vierten Jahrhundert hingegen erhellen die zahlreichen Äußerungen Xenophons zu diesem Thema: dem Reiter empfahl dieser erfahrene Feldherr mit Nachdruck mehrmals den Wurfspeer.[509] Erst in einer späten Schrift zeigte sich Xenophon davon überzeugt, daß der Reiter auch die Stoßlanze verwenden konnte.[510] Des weiteren verwandten die makedonischen Reiter unter Philipp und Alexander im vierten Jahrhundert sowohl die Stoßlanze als auch den Wurfspeer. Um die Mitte des vierten Jahrhunderts erkennt man auch den ersten (thessalischen) Reiter, der mit ausgestreckter Stoßlanze anstürmt.[511] – Obwohl man im Notfall den Wurfspeer

506 Greenhalgh, Greek Warfare (Anm. 415) 78–79.

507 Greenhalgh, Greek Warfare (Anm. 415) 79–80, 99 und 147.

508 Der unbewaffnete Knappe des siebenten Jahrhunderts erhielt später einen Wurfspeer: CVA Deutschland 24, Tafel 1150.2 – ein Knappe ist zweifellos unbewaffnet; der andere hingegen könnte bewaffnet sein. Unzweifelhaft ist es auf Necrocorinthia, Nr. 986, Tafel 34.8; CVA Italia 18, Tafel 869.1 und CVA Italia 20, Tafel 950.

509 Xen. Equ. rat. 12,11–12. Die Hauptwaffe des Reiters sollten zwei Wurfspeere aus Kornelkirschholz sein. Den ersten sollte man werfen und dann kehrtmachen, während man den zweiten notfalls als Stoßlanze verwenden konnte. Dazu aber sollte es gar nicht kommen, wenn der Reiter auf vernünftige Weise kämpfte. Unvernünftig waren die Xen. Hell. 5,4,39–40 beschriebenen boiotischen Reiter. Sie kämpften zwar mit Wurfspeeren, warteten aber zu lange, ehe sie kehrtmachten, und wurden deswegen geschlagen. Xenophon erwähnt auch einen Fall von griechischen Reitern, die mit Stoßlanzen kämpften (Xen. Hell. 3,4,13–14). Ihre Lanzen waren aber zu schwach und unhandlich, weswegen sie bei jedem Zusammenstoß mit den persischen Reitern zerbrachen, welche Wurfspeere aus Kornelkirschholz benutzten. Andererseits kämpften Xen. Hell. 7,1,20–21 die erfolgreichen Syrakusaner mit Wurfspeeren. Als Nebenwaffe empfiehlt Xenophon statt eines ξίφος, eines langen Schwertes, eine μάχαιρα, ein kurzes Schwert oder Dolch. Dennoch erwartete er gar nicht, daß sich der Reiter seiner μάχαιρα bedienen müßte, wie sich aus dem oben Gesagten sicherlich ergeben hat. Andersons Schlußfolgerung (Horsemanship [Anm. 492] 151) zitieren wir noch: „Xenophon's instructions for training horse and rider look forward to skirmishing with missiles and wheeling out of harm's way after they have been thrown."

510 An zwei Stellen spricht Xenophon von dem Gebrauch der Stoßlanze in der persischen Reiterei: Kyr. 7,1,2 und 6,2,16. An letzterer hält er die Stoßlanze für vorteilhafter – möglicherweise änderte er seine Meinung gegen Ende seines Lebens: Anderson, Horsemanship (Anm. 492) 151, spricht von „second thoughts."

511 P. Gardner, Catalogue of the Greek Coins in the British Museum, Thessaly, London 1883, Pherae 14 Tf. 10, Abb. 11. Gardner gibt als Datum „ca. 369–357" an. Auf den älteren

als Stoßlanze verwenden konnte und einige dem Wurfspeer die Stoßlanze anscheinend vorzogen,[512] ändert sich in der Hauptsache nichts: der Kampf zu
Pferde im sechsten, im fünften und zum Teil noch im vierten Jahrhundert war fast
immer der Fernkampf. Was nun in allen Teilen Griechenlands im sechsten und
fünften Jahrhundert für die Reiterei die Regel war, galt in den wenigen, hinsichtlich der Reiterei fortschrittlichen Gebieten, namentlich Thessalien, im siebenten
erst recht. Demzufolge müssen wir jetzt mit Bezug auf den Lelantischen Krieg
die Frage stellen, ob diese Kampfesweise den Euboiern zuwider war und ob sie
ihrer Vereinbarung widersprach. Es ist bereits gesagt worden, daß ein Wurfspeer
nicht vertragswidrig war. Die Hauptwaffe der Euboier war jedoch nach Archilochos das Schwert. An ihn vor allen anderen müssen wir uns halten, denn er war
doch ein Zeitgenosse des Krieges. Er sprach vom Schwert, und zu Pferd kämpfte
man einfach nicht mit dieser Waffe.[513] Ferner scheint der euboiische Nahkampf,
den fast alle Zeugen belegen, den Fernkampf der Reiterei auszuschließen.[514]

Was sich aus dieser Besprechung der Reiterei ergibt, ist völlig klar: Erstens
läßt sich, abgesehen von Thessalien, eine wirkliche Kavallerie im siebenten
Jahrhundert nicht nachweisen.[515] Zweitens deutet eine Reiterei auf eine Kamp-
fesweise hin, die den Euboiern nicht gefiel, u.a. weil sie ihre Lieblingswaffe, das
Schwert, nicht hätten einsetzen können. Drittens benutzten aus eben diesen
Gründen die bei Strabon belegten eretrischen Reiter ihre Pferde wohl nur als
Transportmittel.

Münzen tragen die thessalischen Reiter des öfteren zwei Speere, d.h. sicher Wurfspeere:
Larissa 38; 11 Tafel 4, Abb. 10; 22 Tafel 4, Abb. 14; Perrhaebi 2 und 3 Tafel 4, Abb. 8;
Pellina 1 Tafel 8, Abb. 1. Auf anderen Münzen hingegen trägt der Reiter nur einen Speer,
nur ist nicht deutlich zu erkennen, um was für einen Speer es sich handelt: Larissa 12; 84–
86 Tafel 6, Abb. 12; 39 und 40 Tafel 5, Abb. 5; Pelinna 2–4 Tafel 8, Abb. 2–3. Pelinna 5
Tafel 8, Abb. 4, kämpft der Reiter mit einem Speer, den er als Stoßlanze verwendet. Für
diese Münze gilt dasselbe wie für die wenigen Vasenbilder, die Reiter mit Stoßlanzen
darstellen (siehe nächste Anmerkung).

512 Siehe Greenhalgh, Greek Warfare (Anm. 415) Abb. 64 und 67. Wir wissen eigentlich nicht,
    ob es sich um einen Not- oder Sonderfall handelte (der Reiter verfolgte fliehende Hopliten;
    er wurde angegriffen, bevor er abspringen konnte). Auch Xenophon, der den Fernkampf
    bevorzugt, gibt zu, daß der Reiter seinen Speer als Stoßlanze verwenden sollte, falls er
    mußte. Die überwiegende Mehrheit der Reiter aber scheint ihre Speere geworfen zu haben.
513 Greenhalgh, Greek Warfare (Anm. 415) 91: „The sword was the least likely weapon to use
    from horseback." Die einzigen Reiter, die Schwerter verwenden, sind Perser in einem
    einzigen Bild auf einem Sarkophag (Greenhalgh, ebenda, Abb. 77). Sonst sind Schwerter
    bei der Reiterei nicht bezeugt – außer den Dolchen für den Notfall (Xen. Equ. rat. 12,11).
    Die Reiter der römischen Kaiserzeit hingegen benutzten in der Tat Langschwerter, die
    sogenannten *spathae* (bereits Tac. Ann. 12,35 bezeugt), wenngleich unter völlig anderen
    taktischen Bedingungen.
514 Es wäre denn, – wofür jedoch wenig spricht –, daß Archilochos die Reiterei und den mit ihr
    verbundenen Fernkampf irgendwie vergessen hätte, wie Helbig, Ἱππεῖς (Anm. 492) 26–28
    meint.
515 Über das achte und siebente Jahrhundert urteilt Greenhalgh, Greek Warfare (Anm. 415) 75
    wie folgt: „The weight of archaeological evidence coupled with that of the Homeric poems
    supports the thesis that the *hippeis* used their horses principally for transport."

3. WEITERE AUFFASSUNGEN VOM HEERWESEN
WÄHREND DES KRIEGES

Sir John Boardman schlägt zwei Kriege (bzw. zwei Phasen eines sehr langen Krieges) vor: einen Reiterkrieg und einen Hoplitenkrieg.[516] Auch Donlan neigt zu einer solchen Auffassung, offenbar weil ihm die Berichte über das Heerwesen unvereinbar scheinen.[517] Wenn aber diejenigen Quellen, die auf einen Reiterkrieg hindeuten, oben richtig erklärt worden sind, dann scheidet diese Vorstellung von der Unvereinbarkeit der Berichte aus. Obgleich es denkbar wäre, daß es mehrere Kriege gab – einige Zeugnisse scheinen einen Krieg kurz vor und nach der Wende vom achten zum siebenten Jahrhundert zu belegen, während Archilochos von einem Krieg um 650 spricht[518] – kann man aufgrund des Heerwesens keinesfalls auf zwei Kriege schließen.

Eine weitere These über das Heerwesen in diesem Krieg dürfen wir hier am Ende des Kapitels behandeln. Angelo Brelich schlägt nämlich vor, daß der Krieg kein wirklicher Krieg, sondern eine Reihe von Agonen gewesen sei: „la guerra tra Eretria e Calcide non sia stata propriamente una guerra, nel senso moderno della parola, bensí una contesa di carattere agonistico o cavalleresco."[519] Strabon redet 10,1,12 von „l'ἀγών [d.i. ‚Wettkampf'] - termine che egli contrappone a πόλεμος [d.i. ‚Krieg']."[520] An eben dieser Stelle aber beschreibt er den Krieg auch als einen πόλεμος. Herodot sowie Thukydides glaubten, daß der Krieg ein πόλεμος gewesen sei.[521] Also argumentiert Brelich gegen die Meinung bedeutender antiker Autoren. Seine weiteren Argumente seien nun angeführt: 1.) Der Agon sei von der Religion geprägt, und die Lelantische Ebene sei nun einmal ein besonders religiöser Ort.[522] Letztere Behauptung sollen der Aufenthalt des Apollon in der Ebene im homerischen Hymnos, die Fahrt der Hyperboreier bei Kallimachos und schließlich das Temenos, das die Athener nach der Eroberung der Ebene ihrer Schutzgöttin widmeten, bestätigen.[523] Nichts davon ist ausreichend: Apollon geht durch die märchenhaft fruchtbare Ebene, damit er es zu Gunsten Delphis ablehnen kann, dort seinen Tempel zu bauen. Die Hyperboreier, die Apollon besuchen wollen, reisen über die Ebene, weil Apollon über sie gereist ist. Natürlich waren die Athener der Athena wegen des Sieges über Chalkis sowie wegen des Erwerbs einer fruchtbaren Ebene sehr dankbar. Daher nimmt es niemanden wunder, daß sie ihre Göttin dort verehrten. 2.) Amphidamas soll nach Brelich den Tod in einer Monomachie gefunden haben.[524] Wir haben bereits gesehen, daß er

---

516 Boardman, Euboean Pottery (Anm. 64) 29.
517 Donlan, Archilochus (Anm. 410) 139 und Anm. 23.
518 Siehe oben, Kapitel 4, Teil 5.
519 Brelich, Guerre (Anm. 397) 16. Vgl. Gardner, Numismatic Note (Anm. 6) 91.
520 Brelich, Guerre (Anm. 397) 16.
521 Hdt. 5,99; Thuk. 1,15.
522 Brelich, Guerre (Anm. 397) 17.
523 Der Reihenfolge nach: Hymn. Hom. Ap. 220–221; Kallim. Del. 287–289; Ail. Var. hist. 6,1.
524 Brelich, Guerre (Anm. 397) 18.

in der Tat in einer Seeschlacht fiel.[525] 3.) Schließlich macht Brelich darauf aufmerksam, daß der Vertrag über die Fernwaffen im eretrischen Artemisheiligtum in Amarynthos aufgestellt wurde und daß im Rahmen des euboiischen Artemiskultes ein Kriegstanz (πυρρίχη) stattfand.[526] Weder mit dem Vertrag noch mit dem Krieg muß die Ausführung dieses Kriegstanzes gelegentlich des Artemisfestes etwas zu tun haben. Da sich das wichtigste Fest auf Euboia ohnehin in diesem Heiligtum abspielte und da dieses Heiligtum das wichtigste der Eretrier war, verwundert es nicht, wenn die Eretrier einen wichtigen Bericht dort aufstellen ließen. Brelichs These ist deshalb nicht haltbar.

4. ZUSAMMENFASSUNG

Den Herren Euboias war eine Art des Hoplitenkampfes zwar bekannt, doch zogen sie der Stoßlanze das Schwert vor. Ihre Pferde verwandten die Hippobotai und die Hippeis als Transportmittel statt als eine Reiterei. Auf alle Fernwaffen (Bogen und Schleuder) mit Ausnahme des Wurfspeeres verzichteten sie gemäß ihrem Vertrage und kämpften im Handgemenge mit dem Schwert, „denn die kriegerischen Herren Euboias sind in dieser Art des Kampfes erfahren."

525 Scholion zu Hes. Op. 654 = Plut. Fr. 84 Sandbach. Die Emendation Hermanns, der ναυμαχέω zu μονομαχέω korrigieren wollte, haben wir bereits besprochen – siehe oben zu Anm. 396. In der Tat weiß Brelich, Guerre (Anm. 397) 10, daß diese angebliche Monomachie in der Handschrift gar nicht bezeugt ist: „la parola ναυμαχοῦντα – Amphidamas sarebbe caduto in una battaglia navale! – è stata emendata in μονομαχοῦντα già da Hermann." Darüber hat er leider nicht mehr zu sagen.

526 Brelich, Guerre (Anm. 397) 18–21. Zwischen den Kureten Strabons und einem Kriegstanz gibt es eine Verbindung, auf die Brelich nicht aufmerksam macht. Zufolge einer Legende (Quellen bei Schwenn, RE s.v. Kureten, 2206) über die Geburt des Zeus, übergab Ge den Kureten auf Kreta das Kind. Wenn der junge Zeus weinte, tanzten die Kureten und machten mit ihren Waffen viel Lärm, damit Kronos das Weinen des Kindes nicht hören sollte. Die Geschichte ist zweifellos ohne Belang.

KAPITEL 6:
DIE BUNDESGENOSSEN

Weil Thukydides (1,15) sagt, daß der Lelantische Krieg ein panhellenischer gewesen sei, sieht man sich bemüßigt, die Bundesgenossen von Chalkis und Eretria zu benennen. Leider hat man antike Bestätigungen der Teilnahme am Krieg nur im Falle von Samos, Milet[527] und Thessalien,[528] wohingegen die anderer Staaten aus dem widerspenstigen Beweismaterial mühsam erschlossen werden muß. Indes setzen einige Forscher die Liste teilnehmender Staaten trotz der offensichtlichen Schwierigkeiten bis auf rund vierzig Teilnehmer fort.[529] Dagegen beschränken sich einige auf insgesamt sechs oder sieben beteiligte Staaten,[530] während andere ihrerseits für neun oder zehn eintreten.[531] Wieder andere ziehen vor, die Teilnehmer auf Chalkis, Eretria und vielleicht Thessalien zu reduzieren.[532]

Bevor wir uns am Ende dieses Abschnittes einer Skizzierung der beiden Bündnissysteme sowie einer These zu den konkreten Leistungen der einzelnen Staaten im Rahmen des Lelantischen Krieges widmen, möchte ich wegen der vielen Meinungsunterschiede in dieser Sache zunächst anhand folgender Kriterien feststellen, ob ein Staat als Teilnehmer am Krieg überhaupt in Frage kommt: 1.) Es muß bewiesen werden, daß der betreffende Staat zur Zeit des Lelantischen Krieges zunächst einmal gegen einen anderen Staat Krieg führte. 2.) Es muß bewiesen werden, daß der betreffende Staat zu dieser Zeit mit Chalkis bzw. Eretria befreundet und mit dem anderen Kontrahenten verfeindet war. Der andere kriegführende Staat – falls es sich hierbei nicht um einen der beiden euboiischen handeln sollte – muß mit mindestens einer von diesen verfeindet oder befreundet gewesen sein. Wenn diese beiden Bedingungen erfüllt sind, dann können wir eine

---

527 Für Samos und Milet siehe unten, Kapitel 6, Teil 1.

528 Für den Fall von Thessalien siehe unten, Kapitel 6, Teil 4.

529 Z.B. Burn, Trade-Leagues (Anm. 95) . Burn besteht allerdings nicht auf der Teilnahme jedes dieser Staaten.

530 Busolt, Gr. Gesch. 1.1², 455–457, meint, daß Samos, Korinth und Thessalien Chalkis zu Hilfe gekommen seien, während Milet und Megara Eretria Hilfe geleistet hätten. Diese Meinung teilt auch N.G.L. Hammond, History of Greece, Oxford 1986, 136. Beloch, Gr. Gesch. I.1², 338–339, glaubt, daß Samos und Thessalien Chalkis zur Seite gestanden hätten, während Milet und Korinth Eretria geholfen haben sollen.

531 Für folgende Bundesgenossen tritt z.B. Forrest, Colonisation (Anm. 244), ein: Samos, Erythrai, Korinth, Sparta und Thessalien auf der Seite von Chalkis; Milet, Chios, Megara und Messene auf der Seite von Eretria. Ferner soll Delphi der chalkidischen Seite freundlich gesinnt gewesen sein.

532 Lambert, Thucydidean Scholium (Anm. 32); Tausend, Mythos (Anm. 242); ders. Amphiktyonie (Anm. 27) 137–145.

Teilnahme des betreffenden Staates erwägen – sofern es keine Ungereimtheiten innerhalb des betroffenen Bündnisses gibt, d.h. daß zwei mit Chalkis verbündete Staaten miteinander nicht verfeindet sein dürfen usw.

Dieses Kapitel zerfällt in fünf Einzeluntersuchungen, deren Reihenfolge ist:
Teil 1: Samos und Milet
Teil 2: Erythrai und Chios
Teil 3: Korinth und Megara
Teil 4: Thessalien
Teil 5: Paros und Naxos; Sparta und Messene u.a.m.

1. SAMOS UND MILET

Herodot sagt, daß Samos und Milet am Lelantischen Kriege teilnahmen:

οἱ γὰρ δὴ Μιλήσιοι πρότερον τοῖσι Ἐρετριεῦσι τὸν πρὸς Χαλκιδέας πόλεμον συνδιήνεικαν, ὅτε περ καὶ Χαλκιδεῦσι ἀντία Ἐρετριέων καὶ Μιλησίων Σάμιοι ἐβοήθεον.[533]

„Denn vorher hatten die Milesier zusammen mit den Eretriern den Krieg gegen die Chalkidier ausgefochten, während die Samier gar den Chalkidiern gegen die Eretrier und die Milesier halfen.“

Obschon einige Forscher[534] trotz dieser deutlichen Äußerung Herodots argumentiert haben, daß Samos und Milet am Krieg nicht teilgenommen hätten, werden wir wohl Herodot hier beim Worte nehmen müssen. Denn die Aussage Herodots läßt sich durch unabhängiges Material zum Teil bestätigen, wie wir gleich sehen werden.

Es ist z.B. sehr gut möglich, daß Samos und Milet schon im frühen siebenten Jahrundert gegeneinander Krieg führten. Der Zankapfel war das Gebiet der Stadt Melie, welche einige ionische Städte zerstörten[535]:

[Ion] eas colonias...deduxit...[et] constituit Ephesum, Miletum, Myunta..., Prienen, Samum, Teon, Colophona, Chium, Erythras, Phocaeum, Clazomenas, Lebedon, Meliten (haec Melite propter civium adrogantiam ab his civitatibus bello indicto communi consilio est sublata...).[536]

[Ion] führte ... diese Kolonien hinaus ... [und] gründete Ephesos, Milet, Myus..., Priene, Samos, Teos, Kolophon, Chios, Erythrai, Phokaia, Klazomenai, Lebedos, Melite (dieses Milete wurde ob der Überheblichkeit der Bürger von diesen Städten in einem durch gemeinsamen Beschluß erklärten Krieg vernichtet...).“

---

533 Hdt. 5,99,1.
534 Z.B. Tausend, Mythos (Anm. 242) 514.
535 G.L. Huxleys These, daß Melie nicht zerstört worden wäre (Early Ionians, London 1966, 48 und Gnomon 31, 1959, 702–703), ist einer Widerlegung nicht wert.
536 Vitruv, 4,1,4.

Nun, eine Stadt namens „Melite" ist sonst unbekannt, aber Vitruv weist sicherlich auf die bekannte Stadt „Melie" auf der Halbinsel Mykale gegenüber von Samos hin.[537] Einen Krieg gegen Melie bezeugt auch eine Inschrift aus Priene, die sich mit einem rhodischen Schiedsspruch beschäftigt.[538] Denn die Samier und die Priener hatten die Rhodier aufgerufen, einen Streit zu schlichten, den beide um ein Gebiet namens Batinetis führten. Ihr Besitz dieses Gebietes war nun eine Folge desselben Krieges, den auch Vitruv erwähnt. Aus einer anderen Inschrift aus Priene erfahren wir zudem, daß dieser Melische Krieg früher als das Eindringen der Kimmerier in Ionien stattgefunden hatte.[539] Die Kimmerier führte Lygdamis kurz nach 650 gegen Ionien,[540] also gehört die Zerstörung von Melie in eine noch frühere Zeit. Aus dem archäologischen Befund geht hervor, daß die Bestattungen in der Nekropole, welche man der Stadt Melie zuweist, um 700 aufhörten.[541] Natürlich hätte es eine andere, noch nicht gefundene Nekropole geben können, so daß der archäologische Befund nicht ganz entscheidend für die Datierung der Zerstörung von Melie sein muß. Mit dem Zeitraum von 700 bis etwa 675 werden wir uns wohl zufrieden geben müssen.

Aus dem archäologischen Befund läßt sich weiter erschließen, daß die Melier wahrscheinlich Karier waren. Denn manche Gräber, namentlich ein monumentales Prachtgrab, erinnern an karische.[542] Des weiteren nennt der ionische Geograph Hekataios von Milet Melie „eine Stadt Kariens" (πόλις Καρίας).[543] Schließlich trug das Gebiet Melies in späteren Zeiten den Namen „Karion".[544] Die einfachste Erklärung des Melischen Krieges wäre demgemäß eine Ausdehnung

537 Hekat. FGrHist 1, Fr. 11 = Steph. Byz. s.v. Μελία.
538 F. Hiller von Gaertringen, Inschriften von Priene, Berlin 1906, Nr. 37.
539 Welles, Royal Correspondence (Anm. 297) Nr. 7, Z. 16–18. Siehe auch T. Lenschau, De rebus Prienensium, Diss. Leipzig 1889, 135.
540 Siehe oben, Kapitel 4, Teil 1, C.
541 G. Kleiner u.a., Panionion und Melie, Berlin 1967, 93.
542 Coldstream, Geometric Greece (Anm. 61) 97. Demgegenüber ist die Keramik zwar ionisch (Kleiner, Panionion [Anm. 541] 82), doch können Karier die bessere Keramik ihrer ionischen Nachbarn in Samos, Priene, Milet und Ephesos benutzt haben.
543 Hekat. FGrHist 1, Fr. 11. Man beachte den Unterschied zu seiner Beschreibung von Milet: πόλις..ἐν Καρίᾳ τῶν Ἰώνων, „eine Stadt...der Ioner in Karien" (FGrHist 1, Fr. 240 = Steph. Byz. s.v. Μίλητος).
544 Inschriften von Priene (Anm. 538) Nr. 37, passim. G.L. Huxley, Theopompos and Melia, PP 15, 1960, 57–58, hat zum Theopomp-Text (FGrHist 115, Fr. 103.15) eine Ergänzung vorgeschlagen, der zufolge Theopomp eine Tochter, Melias (Μηλίας), des Mopsos zum Eponymen von Melie (Μελία) gemacht hätte. Theopomp spricht von Mopsos und dessen drei Töchtern und führt zudem Städte an, deren Eponymen Mopsos und zwei der Töchter gewesen sein sollen. Für Mēlias aber nennt er keine Stadt. Angenommen, daß eine solche Stadt zu ergänzen sei, daß die Ergänzung Huxleys besser als jene anderer sei, daß Theopomp Mopsos sehr eng mit Kolophon (siehe Paus. 7,3,1–4) verbunden habe und daß Theopomp, wie Huxley meint, habe sagen wollen, daß Melie eine Gründung Kolophons gewesen sei, selbst dann hat diese Eponymenspielerei Theopomps im vierten Jahrhundert gar keinen Anspruch auf Glaubwürdigkeit. Tausend, Amphiktyonie (Anm. 27) 72, ist Huxley dennoch gefolgt.

griechischer Städte zu Ungunsten der Einheimischen.[545] Aus all dem dürfte schon
deutlich geworden sein, daß wir Vitruv nicht beim Worte nehmen können, denn
es ist kaum wahrscheinlich, daß eine karische Stadt Mitglied des ionischen
Bundes geworden wäre. In dem Exkurs Vitruvs finden sich auch abgesehen
davon viele Fehler,[546] weswegen es uns doch erlaubt sein wird, mehreres bei ihm
in Anbetracht früherer Quellen und archäologischer Funde zu korrigieren.

Z.B. würde man trotz der Aussage Vitruvs nach Lektüre der Inschriften
meinen, daß nur vier Städte gegen Melie ins Feld zogen, denn nur vier Städte
schlugen aus dem Krieg Gewinn.[547] Samos und Priene haben wir bereits erwähnt,
aber aus folgendem Zitat aus einer Inschrift des dritten Jahrhunderts ergibt sich,
daß auch Milet und Kolophon Teile des melischen Territoriums an sich rissen:

[...οἱ δὲ Σάμιοι ἔλε]-
γον διότι ἔλαχον] Κάριον καὶ Δρυοῦ[σσαν, καὶ ἐπεδ]είκν[υον ἐν]
[ταῖς Μαιανδρ]ίου τὸ Μιλησίου ἱστο[ρίαις κατακε]χωρισμ[ένον],

545 So G. Shipley, Samos, Oxford 1987, 30. Des öfteren hat man an einen sogenannten
„heiligen Krieg" gedacht, den die Ioner gegen die Melier wegen Verletzung sakraler Rechte
o.ä. geführt hätten: siehe U. von Wilamowitz-Moellendorff, Panionion, SPAW, 1906, Nr. 3,
8 [45]. Dies scheint wirklich unnötig, zumal es keines heiligen Krieges bedarf, um Städten
den Anreiz zu geben, eine andere Stadt zu zerstören. Habgier genügt.
546 Eine Aufzählung der Fehler bei Wilamowitz, Panionion (oben Anm. 545) 1 [38].
547 Siehe C. Roebuck, The early Ionian League, CP 50, 1955, 32–33, oder T. Lenschau, Die
Gründung Ioniens und der Bund am Panionion, Klio 36, 1944, 234. Aus diesen Gründen
glaube ich nicht, daß man die Vitruvstelle als Argument für das Vorhandensein des Ionischen Bundes im späten achten Jahrhundert akzeptieren kann. Die Aussage des Vitruv
nimmt G. Ragone, La guerra meliaca e la struttura originaria della lega ionica in Vitruvio 4,
1, 3–6, RFIC 114, 1986, 175, in diesem Punkt viel zu ernst. Was die weitere These Ragones
betrifft, daß der Ionische Bund ursprünglich 13 statt 12 Mitglieder gehabt habe, so kann ich
nur sagen, daß das karische Melie (die angebliche dreizehnte Stadt) kaum ein Mitglied des
Bundes gewesen ist. Ragone (187–194) hat zwar gezeigt, daß Vitruv einer kolophonisch-
smyrnaiischen Quelle den Bericht entnahm, daß es einst ein dreizehntes Mitglied des
Ionischen Bundes gegeben habe. Leider sieht Ragone nicht, daß diese Quelle, welche den
Einzug Smyrnas in den Bund im zweiten Jahrhundert zu rechtfertigen hatte, ein ursprüngli-
ches dreizehntes Mitglied erfunden haben kann. In diesem Punkte ist der selbst aus Kleinasien stammende Herodot ganz klar: der ursprüngliche Bund hatte nur zwölf Mitglieder
(1,143,3). Die These von Wilamowitz, Panionion (Anm. 545) 8[45]–9[46], daß der Melische Krieg den Anreiz zur Gründung des Bundes dargeboten habe, halte ich ebenfalls für
verfehlt, denn wir haben nur das Wort Vitruvs, daß alle zwölf Städte des Bundes am Kriege
teilnahmen.
Was das Alter des Ionischen Bundes anbelangt, spricht doch einiges dafür, daß er seit den
frühesten Zeiten bestanden hatte. Denn ein Beamter des Bundes hieß βασιλεὺς Ἰώνων,
„König der Ioner" (siehe P. Carlier, La Royauté en Grèce avant Alexandre, Strasbourg
1984, 450–455). Eine derartige Titulatur kann nur in der Frühzeit (spätestens im siebenten
Jahrhundert) entstanden sein. Alles spricht aber dafür, daß der Bund zu diesen Zeiten ein
sehr loser, zu keiner gemeinsamen Außenpolitik fähiger Zusammenschluß war – sowohl
angesichts der Ausdehnung des lydischen Reiches im Laufe des siebenten Jahrhunderts als
auch gegenüber der bevorstehenden persischen Eroberung im sechsten, wie die damaligen
Vorschläge des Thales und des Bias (Hdt. 1,170) zeigen. Über den Ionischen Bund hat
zuletzt Tausend, Amphiktyonie (Anm. 27) 90–95, gehandelt.

55 [διότι καὶ ἁ] λοιπὰ χώρα ἁ Μελιὰς [ὑπὸ ᾿Ιώνων κοινο]ῦ αὐτοῖς ἐ[πε]-
[κλαρώθη μ]ετὰ τὸμ πόλεμον τὸμ Με[λιακόν· εἶτ' ἀλλάξα]σθαι αὐτᾶ[ς
Σα]-
[μίους] παρὰ μὲν Μιλησίων ᾿Α[κάδαμιν ἐφ' ᾧ δοῦναι τοῖ]ς αὐτοῖς
Θή[βας]
[καὶ Μ]αραθήσιον, καθώ[ς καὶ τὸ ᾿Ιώνων δικαστήρι]ον ὑπὲρ αὐ[τῶν ἔ]-
[κρινε] Πανιωνίοις [ἐν τῷ συλλόγῳ· παρὰ] δὲ Κολοφωνίων
60 ῎Αναια...[548]

„[...Die Samier aber sagten, daß] (ihnen) Karion und Dryou[ssa zugeteilt
worden seien, und z]eigt[en in den] Histo[rien des Maiandr]ios von Milet
[das Niederge]schrieb[ene; ferner, daß das] übrige Gebiet von Melie [vom
Ionischen Bund]e ihnen z[ugeteilt worden sei n]ach dem Me[lischen Krieg:
dann nahmen die Samier im Tausch] dafü[r] von den Milesiern A[kadamis,
aus welchem Anlaß sie (die Milesier) ihnen (den Samiern) The[ben und
M]arathesion [gaben], wi[e auch der Gerichtshof der Ioner] zu ih[ren] (der
Samier) Gunsten bei den Panionia [in der Versammlung entschied]. Aber
[von] den Kolophoniern Anaia..."

Obgleich dieser Teil der Inschrift stark ergänzt werden mußte, läßt es sich trotz
allem doch erkennen, daß Teile des ehemaligen melischen Gebiets nach dem
Melischen Krieg auch Milet und Kolophon zufielen.[549] Später aber gab es Verän-
derungen im Besitzstand: Samos erhielt Akadamis, Theben und Marathesion,
welche die Milesier zuvor gehabt zu haben scheinen. Dafür aber bekam Milet
„das übrige Gebiet von Melie." Die Kolophonier ihrerseits gaben oder verloren
Anaia an eine Stadt, deren Name in der Lücke verschwunden ist. Die ganze Frage
war schon im Altertum sehr umstritten; und es hatten sich mehrere Autoren dazu
geäußert, welchem Staate welche Teile Mykales ursprünglich zugehört hätten:
Maiandrios von Milet; Euagon, Olympichos, Uliades und Duris von Samos;
Kreophulos und Eualkes von Ephesos sowie Theopomp von Chios.[550] Die Mei-

---

548 Inschriften von Priene (Anm. 538) Nr. 37, Z. 52–60 – man beachte, es ist der S. 309
   angegebene Text. Nicht jede Ergänzung ist sicher. Andere Ergänzungen bei Lenschau, Die
   Gründung Ioniens und der Bund am Panionion, Klio 36, 1944, 234.
549 Ephesos fügt Kleiner, Panionion (Anm. 541) 91, versehentlich hinzu. Daß das relativ weit
   entfernte Kolophon Gebiete erwarb, zeigt, daß auch die entfernteren Städte des Bundes
   Land hätten erwerben können, wenn sie am Kriege teilgenommen hätten. Daß das benach-
   barte Ephesos kein Land bekam, zeigt andererseits, daß nicht jede Stadt des Bundes
   teilnehmen wollte. Wilamowitz, Panionion (Anm. 545) 6[43], schlägt vor, daß Ephesos sein
   Land wegen der von den Kimmeriern verursachten Zerstörung der Stadt verloren haben
   könnte. Doch geht aus Royal Correspondence (Anm. 539) Nr. 7 hervor, daß die Kimmerier
   den damaligen Besitzstand nicht änderten. Gegen die These von Wilamowitz spricht auch,
   daß Ephesos an dem kläglichen Streit um das ehemalige Territorium Melies nie teilnahm.
   Wenn Ephesos einst Land dort besessen hätte, dann hätte es doch auch während der
   langwierigen Diskussion über den Besitz der Halbinsel versucht, seinen eigenen Anspruch
   geltend zu machen.
550 Inschriften von Priene (Anm. 538) Nr. 37, Z. 54, 104–105, 109, 120–122. Der Reihenfolge
   nach: FGrHist 491, Fr. 1; FGrHist 535, Fr. 3; FGrHist 537, Fr. 2; FGrHist 538, Fr. 1;

nungen gingen auseinander. Nach Theopomp z.B. hätte Theben zuerst zu Samos gehört,[551] wohingegen Maiandrios der Meinung war, daß Milet Theben zuerst besessen habe. Uns aber muß es hier nicht länger interessieren, welches Gebiet ursprünglich zu Milet, Samos, Priene oder Kolophon gehörte, denn uns genügt die Feststellung, daß sich der Besitz jeder einzelnen Stadt mehrmals änderte.[552] Ob dies alles in freundlichem Einvernehmen geschah, wie die Ergänzung der Inschrifft (Z. 56: ἀλλάξα]σθαι) nahelegt, mag zweifelhaft erscheinen.[553] Denn zu historischen Zeiten kämpfte man ständig in diesem Gebiet,[554] und es ist anzunehmen, daß es in der Frühzeit nicht wesentlich anders war, zumal es oft genug vorkommt, daß zunächst fest verbündete Sieger sich über die Verteilung der Beute bald streiten. Wie wir schon gesehen haben, wechselten samische und milesische Gebiete den Besitzer.

Jetzt muß geklärt werden, wie Samos und Milet im Verhältnis zu Chalkis und Eretria standen. Der Fall von Samos ist relativ klar: Wir verweisen nochmals auf den Akanthosstreit, der Chalkis und Andros dazu veranlaßte, Samos, Paros und Erythrai als Schiedsrichter anzurufen.[555] Freundschaftliche Beziehungen untereinander müssen alle fünf Staaten (abgesehen natürlich von denen zwischen Chalkis und Andros, die sich zu diesem Zeitpunkt stritten) demzufolge gehabt haben. Andere Quellen, die weiteres Licht auf die Beziehungen zwischen Samos und den beiden euboiischen Städten Chalkis und Eretria werfen könnten, sind mir unbekannt, außer einer Inschrift aus der Diadochenzeit, die auf traditionelle, freundschaftliche Beziehungen zwischen Chalkis und Samos hinweist.[556] Ihr aber ist nur geringe Bedeutung für die Frühzeit beizumessen.

Eretria hingegen unterhielt freundschaftliche Beziehungen zu Milet, wie aus der oben zitierten Herodotstelle hervorgeht. Denn auch abgesehen von der dort angeführten Erklärung der eretrischen Unterstützung von Milet müssen wir die Hilfeleistung selbst als historisch akzeptieren. Mir zumindest ist es ferner relativ

FGrHist 76, Fr. 25; FGrHist 417, Fr. 2; FGrHist 418, Fr. 1; FGrHist 115, Fr. 305. Was den Kommentar Jacobys betrifft, verweist er lediglich auf die Arbeit von Wilamowitz (Anm. 545).

551 Theopomp, FGrHist 115, Fr. 23 = Scholion zu Euripides, Andromache, 1: Θεόπομπος δὲ ἐν τοῖς Ἑλληνικοῖς καὶ περὶ τὴν Μυκάλην ἄλλας [sc. Θήβας] εἶναί φησι, ταύτας δὲ Μιλησίους ἀλλάξασθαι πρὸς Σαμίους, „aber Theompompos sagt in den Hellenica, daß es ein anderes Theben auch auf Mykale gebe, aber daß die Milesier dieses im Tausch mit den Samiern erhalten hätten."

552 Einen knappen Überblick über die Besitzveränderungen im Wandel der Jahrhunderte erlaubt das Ortsregister Shipleys, Samos (Anm. 545) 266–268.

553 Vgl. jedoch die oben Anm. 551, angeführte Theopomp-Stelle, in der ebenfalls das Wort ἀλλάσσω, „tauschen, im Tausch nehmen" gebraucht wird.

554 Siehe Shipley, Samos (Anm. 545) 34–35, der zusammenfassend sagt, „it may have been almost a *rite de passage* to fight in defence of the peraea." Auch Shipley glaubt eher an Streit als an ein freundliches Tauschgeschäft; anders Tausend, Amphiktyonie (Anm. 27) 71.

555 Plut. Quaestiones Graecae, 30, p. 298; Piccirilli, Arbitrati (Anm. 182) Nr. 2. Siehe oben, Kapitel 3, Teil 1, B.

556 C. Habicht, Samische Volksbeschlüsse der hellenistischen Zeit, AM 72, 1957, 157, Nr. 1A, Z. 16–17.

klar, daß wir auch die eretrische Erklärung der eigenen Hilfe akzeptieren sollten.[557] Darüber hinaus kennen wir einen noch interessanteren Bericht von einem
milesischen Eingriff in Euboia selbst. Denn laut dieser Geschichte hätten Phitres
und Leodamas, zwei Rivalen königlichen Blutes, den Milesiern viele Schwierigkeiten durch ihre Streitigkeiten gemacht. Endlich hätten die Milesier den
beiden Rivalen vorgeschlagen, daß sie denjenigen, der ihnen die größere Wohltat
erweisen sollte, zum König machen würden. Daraufhin habe Phitres Melos ohne
Erfolg angegriffen, während es Leodamas gelungen sei, Karystos zu erobern und
zu versklaven. Infolgedessen sei Leodamas zum König erhoben worden und habe
sich besonderer Beliebtheit beim Volk erfreut.[558] Leodamas aber habe der ver-
schmähte Phitres ermordet und anschließend sich selbst zum Tyrannen aufgewor-
fen. Späterhin habe er sogar versucht, die Kinder seines gestürzten und ermordeten Rivalen umzubringen, die sich aber nach Assesos in Sicherheit hätten bringen
können. Durch Hilfe zweier Karier aber sei es den Kindern des rechtmäßigen
Königs gelungen, den Phitres zu stürzen, woraufhin die Kinder des Leodamas die
Regierung übernommen hätten.[559] In Nachahmung ihres Vaters hätten dann die
Kinder des Phitres die Kinder des Leodamas umgebracht, weshalb die strapazier-
ten Milesier schließlich Epimenes zum Aisymneten ernannt hätten. Für die
Verfolgung und Bestrafung der Kinder des Phitres habe dieser die Verantwortung
getragen,[560] doch wären jene bereits geflohen.

Es liegt also eine Geschichte vom gewaltsamen Untergang der Könige Milets, der Neleiden, vor. Heute wird, glaube ich, im allgemeinen angenommen, daß
die Geschichten über die Könige Ioniens nicht der Mythologie zuzuweisen seien.
Ganz im Gegenteil scheinen viele dieser Geschichten auf gute Quellen zurückzu-
gehen.[561] Bei früherer Gelegenheit haben wir schon gesehen, daß die gewöhnliche Annahme, nach der es so aussehen könnte, als wären alle Könige Griechenlands nach intensiver Beratung um 700 plangemäß gemeinsam zugrunde gegangen, den Tatsachen nicht gerecht wird.[562] Eine andere gewöhnliche Annahme ist,
daß die Könige im Laufe der Zeit immer schwächer und unerheblicher geworden

---

557 Siehe oben zu Anm. 26.

558 Konon, FGrHist 26, Fr. 1.44.

559 Nikol. Dam. FGrHist 90, Fr. 52. Nikolaos spricht zwar von einem *Amphitres*, doch wird
normalerweise angenommen, daß dieser mit dem Phitres bei Konon identisch ist: z.B.
Jacoby, Kommentar ad loc., Carlier, Royauté (Anm. 547) 438–439, oder Huxley, Early
Ionians (Anm. 535) 50–51.

560 Nikol. Dam. FGrHist 90, Fr. 53. Der Rekonstruktion der Geschichte bei Carlier, Royauté
(Anm. 547) 438–439 folge ich hier. Anders Huxley, Early Ionians (Anm. 535) 50–51.

561 Es sind oftmals Geschichten, die vereinzelt auftreten, d.h. sie waren nicht Teile künstlich
zurecht gemachter „historischer" Werke. Diese Geschichten waren an sich interessant und
blieben deswegen in Erinnerung. An ihnen gibt es zudem wenig Sagenhaftes oder Wunder-
bares, was ebenfalls dafür spricht, daß es sich dabei um echte Überlieferung handelt. Die
Ansicht von R. Drews, Basileus, New Haven 1983, daß alle Erzählungen über die Könige
der archaischen Zeit späte Erfindungen gewesen seien, kann ich nicht teilen.

562 Siehe oben zu Anm. 387–388.

und eines Tages in der Dämmerung der Geschichte verschwunden seien.[563] Das Ende manchen Königshauses war nicht so friedvoll: Die Söhne des Königs Androklos z.B. wurden durch die Ephesier gestürzt.[564] Der samische μόναρχος, „Alleinherrscher,“ Demoteles wurde ebenfalls gestürzt,[565] nur wissen wir in diesem Falle nicht, ob er als Tyrann oder König geherrscht hatte.[566] Einen König von Chios, Hippoklos, kennen wir, den seine Untertanen ermordeten.[567] Einer Verschwörung Adliger fiel der letzte König Erythrais zum Opfer.[568] An Geschichten von ermordeten Königen also scheint es zumindest in Ionien nicht zu mangeln.[569] Was weiterhin den Untergang der milesischen Könige betrifft, so blieben die Mitglieder des Königshauses in Milet: noch im fünften Jahrhundert sind sie inschriftlich belegt.[570] Demnach besteht die Möglichkeit, daß die Neleiden Milets einige Traditionen ihrer Familie aufrechterhielten. Wohlbemerkt kann es sich hierbei um kein Propagandastück handeln, denn die gegenseitige Ausrottung zweier Linien der Familie ist kaum dazu geeignet, das Haus in gutem Lichte erscheinen zu lassen. Derartige Ausrottungen kommen natürlich in der Geschichte vor (man denke nur an die Rosenkriege Englands), und man wird die Geschichte infolgedessen akzeptieren können.

Für eine Datierung des Untergangs der Neleiden gibt es leider wenige Anhaltspunkte: Z.B. reicht die uns überlieferte Aisymnetenliste nur bis 565 zurück. Ein Tyrann, Thrasyboulos, regierte Milet, während Periandros Tyrann von Korinth und Alyattes König von Lydien waren. Periandros gebot über Korinth im Zeitraum etwa von 600 bis 560,[571] wohingegen Alyattes in Lydien in der ersten Hälfte des sechsten Jahrhunderts herrschte. Thrasyboulos wird also ebenfalls in die erste Hälfte dieses Jahrhunderts gehören. Zwei weitere „Tyrannen“ (gemeint

---

563 Siehe z.B. C.G. Starr, The Decline of the Early Greek Kings, Historia 10, 1961, 134: „By and large the *basileis* quietly disappeared as effective leaders of the community.“ Dazu jetzt aber Verf. Vom König zum Tyrannen. Eine Betrachtung zur Entstehung der älteren griechischen Tyrannis, Tyche (im Druck).

564 Steph. Byz. s.v. Βέννα = Ephor. FGrHist 70, Fr. 126 (obwohl Jacoby, Kommentar ad loc., der Meinung ist, daß die Bemerkung zu König Androklos und dessen Söhnen nicht aus Ephoros stamme – siehe aber seinen diesem widersprechenden Kommentar zu FGrHist 421, Fr. 1). Siehe auch Carlier, Royauté (Anm. 547) 442–443.

565 Plut. Quaestiones Graecae, 57, p. 303.

566 Shipley, Samos (Anm. 545) 49, spricht von einem Tyrannen; Carlier, Royauté (Anm. 547) 446, hingegen räumt die Möglichkeit ein, daß Demoteles ein König gewesen sein könnte. Herodot seinerseits kann das Wort in beiden Bedeutungen verwenden: Hdt. 5,46,2 und 61,2.

567 Plut. De mulierum virtute, 3, p. 244–245; Carlier, Royauté (Anm. 547) 449–450.

568 Hippias von Erythrai, FGrHist 421, Fr. 1 = Ath. 6, p. 258–259; Carlier, Royauté (Anm. 547) 444–445.

569 Starrs Bemerkung, a.a.O. (oben Anm. 563) 134, daß es wenige solcher Geschichten gebe, erscheint mir ungerechtfertigt.

570 Meiggs-Lewis, Nr. 43; siehe G. Glotz, Une inscription de Milet, CRAI, 1906, 511–529, und J. Barron, Milesian Politics and Athenian Propaganda, JHS 82, 1962, 1–6. Carlier, Royauté (Anm. 547) 439–440, ist demgegenüber sehr skeptisch, aber Glotz und Barron werden wohl recht haben, wenn sie argumentieren, daß die Namen in der betreffenden Inschrift in erster Linie auf die Neleiden hinweisen.

571 Verf. Chronologie (Anm. 308).

sind vermutlich „Oligarchen" oder „Aristokraten") von Milet kennen wir, Thoas und Damasenor,[572] die vermutlich in die Zeit nach Thrasyboulos zu datieren sind.[573] Infolge all dessen ging das Königtum Milets spätestens um das Ende des siebenten Jahrhunderts zugrunde. Etwa eine Generation vor dem Untergang ihres Hauses herrschten Phitres und Leodamas, weswegen man wohl keine Einwände gegen eine Datierung dieser beiden Könige in die erste Hälfte des siebenten Jahrhunderts haben wird.

Zurück jetzt zu den Feldzügen der beiden Rivalen. Den Angriff des Phitres auf Melos können wir am einfachsten als einen schlichten Raubzug erklären.[574] Leodamas aber kämpfte auf Euboia, einem viel wichtigeren Schauplatz, denn Euboia war in der Frühzeit eines der führenden Gebiete Griechenlands. Da wir uns ohnehin in dem Zeitalter des Lelantischen Krieges befinden, liegt eine Verbindung mit diesem Kriege nahe.[575] Wenn wir nun annehmen, daß das im Süden Euboias gelegene Karystos in archaischer Zeit von Eretria unabhängig war bzw. sich unabhängig machte, dann hätte es sich ohne weiteres während des Lelantischen Krieges mit Chalkis verbünden können. Mit anderen Worten: Karystos wäre Eretria gewissermaßen in den Rücken gefallen. Unter diesen Umständen wäre es verständlich, daß ein Verbündeter Eretrias Karystos überfiele. Hinzu kommt noch, daß POxy 2508 (möglicherweise ein Gedicht des Archilochos) Karystos erwähnt, und zwar in einem Zusammenhang, der auf einen Krieg auf Euboia schließen läßt.[576] Obgleich dies alles selbstverständlich nur Mutmaßung ist, bleibt diese Geschichte meines Wissens die einzige, die eine milesische Einmischung in Euboia selbst in der Frühzeit bezeugt. Allein deswegen ist sie einiger Überlegungen wert.

In Anbetracht des Melischen Krieges (ungefähr 700–675) und der Streitigkeiten, die um den Besitz des gewonnenen Territoriums der zerstörten Stadt geführt wurden, in Anbetracht chalkidisch-samischer und milesisch-eretrischer Freundschaft sowie eines möglichen Angriffs von Milet auf eine euboiische Stadt in der Frühzeit, sehe ich überhaupt keinen Grund, die am Anfang dieses Kapitels zitierte Herodotstelle anzuzweifeln. Alles Bekannte können wir mühelos mit ihr in Einklang bringen; nichts spricht gegen sie. Samos und Milet nahmen am Lelantischen Kriege teil: ersteres an der Seite von Chalkis, letzteres auf seiten Eretrias.

---

572 Plut. Quaestiones Graecae, 32, p. 298. Siehe auch unten Anm. 582.

573 Siehe Halliday, Greek Questions (Anm. 182) 145; Beloch, Gr. Gesch. I.1.², 359; Hiller, RE s.v. Miletos, 1594.

574 W.G.G. Forrest, A History of Sparta, London 1980, 36, denkt an einen Angriff Milets auf Sparta, da Melos eine spartanische Kolonie war. Da Forrest an eine Teilnahme Spartas an dem Lelantischen Krieg glaubt, faßt er (trotz seiner vorsichtigen Worte in seinem früheren Aufsatz: Colonisation [Anm. 244] 162) diesen Angriff als einen Teil des Lelantischen Krieges auf. Ähnliches bei Huxley, Early Ionians (Anm. 535) 50. Dies geht wohl zu weit; im übrigen läßt sich eine Teilnahme Spartas und Messeniens am Lelantischen Krieg nicht nachweisen (siehe unten Kapitel 6, Teil 5).

575 Roebuck, a.a.O. (Anm. 547) 39 Anm. 57; Huxley, Early Ionians (Anm. 535) 50.

576 Siehe oben zu Anm. 17.

2. ERYTHRAI UND CHIOS

Von einem Krieg zwischen Erythrai und Chios, an dem auch Milet beteiligt war, sprach Herodot:

οὗτοι δὲ τὸ ὅμοιον ἀνταποδιδόντες ἐτιμώρεον· καὶ γὰρ δὴ πρότερον οἱ Μιλήσιοι τοῖσι Χίοισι τὸν πρὸς Ἐρυθραίους πόλεμον συνδιήνεικαν.[577]

„Desgleichen zahlten diese eine Ehrenschuld zurück, denn vorher hatten die Milesier zusammen mit den Chiern den Krieg gegen die Erythraier ausgefochten."

Diese Stelle ist derjenigen Herodotstelle, die wir dem ersten Teil dieses Kapitels vorausschickten, sehr ähnlich, und man hat sie dementsprechend des öfteren als Beleg für die Teilnahme von Erythrai und Chios am Lelantischen Krieg verwenden wollen.[578] Natürlich haben einige mit Recht eingewandt, daß gar nichts für eine Verbindung dieser beiden Stellen von seiten Herodots spreche.[579] Es ist also nötig, den Fall von Erythrai und Chios genauestens zu überprüfen.

Mehrere Kriege zwischen diesen beiden Nachbarstädten kennen wir aus den literarischen Quellen. Die Ermordung des Königs von Chios, Hippoklos, haben wir in anderem Zusammenhang bereits erwähnt.[580] Nach seinem Tode wurden die Mörder ausgesandt, um die Stadt Leukonia im Staatsgebiet Erythrais zu gründen. Natürlich entbrannte sofort ein Streit über diese Pflanzstadt, in dem sich aber die Chier nicht zu behaupten vermochten und in dem sie gegen die Erythraier eine schwere Niederlage erlitten.[581] Von einem dritten Krieg wissen wir, der ausgefochten wurde, nachdem das Königtum auf Chios zugrunde gegangen war: Der letzte König Erythrais, Knopos, beabsichtigte nach Delphi zu reisen. Als er die Reise antrat, erschlugen ihn unzufriedene Adlige. Mit Hilfe zweier chiischer „Tyrannen"[582] drangen die Mörder daraufhin in Erythrai ein und ergriffen dort die Macht. Grausam und geckenhaft sollen sie gewesen sein; unter anderem hätten sie die Erythraier gezwungen, beim Tode eines Mitglieds ihrer Clique öffentlich zu trauern. Zu ihrer baldigen Vertreibung trug Hippotes, der Bruder des gestürzten Knopos, maßgebend bei.[583] Eine genaue Datierung[584] dieser Krie-

---

577 Hdt. 1,18.
578 Forrest, Colonisation (Anm. 244) 161.
579 Lambert, Thucydidean Scholium (Anm. 32) 218.
580 Siehe oben Teil 1.
581 Plut. De mulierum virtute, 3, p. 244.
582 Text: τύραννοι. Da keine Doppeltyrannis glaubhaft belegt ist, muß eine Art von Oligarchie gemeint sein.
583 Hippias von Erythrai, FGrHist 421, Fr. 1 = Ath. 6, p. 258–259. Knopos hieß auch der mythische Gründer Erythrais (Strab. 14,1,3, p. 633). In der Gründerzeit nun sind weder „Tyrannen" auf Chios noch rebellierende Adlige leicht vorstellbar. Deswegen wollte C.F.F. Lamprecht, De rebus Erythraiorum publicis, Diss. Berlin 1871, 18–20, Knopos als Tyrannen verstanden wissen und datierte die Episode dementsprechend in das „Zeitalter der Tyrannen" herab. Seine teils unzulänglichen Argumente wies H. Gaebler, Erythrä, Diss. Berlin 1892, 5–6, aber zurück, der seinerseits jedoch der Meinung war, daß die Geschichte trotz allem in die Gründerzeit gehören würde. Jacoby, Kommentar ad loc., postulierte, daß

ge ist natürlich nicht zu erhoffen; doch ist offene Feindschaft zwischen Chios und Erythrai in der archaischen Zeit auf jeden Fall reich belegt.[585]

Wie steht es aber mit ihren Beziehungen zu Chalkis und Eretria? Der Akanthosstreit bezeugt gute Beziehungen zwischen Chalkis und Erythrai,[586] aber sonst ist wenig anderes über Erythrai bekannt.[587] Im Falle von Chios hingegen weiß ich von keiner Quelle, die Licht auf die Beziehungen zwischen dieser Insel und den euboiischen Städten werfen könnte. Aber Chios ist mit Milet so auffallend befreundet, daß man fast meinen würde, daß diese beiden Staaten einander bei jeder Gelegenheit geholfen hätten. Milet half Chios, wie wir sahen, im Kriege gegen Erythrai; Chios half Milet, als die Lyder unter Sadyattes und Alyattes Milet belagerten.[588] Nachdem sich Milet mit der persischen Vormacht im sechsten Jahrhundert abgefunden hatte, legte auch Chios Wert auf gute Beziehungen zu Persien. Denn die Chier weigerten sich, den Phokaiern zu helfen,[589] und gaben den Persern deren lydischen Gegner, Paktyes, preis.[590] Den besten Beleg chiisch-milesischer Freundschaft bietet wohl die Schlacht bei Lade, die entscheidende

Hippias diese Wirren irrigerweise in die Gründerzeit hinaufgerückt habe, aber es wird wohl genügen, mit Carlier, Royauté (oben Anm. 547) 444, anzunehmen, daß es sich dabei um zwei Könige gleichen Namens aber unterschiedlichen Datums gehandelt habe.

584 Der Versuch Jacobys, die Geschichte bei Hippias von Erythrai anhand von Tyrtaios, Fr. 7 West = Paus. 4,14,4–5, zu datieren, erscheint mir irrig: Untertanen, die gezwungen werden, über den Tod ihrer Herrscher zu trauern, sind ein Topos, der nicht nur bei den Spartanern, sondern auch bei den Korinthiern wiederkehrt. In letzterem Falle weist die Geschichte auf das späte achte und frühe siebente Jahrhundert hin (siehe unten Teil 3). Jacobys weitere Argumente für eine Datierung der von Hippias erzählten Ereignisse um 600 sind im übrigen sehr willkürlich.

585 Hinzu kommen eine Geschichte von einem hinterlistigen Angriff der Chier auf die Erythraier und eine Erzählung über einen geplanten Mordanschlag der Erythraier auf einige Chier anläßlich eines Festes: Frontin. Strat. 2,5,15, bzw. Ath. 9, p. 384. Die Geschichten sind zeitlos und können mit jedem der bekannten Kriege in Verbindung gebracht werden, wobei nicht ausgeschlossen werden kann, daß es andere, uns nicht bekannte Kriege zwischen diesen beiden Städten gab.

586 Plut. Quaestiones Graecae, 30, p. 298; siehe oben, Kapitel 3, Teil 1, B. Piccirilli, Arbitrati (Anm. 182) Nr. 2 (siehe auch seinen Aufsatz, Sull'arbitrato fra Calcide e Andro e alcuni aspetti del diritto coloniale greco, BIDR 72, 1969, 1–8), schlägt vor, daß man „Eretrier" statt „Erythraier" lesen solle. Mir scheint diese Emendation unhaltbar, denn die Vertauschung von Ἐρυθραῖοι und Ἐρετριεῖς (sei sie von Plutarch oder von einem Schreiber durchgeführt worden) ist nicht leicht.

587 Die Gründung der Stadt Parion, welche die Erythraier, die Milesier und die Parier (Paus. 9,27,1 und Strab. 13,1,14, p. 588) gegründet haben sollen, lassen wir lieber beiseite. Denn hier ist alles zu unsicher. Nach Pausanias soll Erythrai die offizielle Mutterstadt gewesen sein, so daß sowohl die Parier als auch die Milesier aufgenommene Flüchtlinge gewesen sein können. Doch muß man auch in Betracht ziehen, daß Milet eine ursprünglich erythraisch-parische Kolonie erobert haben kann. Siehe Burn, Trade-Leagues (Anm. 95) 37 und Anm. 46. – Forrest, Colonisation (Anm. 244) 170 Anm. 1, schlägt außerdem vor, daß Paros wegen einer falschen Etymologie als Mutterstadt ins Gespräch gebracht worden sei.

588 Hdt. 1,18.
589 Hdt. 1,169.
590 Hdt. 1,160.

Schlacht des Ionischen Aufstandes: während die Samier flüchteten, standen nur die Chier den Milesiern bei – bis in den Tod.[591]

Wegen dieser festen Freundschaft zwischen Chios und Milet überrascht es doch ein wenig, wenn wir von einem gemeinsamen Feldzug der Milesier und der Erythraier hören: Naxos sollen sie ohne Erfolg gemeinsam angegriffen haben.[592] Da diese Geschichte einem naxischen Lokalhistoriker entstammt, wird sie wohl historische Geschehnisse wiedergeben, insbesondere weil nichts von dem Erbfeind von Naxos, Paros, gesagt wird. Denn wäre die Geschichte erfunden, so hätte der Lokalhistoriker sicherlich die bösen Parier irgendwie eingebunden.[593] In Anbetracht der stetigen milesischen Freundschaft mit Chios muß die Freundschaft mit dem Feinde von Chios, Erythrai, wohl auf irgendwelche besonderen Umstände zurückgeführt werden. Nun, wir wissen in der Tat von einer passenden Begebenheit in der Geschichte Erythrais. Wie wir gesehen haben, gab es eine Zeit, als die Herrscher Erythrais chiischen „Tyrannen" ihre Macht verdankten. Daher fällt die Annahme sehr leicht, daß Erythrai gemeinsam mit Milet Krieg führte, nachdem Knopos gestürzt worden war, als die Regierung Erythrais aus einigen von Chios unterstützten Quislingen bestand.[594]

Eine relative Chronologie der drei oben angesprochenen, erythraiisch-chiischen Kriege können wir jetzt vielleicht wagen. Der Leukoniakrieg muß vor den Wirren nach dem Tode des Knopos stattgefunden haben, denn zur Zeit des Leukoniakrieges gab es noch einen König auf Chios, wohingegen es keine chiischen Könige mehr gab, als Knopos umgebracht wurde. Den Hdt. 1,18 erwähnten Krieg, an dem auch ein dritter Staat (Milet) teilnahm, können wir in die Zeit nach den Umwälzungen in Erythrai datieren, zumal die erythraiisch-chiischen Streitigkeiten erst im Laufe der Zeit Bedeutung über einen einfachen Nachbarzwist hinaus hätten gewinnen können.[595]

Zurück zu den beiden Herodotstellen, mit denen wir die ersten beiden Teile dieses Kapitels begonnen haben. Die Stellen haben wir bereits im ersten Kapitel besprochen, und wir bemerkten, daß Hdt. 1,18 das Fehlen von Samos auffallend war.[596] Dieses Fehlen wird vielleicht einen chronologischen Anhaltspunkt für die ganze Reihe erythraiisch-chiischer Kriege darbieten können.

Denn wenn wir im Osten von einer Vormachtstellung Milets nach dem Lelantischen Krieg ausgehen – und die auch sonst belegte territoriale Ausdehnung Milets (man denke an die Übernahme des Gebietes von Magnesia am Mäander nach 650) sowie seine Dominanz bei der Kolonisation des Pontos und

591 Hdt. 6,7–20.
592 Andriskos von Naxos, FGrHist 500, Fr. 1 = Parthenios, Narrationes amatoriae, 9; Plut. De mulierum virtute, 17, p. 254; Aristot. Fr. 168 Rose; Polyain. 8,36.
593 Zu den Verhältnissen zwischen Paros und Naxos unten Teil 5. O. Rubensohn, RE s.v. Paros, 1808, (vgl. auch Tausend, Amphiktyonie [Anm. 27] 85) knüpft Paros an den milesisch-erythraiischen Feldzug, obgleich Andriskos von Pariern gar nichts sagte: so sehr erwartet man parische Teilnahme an diesem Feldzug, daß man bereit ist, sie zu erfinden.
594 Anderes bei Tausend, Amphiktyonie (Anm. 27) 83–85.
595 Vgl. auch Tausend, Amphiktyonie (Anm. 27) 78–79.
596 Siehe oben zu Anm. 25.

seine unbestreitbare Rolle als die mächtigste Griechenstadt Kleinasiens (Milet allein gelang es, sich der lydischen Großmacht zu widersetzen) sprechen dafür –, dann können wir weiter annehmen, daß Samos durch einen Sieg Milets daran gehindert war, Erythrai zu Hilfe zu kommen – oder umgekehrt: erst der Sieg über Samos ermöglichte es Milet, zu Gunsten von Chios gegen Erythrai ins Feld zu ziehen. Auf diese Weise dürfte Milet seine Dominanz im östlichen Teil der Ägäis gesichert haben. Die oben, zu Beginn dieses Teiles zitierte Herodotstelle weist zufolge dieser Auslegung auf einen Krieg hin, der in jener Zeit stattfand, nachdem Milet als ein Sieger aus dem Lelantischen Krieg hervorgegangen war.

Ich wiederhole nun die hier geäußerten Vorschläge:

1.) Chios und Erythrai führten wegen der Gründung Leukonias durch die Chier auf erythraiischem Staatsgebiet gegeneinander Krieg. Den Sieg trug Erythrai davon. Um 700?
2.) Nach der Ermordung des letzten Königs von Erythrai unterstützten chiische „Tyrannen" seine Nachfolger,
3.) die sich nun mit dem mit Chios verbündeten Milet ihrerseits zusammenschlossen. Auf seiten Milets führten sie anschließend Krieg gegen Naxos. Kurz danach aber faßte der Bruder des ermordeten Königs wieder in Erythrai Fuß, stürzte dessen Mörder und kündigte das Bündnis mit Milet alsbald auf. In der ersten Hälfte des siebenten Jahrhunderts?
4.) Nachdem Milet Samos im Lelantischen Krieg besiegt hatte (wohl vor 650[597]),
5.) griff es zusammen mit Chios Erythrai an. Wir neigen zu der Vermutung, daß Milet und Chios Eyrthrai besiegten. Um die Mitte des siebenten Jahrhunderts?

Natürlich sind alle diese Vorschläge unsicher, doch meine ich, daß sie dem verfügbaren Material gerecht werden. Trotzdem muß eingestanden werden, daß es ganz andere Wege gibt, die Belege der chiisch-erythraiischen Kriege zu ordnen.[598] Ich führe den jüngsten mir bekannten an und füge am Ende die Gründe hinzu, warum ich an diese Deutung nicht recht zu glauben vermag.

Cinzia Bearzot argumentiert, daß der Krieg, an dem auch Milet teilnahm, früher als die anderen stattgefunden habe, als Erythrai „die mächtigste Stadt der Ionier"[599] gewesen sei. Während dieses Krieges sei König Knopos von Erythrai ermordet worden. Das Datum dieser Ereignisse sei ungefähr 650. In der zweiten Hälfte des siebenten Jahrhunderts habe nun der Lelantische Krieg stattgefunden; an ihm hätten auch Paros und Naxos teilgenommen. Auf der Seite von Eretria und Milet habe Paros gestanden, wohingegen Naxos Chalkis und Samos geholfen habe. Der milesisch-erythraiische Angriff auf Naxos sei ferner als Teil des Lelantischen Krieges zu betrachten. Schließlich habe der Lelantische Krieg große

---

597 Siehe oben, Kapitel 4, Teil 5.
598 Etwa Huxley, Early Ionians (Anm. 535) 48–49 und 123; Lamprecht, Res Erythraiorum (oben Anm. 583) 14–20; oder Tausend, Amphiktyonie (Anm. 27) 78–79, die aber über eine bloße Zusammenstellung nicht hinauswollen. Im allgemeinen aber beschränken sich die Forscher nur auf Erwähnungen einzelner Kriege, ohne den ganzen Komplex zu erörtern.
599 Plut. De mulierum virtute, 3, p. 244.

Kräfteverschiebungen in Ionien verursacht, und aus den veränderten Verhältnissen sei der Ionische Bund um 600 hervorgegangen.[600]

Was die Datierung des Lelantischen Krieges betrifft, schließt sich Frau Bearzot Frau Sordi an, zu deren Theorie ich mich bereits geäußert habe[601]: sie ist sicherlich falsch. Einen Beleg für die Teilnahme von Naxos bzw. Paros am Lelantischen Krieg gibt es nicht, wie wir im vierten Teil dieses Kapitels noch feststellen werden. Der Ionische Bund entstand im übrigen früher als 600.[602] Außerdem erkenne ich keinen Grund, warum man den von Herodot erwähnten chiisch-erythraiischen Krieg mit dem Krieg, in dem Knopos getötet wurde, verbinden sollte, zumal bei Hippias von Erythrai nichts über Milet gesagt wird. Des weiteren sieht es so aus, als habe sich Frau Bearzot zu sehr darum bemüht, das Material jener These anzupassen, auf die sie eigentlich hinaus wollte, und zwar, daß der Ionische Bund um 600 enstanden sei.

Nach meiner Auslegung der Quellen nahmen Chios und Erythrai am Lelantischen Krieg eigentlich nicht teil. Angesichts der kaum ausreichenden Belege fester Freundschaft bzw. Feindschaft mit der jeweils betroffenen euboiischen Stadt liegt dieser Schluß nahe.

*

Dem Ende dieses zweiten Teils zum Bündnissystem dürfen einige Bemerkungen zum ganzen Komplex Samos/Milet–Erythrai/Chios angefügt werden, denn diese beiden Teiluntersuchungen hängen an mehreren Punkten zusammen.

Zuerst noch ein Wort zur Datierung des Lelantischen Krieges. Milet kann erst im siebenten Jahrhundert am Krieg teilgenommen haben, denn erst nach dem Melischen Kriege gibt es Gründe daran zu glauben, daß Milet mit Samos verfeindet war. Eine Datierung des ganzen Krieges ins achte Jahrhundert[603] dürfte dies fraglich erscheinen lassen. Der milesisch-erythraiische Feldzug gegen Naxos war wahrscheinlich kein Teil des Lelantischen Kriegs, denn erst nach diesem Feldzug, der wohl irgendwann in der ersten Hälfte des siebenten Jahrhunderts entweder kurz nach oder vielleicht auch kurz vor dem Melischen Krieg anzusetzen ist, kann Milet sich am Lelantischen Kriege beteiligt haben.[604] Dies alles führt zu einer sehr groben Datierung der Teilnahme Milets am Lelantischen Krieg in das zweite Viertel des siebenten Jahrhunderts, wobei auch die samische Teilnahme am Krieg datiert wird.

600 C. Bearzot, La guerra lelantea e il κοινόν degli Ioni d'Asia, Santuari e politica nel mondo antico (Contributi dell'Istituto di storia antica 9), Milano 1983, 57–81.

601 Siehe oben, Kapitel 4, Teil 2.

602 Siehe oben Anm. 547.

603 Wie Blakeway (Anm. 243) und Forrest (Anm. 244) vorschlagen.

604 1.) Wenn der milesisch-erythraiische Krieg gegen Naxos unmittelbare Folge der Machtergreifung der erythraiischen Adligen nach dem Tode des Knopos ist; 2.) wenn der chiisch-milesische Krieg gegen Erythrai ferner unmittelbare Folge des milesischen Sieges über Samos im Lelantischen Krieg ist; 3.) und wenn der chiisch-milesische Krieg gegen Erythrai später als der milesisch-erythraiische gegen Naxos stattfand; 4.) dann muß die milesische Teilnahme am Lelantischen Krieg später als der milesisch-erythraiische Krieg gegen Naxos stattgefunden haben.

Wenn Herodot die samisch-milesische Teilnahme am Krieg beschreibt, benutzt er das Wort συνδιαφέρω [πόλεμον]. Dieses Wort definiert Enoch Powell
folgendermaßen: „wage war with."[605] Nun, diese Definition wird dem Wortele-
ment δια- nicht gerecht, denn δια- impliziert „hindurch," „bis ans Ende." Erwar-
tungsgemäß erklärt Liddell-Scott das Wort mit Bezug auf unsere Stelle als „bear
to the end along with." Auch auf διαφέρω wird man sich beziehen können, denn
hier ist es klar, daß das δια- „bis ans Ende" bedeutet, wie folgende Herodotstelle
lehrt: Ἀλυάττης δὲ ὁ Λυδὸς τὸν πρὸς Μιλησίους πόλεμον διενείκας μετέπειτα
τελευτᾷ.[606] „Alyattes der Lyder aber verstarb, nachdem er den Krieg gegen die
Milesier zu Ende geführt hatte." Zuletzt kann man bemerken, daß in Hdt. 5,99 das
Tempus des Verbums das Perfekt ist, was auf dasselbe hinausläuft, impliziert
doch das Perfekt die Vollendung des Getanen. Herodot meint also, daß Samos
und Milet Chalkis bzw. Eretria bis an das Ende des Krieges beigestanden hätten.

Dies wäre nun die Meinung Herodots, der freilich Unrecht haben mag. In der
Tat ist es schwer zu sehen, warum Samos oder Milet zu Gunsten von Chalkis
bzw. Eretria weiter gekämpft haben sollten, denn beide kleinasiatischen Städte
hätten doch nur so lange gekämpft, bis eine von ihnen die andere besiegt hätte.
Der Verlierer war Samos, das Chalkis deswegen nicht weiter helfen konnte; der
Sieger war Milet, das sich den eigenen Interessen gewidmet zu haben scheint.
Eine sehr aggressive Außenpolitik Milets, das mehrere Kriege hintereinander
führt, vermögen wir zu erkennen: gegen Melie, kurz davor oder danach gegen
Naxos, dann gegen Samos im Lelantischen Krieg und schließlich gegen Erythrai.
Im allgemeinen waren diese Kriege auch sehr erfolgreich. Trotz der Wortwahl
Herodots glaube ich, daß die Milesier, sobald sie Samos besiegt hatten, den
Eretriern recht wenig geholfen haben. Statt dessen bauten die Milesier ihre
eigene Position zu Ungunsten Erythrais weiter aus.

3. KORINTH UND MEGARA

Im Falle von Korinth und Megara gibt es leider keine einigermaßen klare Aussage bei einem antiken Historiker. Des weiteren ist in der Forschung leider ein
strittiger Punkt, ob zur Zeit des Lelantischen Krieges zwischen Korinth und
Megara gekämpft wurde. Obgleich Nicholas Hammond einen Krieg zwischen
Korinth und Megara in der zweiten Hälfte des achten Jahrhunderts glaubt nachweisen zu können,[607] will John Salmon andererseits diesen Krieg gänzlich ab-
streiten,[608] wohingegen Ronald Legon schließlich einen solchen Krieg eher in die
Jahre zwischen 710 und 680 datieren würde.[609]

---

605 E. Powell, A Lexicon to Herodotus, Cambridge 1938, s.v. συνδιαφέρω. Dasselbe ist in
   Steins Herodotkommentar (zu 1,18; Z. 15) zu finden.
606 Hdt. 1,25,1.
607 N.G.L. Hammond, The Heraeum at Perachora and Corinthian Encroachment, ABSA 49,
   1954, 93–102.
608 J. Salmon, The Heraeum at Perachora and the early History of Corinth and Megara, ABSA
   67, 1972, 159–204.
609 R. Legon, Megara, Ithaca, N.Y. 1981, 63.

Fangen wir also mit dem wichtigsten Beleg eines megarischen Krieges in der Frühzeit an, einem Epigramm auf Orsippos, den berühmtesten megarischen Stadiodromos, welcher in den Olympischen Spielen im Jahre 720 den Sieg errang:[610]

'Ορρίππῳ Μεγαρῆς με δαΐφρονι τῇδ' ἀρίδηλον
    μνᾶμα θέσαν, φάμᾳ Δελφίδι πειθόμενοι·
ὃς δὴ μακίστους μὲν ὅρους ἀπελύσατο πάτρᾳ
    πολλὰν δυσμενέων γᾶν ἀποτεμνομένων,
πρᾶτος δ' ' Ελλάνων ἐν ' Ολυμπίᾳ ἐστεφανώθη
    γυμνός, ζωννυμένων τῶν πρὶν ἐνὶ στάδιῳ.[611]

„Mich stellten die Megarer hier auf als prachtvolles Denkmal des kriegerischen Orrhippos, der Stimme Delphis gehorchend. Für das Vaterland befreite er umfangreiches Territorium von Feinden, die viel Land abschnitten. Aber als erster Grieche wurde er nackt in Olympia gekrönt, da man früher im Stadium bekleidet gewesen war."

Gegen die Glaubwürdigkeit dieses Epigrammes aus dem sechsten Jahrhundert sehe ich keinen Einwand: Orsippos war doch ein berühmter Held Megaras; seiner Taten erinnerte man sich ohne jeden Zweifel. Nach seinem unorthodoxen Sieg im Stadion ernannten ihn die Megarer zum Feldherrn, und zwar in einem Krieg gegen Nachbarn, die viel megarisches Land „abgeschnitten" hatten. Das Datum könnte man um 700 ansetzen.

Es ist sehr ärgerlich, daß das Epigramm die Feinde, gegen welche Orsippos kämpfte, nicht nennt. Auch Pausanias, der das Epigramm wahrscheinlich gesehen hatte und dessen Inhalt auf jeden Fall wiedergab, teilt uns nicht mit, gegen wen Orsippos die Megarer führte.[612] In Frage kommen naturgemäß Boioter, Athener und Korinthier. Von einem alten megarischen Streit mit Boiotien jedoch ist nichts bekannt, weswegen Boiotien ausscheiden muß. Was den Fall von Athen hingegen anlangt, so gab es den alten Streit um Salamis und die Gebiete südwestlich von Eleusis. Während des von Herodot inszenierten Zwiegespräches zwischen Solon und Kroisos spricht Solon von einem Athener namens Tellos, der im Kampfe zu Eleusis fiel (γενομένης γὰρ ' Αθηναίοισι μάχης πρὸς τοὺς ἀστυγείτονας ἐν ' Ελευσῖνι, „denn die Athener kämpften in Eleusis gegen Nachbarn"[613]).

---

610 Zur Glaubwürdigkeit der Siegerliste W. den Boer, Laconian Studies, Amsterdam 1954, 48–54, wenngleich nicht alle seine Argumente tragfähig sind. Insbesondere ist sein Argument, daß man chronologische Schlüsse aus der Liste ziehen könne, schlicht falsch. Mit der Theorie T. Lenschaus, Forschungen zur griechischen Geschichte im VII. und VI. Jahrhundert v. Chr, Philologus 91, 1936, 396–410, daß die Olympischen Spiele ursprünglich ein jährliches Fest gewesen seien, setzte sich den Boer leider nicht auseinander. Hier fehlt der Platz auf diese Theorie einzugehen; ich mache nur darauf aufmerksam, daß recht wenige Lenschau zugestimmt haben.
611 IG 7,52. Vgl. Schol. Thuk. 1,6.
612 Paus. 1,44,1.
613 Hdt. 1,30,4–5.

Andere Feinde als die Megarer werden wir uns hier kaum vorstellen können.[614] Wie Herodot die Geschichte aufgebaut hat, erzählt Solon wahrscheinlich von Taten, an die er sich selbst erinnern kann.[615] Demgemäß gehört die Schlacht gegen die Megarer frühestens in das letzte Viertel des siebenten Jahrhunderts.[616] Den anderen Beleg megarisch-athenischer Feindschaft in der Frühzeit liefert der Versuch des megarischen Tyrannen, Theagenes, seinem Schwiegersohn, Kylon, an die Macht in Athen zu verhelfen.[617] Letzterer soll im Diaulos im Jahre 640 in Olympia gesiegt haben,[618] wonach seine gescheiterte Machtergreifung ins letzte Dritttel des siebenten Jahrhunderts fiele. War nun Theagenes ein harter Realpolitiker, so hat er etwas von Kylon haben wollen: man dächte zuallererst an einen athenischen Verzicht auf die umstrittenen Gebiete. Frühere Belege megarisch-athenischer Feindschaft gibt es nicht, und wir suchen doch nach einem Streit, den wir um 700 datieren können. So scheidet auch Athen aus; übrig bleibt Korinth.

In der Tat kennen wir zwei Sprichwörter, deren Erklärungen auf einen alten Krieg zwischen Korinth und Megara hinweisen: Διὸς Κόρινθος, „Korinth Gottes," und Μεγαρέων δάκρυα („Tränen der Megarer," etwa „Krokodilstränen"). Ersteres war schon Pindar[619] bekannt und muß allein deswegen sehr alt gewesen sein. Bei diesem bezieht sich der Spruch auf phrasenhaftes, sich wiederholendes Gerede, das herzlich wenig bedeutet. In diesem Zusammenhang also weist die stolz wirkende Wendung „Korinth Gottes" auf korinthische Langatmigkeit sowie Aufgeblasenheit deutlich hin. Dementsprechend erwartet man von vornherein, daß eine Geschichte dahinter steckt, in der erzählt wird, wie einst „Korinth Gottes" seinen wohlverdienten Lohn erhielt.

---

614 Man hat von Zeit zu Zeit vorgeschlagen, daß diese Schlacht zwischen Athenern und Eleusinern ausgefochten worden sei, aber in diesem Falle erwartete man, daß Herodot πρὸς τοὺς ἀστυγείτονας τοὺς ἐν Ἐλευσῖνι, „gegen die Nachbarn, die in Eleusis," geschrieben hätte. Siehe die Kommentare von H. Stein, Herodot 1, Berlin 1870, 36 und W.W. How und J. Wells, A Commentary on Herodotus 1, Oxford 1936, 67.

615 Siehe Stein, Herodot (wie Anm. 615) 36.

616 Für Solon gibt es Hoch- und Tiefdatierungen (siehe oben Anm. 369). Das Archontenamt hatte Solon traditionell im Jahre 594/593 inne. Hingegen scheint Herodot, der Solon mit Kroisos (561?–546) synchronisierte, eher für eine tiefere Datierung zu sprechen. Für die Zwecke dieses Argumentes nehmen wir die höheren Daten, denn (wie sich herausstellen wird) sind selbst diese nicht hoch genug, um einen Krieg zwischen Athen und Megara um 700 belegen.

617 Thuk. 1,126; Paus. 1,28,1 und 40,1; vgl. Hdt. 5,71.

618 Africanus, p. 198 Schoene. Die Tiefdatierung dieser Ereignisse von Beloch, Gr. Gesch., I.2², 302–309, ist willkürlich und eigenwillig. Von dem damals akzeptierten Datum (Mitte des sechsten Jahrhunderts) eines in Megara gefundenen Quellhauses, das man Theagenes zuschrieb, ging Beloch aus und sah sich bemüßigt, auf Biegen und Brechen das literarische Material in Einklang mit dem archäologischen Befund zu bringen. Heute weiß man, daß das gefundene Quellhaus frühestens an das Ende des sechsten und eher in das erste Viertel des fünften Jahrhunderts gehört: G. Gruben, Das Quellhaus von Megara, AD, 1964, 19 A, 41. Theagenes und den kylonischen Frevel kann man auf keinen Fall so spät datieren. Deshalb geht man davon aus, daß das Quellhaus, das Theagenes nach Paus. 1,40,1 gebaut haben soll, noch nicht gefunden ist.

619 Pind. Nem. 7,155.

Eine derartige Geschichte findet sich tatsächlich in den Scholien,[620] die in der Mehrzahl auf einen attischen Lokalhistoriker des vierten Jahrhunderts, Demon, zurückgehen: Megara sei einst eine Kolonie der Korinthier gewesen, die ihre Untertanen u.a. dazu gezwungen hätten, für einen verstorbenen Bakchiaden zu trauern (die Tränen der Megarer). Im Laufe der Zeit habe es verständlicherweise einen Aufstand gegen die korinthische Herrschaft gegeben. Den Megarern hätten die Korinthier daraufhin eine letzte Gesandtschaft geschickt, welche die Megarer zur Vernunft aufgerufen und diese habe wissen lassen, daß, falls sie sich nicht anders besönnen, Korinth Gottes heftig verärgert wäre. Diese Mitteilung habe jedoch den erwünschten Effekt verfehlt. Statt sich anders zu besinnen, hätten die Megarer große Steine ergriffen und damit die Gesandten beworfen. Späterhin seien die Megarer auch ins Feld gezogen und hätten die Korinthier vernichtend geschlagen. Bei der Verfolgung der fliehenden Korinthier hätten sie einander schließlich zugerufen, παῖε τὸν Διὸς Κόρινθον! („Schlage Korinth Gottes!")[621]

Angesichts dessen, daß die Korinthier zu Narren gehalten wurden und daß die aufgeschwollene Blase korinthischen Stolzes aufs peinlichste durchstochen wurde, wird man annehmen dürfen, daß die Geschichte nicht aus einer korinthischen Quelle herrührt.[622] Demgegenüber spricht strenge Anwendung des Prin-

---

620 Schol. Pind. ad loc.; zu Aristoph. Ran. 439; zu Plat. Euthyd. 292e = Ephor. FGrHist 70, Fr. 19 (obgleich Ephoros allem Anschein nach sich der Redewendung nur bediente, ohne sie zu erklären – siehe Jacoby, Kommentar ad loc.). Auf Demon gehen diese Berichte zurück: FGrHist 327, Fr. 19. Abweichende Erklärungen des Sprichwortes bringen folgende Autoren: Zenobios, 2,21 und 5,8; Apostolios, 6,17 und 11,10; Diogenianos, 6,34; Suid. s.v. Διὸς Κόρινθος; Hesych. s.v. Διὸς Κόρινθος.

621 Das Platonscholion (siehe obige Anmerkung) ließ die Einzelheit von der Trauer über verstorbene Bakchiaden fallen. – Zenobios, 5,8, erzählt eine im wesentlichen ganz andere Geschichte: Ein Korinthier namens Bakchios habe sich mit einer Tochter des megarischen Königs Klytios vermählt. Nach ihrem Tode habe Klytios die Megarer nach Korinth geschickt, um über seine Tochter zu trauern. Dies seien nun die Tränen der Megarer gewesen. Die Meinung Salmons, Heraeum (Anm. 608) 198, daß diese Nachricht echt sei, kann ich nicht teilen. Denn der Name „Bakchios" bei einem Korinthier ist der Meinung Salmons entgegen auf keinen Fall „circumstantial detail which is not likely to have been invented." Was die megarischen Könige anbelangt, will die antike Tradition folgendes gewußt haben: der letzte König Megaras sei Hyperion – Sohn des Agamemnon – gewesen (Paus. 1,43,3). Hier ist es nicht wichtig, daß Megara in der archaischen Zeit natürlich Könige hatte – Belege bei Carlier, Royauté (Anm. 547) 401–402. Wichtig ist nur, daß diese Könige der antiken Tradition abhanden gekommen waren. Wie Zenobios den Namen Klytios aus echter Überlieferung erfahren haben soll, weiß der Himmel. Den Namen Klytios („Edler" oder „Berühmter") erfand die Quelle des Zenobios wohl aus naheliegenden Gründen. In diese Nachricht setzt Carlier, ebenda, 403, offenkundig wenig Vertrauen – ungeachtet eines Versuches (ebenda, Anm. 169), die Nachricht bei Zenobios mit jener bei Demon zu kombinieren. – Diogenianos, 6,34, sagt, daß megarische Tränen die Tränen gewesen seien, welche die Megarer beim Tode eines ihrer eigenen Könige geweint hätten. Da aber megarische Tränen sog. Krokodilstränen waren, ist eher anzunehmen, daß sie aus einem anderen Anlaß vergossen wurden, bei dem man geheuchelte Trauer eher erwarten würde. – Es mag vielleicht interessieren, daß Apostolios, 11,10, megarische Tränen mit einem Hinweis auf den Anbau von Zwiebeln in Megara erklärte.

622 Hammond, Heraeum (Anm. 607) 93–95, schlägt vor, daß die Quelle Eumelos, ein korinthischer Epiker, gewesen sei. Διὸς Κόρινθος aber hätte ein korinthischer Epiker nicht beleidigt.

zips *cui bono* für eine megarische Quelle, deren sich der Atthidograph bediente. Die Geschichte enthält jedoch auch eine für die Megarer peinliche Einzelheit, und zwar, daß sie einst den Korinthiern untertan gewesen waren. Dies dürfte die allgemeine Glaubwürdigkeit der Anekdote unterstreichen. – Genaugenommen aber sagt Demon, daß die Megarer ἄποικοι gewesen seien. Bevor wir weiter gehen, müssen wir uns zunächst einmal mit der Frage auseinandersetzen, was genau Demon mit ἄποικοι wiedergeben wollte, denn *prima facie* scheint Demon nicht zu meinen, daß die Korinthier megarisches Land erobert hätten, sondern daß die Megarer Kolonisten aus Korinth gewesen seien.

An diesem Punkt müssen wir kurz auf die sogenannte Dorische Wanderung eingehen, denn erst vor dem Hintergrund einer Tradition zur Dorisierung Megaras wird die Wortwahl Demons verständlich. Diese Tradition wollte nun wissen, daß die Dorier unter der Führung der Korinthier und Messenier gemeinsam gegen Athen ins Feld gezogen seien. Obgleich dieser Angriff auf Athen fehlgeschlagen sei, hätten sich die Dorier auf dem Heimwege Megara untertan machen können.[623] In Megara hätten sich, wie es scheint, vorwiegend Korinthier niedergelassen.[624] Nun, die Anekdote Demons, von der wir ausgegangen sind, setzt voraus, daß die Korinthier über die Megarer herrschten. Wenn also Demon Megara als eine Kolonie der Korinthier beschreibt, dürfte er jener Tradition Rechnung getragen haben, zumal in den geschichtlichen Quellen die Anführer von Doriergruppen, welche vordorische Städte erobern, regelmäßig „Oikisten,"[625] die dorischen Aussiedler ihrerseits oftmals „Kolonisten" heißen.[626] Denn Demon, der sicherlich von der oben angeführten Tradition zur Dorisierung Megaras wußte,[627] erzählt seinerseits eine Geschichte von dessen Abfall. Es ist daher sehr gut möglich, daß er den zwar naheliegenden, jedoch völlig falschen Schluß zog, die in seiner megarischen Quelle beschriebene Herrschaft Korinths über Megara gehe auf die Dorisierung der Megaris durch die Korinthier zurück. Daß er dabei unrecht hatte, ist klar, denn Krister Hanell hat anhand der Kulte Megaras feststellen können, daß Megara von Argos aus dorisiert wurde,[628] so daß von einer

---

623 Strab. 9,1,7, p. 393.

624 Allerdings spricht Ps.-Skymn. 502–504, von korinthischen und messenischen Siedlern, denen das Land Megaras zugeteilt worden sein soll. Pausanias hingegen redet 1,39,4 von den Korinthiern und deren Bundesgenossen, die in Megara gesiedelt haben sollen. Die Annahme, Messenier hätten sich in der Megaris niedergelassen, ist natürlich absurd.

625 Z.B. Ephor. FGrHist 70, Fr. 18b = Strab. 8,8,5, p. 389.

626 Z.B. Paus. 2,30,9 (σύνοικοι: „Mitkolonisten").

627 Ihm lag wohl dasselbe vor wie Pausanias, denn dieser (1,39,4) scheint einer ausgesprochen proattischen Quelle gefolgt zu sein, die meinte, Athen habe über Megara in grauer Frühzeit geherrscht. Nachdem die dorischen Angreifer in Attika nichts Glänzendes zustande gebracht hatten (οὐδὲν ἀποδειξάμενοι λαμπρόν), hätten sie die Athener Megaras beraubt. Daß Demon eine derart proattische Version bekannt war, dürfte niemanden überraschen.

628 K. Hanell, Megarische Studien, Diss. Lund 1934, 75–91. Einige Kulte Megaras finden wir entweder nur in Argos wieder oder doch nur dort, wo die Zusammenhänge auf argivische Herkunft schließen lassen. Zeus Aphesios z.B. (79–83) kennen wir nur aus Argos und Megara. Apollon Lykeios (79–83) finden wir anderswo als in Megara und Argos, jedoch nicht in Korinth – worauf es uns ja ankommt.

seitens der Korinthier durchgeführten Dorisierung von Megara keinesfalls die
Rede sein kann. Denn wir wissen doch, daß die Dorier, die sich Korinths bemäch-
tigten, mit jenen, die sich in Argos niederließen, aller Wahrscheinlichkeit nach
von Hause aus nichts zu tun hatten, denn die Bestattungsbräuche der Dorier
Korinths weichen von jenen der Dorier in Argos ab.[629] Ferner weist die antike
Tradition über die dorische Besiedlung von Korinth darauf hin, daß die Dorier
Korinth von dem am Saronischen Golf gelegenen Solygeiischen Hügel aus ein-
nahmen,[630] d.h. Korinth wurde eben nicht von Argos aus besiedelt. Von alldem
muß Demon nichts gewußt haben, weswegen er eine korinthische Herrschaft über
Megara für die Konsequenz der korinthischen Besiedlung dieses Gebietes infolge
des mißlungenen Angriffs auf Athen gehalten haben kann. Trifft dies zu, dann
dürfen wir mit gutem Gewissen den Schluß ziehen, daß es einst, wie Will meint,
eine „domination temporaire"[631] der Korinthier über die Megarer gab. Daß Demon diese Herrschaft auf die angebliche Dorisierung von Megara durch Korinth
zurückführte, darf uns nicht davon abhalten, die Historizität einer korinthischen
Eroberung der Megaris anzuerkennen.

Daß diese Eroberung in der Frühzeit stattfand, liegt auf der Hand, denn die
Megarer wurden gezwungen, für verstorbene *Bakchiaden* zu trauern.[632] Diese
stürzte Kypselos um 630,[633] nachdem sie angeblich neunzig Jahre lang geherrscht
hatten.[634] Ob auf diese Zahl Verlaß ist, mag nun jeder für sich selbst entscheiden.
Daß aber die Geschichte, mit der wir zu tun haben, spätestens um die Mitte des
siebenten Jahrhunderts anzusetzen ist, kann nicht bezweifelt werden. Man kann
sie aber noch früher datieren, da uns nichts dazu zwingt, ein möglichst spätes
Datum auszuwählen. Die Annahme eines Krieges gegen Korinth um 700 erweist
sich also als bei weitem wahrscheinlicher denn die von Kriegen gegen Athen oder

---

629 Salmon, Corinth (Anm. 395) 43–45. Das Bestattungswesen der Dorier Korinths läßt sich
     noch nicht mit dem anderer Griechen in Verbindung bringen. Auf jeden Fall aber kann es
     nicht mit dem der vordorischen Einwohner Korinths oder der Dorier in Argos verglichen
     werden. Über die Bestattungsbräuche der Megarer in diesem Zeitalter sind wir leider nicht
     informiert.
630 Dazu G.L. Huxley, The Malian Boat (Aristotle fr. 544), Philologus 69, 1975, 140–142, und
     Salmon, Corinth (Anm. 395) 49–50.
631 Will, Korinthiaka (Anm. 239) 359–360.
632 Das Argument Salmons, Heraeum (Anm. 608) 198, daß mit „Bakchiaden" hier die „whole
     history of Dorian Corinth" bis zur Machtergreifung des Kypselos gemeint sei, wird wohl
     keiner ernst nehmen können. Hinsichtlich der Datierung führt Hammond, Heraeum (Anm.
     607) 97 weitere Argumente an, die zurückzuweisen Salmon, Heraeum (Anm. 608) 197–198
     gelungen ist.
633 Verf. Chronologie (Anm. 308).
634 Diod. 7,9,6. Gegen diese Zahl hätte Salmon (siehe oben Anm. 632) allerdings einwenden
     können, daß Strab. 8,6,20, p. 378, die Länge der Herrschaft der Bakchiaden mit 200 Jahren
     ansetzte. Aber das glaubt Salmon (mit Recht) selbst nicht: siehe Corinth (Anm. 395) 56
     Anm. 4. Die Angabe Diodors ist wahrscheinlich Apollodoros entnommen (Jacoby, Apollo-
     dors Chronik, Berlin 1902, 92) und wird wohl die übliche Meinung der Antike wiederge-
     ben. Möglicherweise verwechselte Strabon die Länge der Bakchiadenherrschaft (90 Jahre)
     mit der Mitgliederzahl dieser Sippe (200).

Boiotien,[635] zumal recht viel dafür spricht, daß Megara und Korinth in der Bakchiadenzeit (720?-630) gegeneinander Krieg führten.

Diesen Verdacht, daß es tatsächlich Korinth war, gegen das Megara unter der Führung des Orsippos zu Felde zog, erhärtet eine der „Griechischen Fragen" Plutarchs:

Τίς ὁ δορίξενος;

Τὸ παλαιὸν ἡ Μεγαρὶς ᾠκεῖτο κατὰ κώμας, εἰς πέντε μέρη νενεμημένων τῶν πολιτῶν. ἐκαλοῦντο δ' ʿΗραεῖς καὶ Πιραεῖς καὶ Μεγαρεῖς καὶ Κυνοσουρεῖς καὶ Τριποδίσκιοι. τῶν δὲ Κορινθίων πόλεμον αὐτοῖς ἐξεργασαμένων πρὸς ἀλλήλους (ἀεὶ γὰρ ἐπεβούλευον ὑφ' αὑτοῖς ποιήσασθαι τὴν Μεγαρικήν), ὅμως δι' ἐπιείκειαν ἡμέρως ἐπολέμουν καὶ συγγενικῶς...[636]

„Wer ist der 'Speer-Freund'?

Vor alters war Megara nach „Dörfern" bewohnt, wobei die Bürger in fünf Teile aufgegliedert waren. Sie hießen aber Heraeis, Piraeis, Megareis, Kynosoureis und Tripodiskioi. Aber die Korinthier hetzten sie zum Krieg gegeneinander auf (denn sie zielten stets darauf ab, sich Megara untertan zu machen); dennoch kämpften die Megarer des Anstands halber in einer milden und nachbarschaftlichen Weise..."

Dieses Aition spielt sich in einem Zeitalter ab, in dem „Megara" aus „Komen," aus Dörfern bestand und noch nicht zur Polis geworden war. Eine dieser Komen ist noch im dritten Jahrhundert inschriftlich belegt[637]; auch der Fünfzahl der megarischen Polemarchen und Demiourgen lagen diese fünf Komen wahrscheinlich zugrunde.[638] Demgemäß gibt es keinen Grund, die Komen, wie Plutarch sie aufzählt, in Zweifel zu ziehen.

Aus der Lokalisierung dieser Komen ergibt sich, daß die von Plutarch beschriebenen Ränkespiele der Korinthier in eine sehr frühe Zeit gehören. Obgleich uns die Komen Megareis, Tripodiskioi und Kynosoureis keinerlei Schwierigkeiten machen – die ersten beiden können ohne weiteres mit den späteren Ortschaften gleichen Namens verbunden werden, während Hammond letzteres mit ziemlicher Sicherheit auf einem Vorgebirge im Nordwesten der späteren Polis lokali-

---

635 Dem sucht Salmon, Heraeum (Anm. 608) 198–199, zu widersprechen. Wenn er sagt, ebenda, 199 Anm. 237, daß es keinen „scrap of evidence" für einen korinthisch-megarischen Krieg um 700 gäbe, kann man ihn nicht recht verstehen. Wenn er an einen megarischen Krieg gegen Boiotien oder Athen um diese Zeit glauben will, dann soll er dafür einen „scrap of evidence" hervorbringen.

636 Plut. Quaestiones Graecae, 17, p. 295. Halliday, Greek Questions (Anm. 182) 92 und 95 meint, daß Plutarch die aristotelische Politeia der Megarer als Quelle gedient habe.

637 IG 4,2,1,42, Z. 18–20 (Μεγαρεὺς Διονύσιος Πασίωνος ἑκατοστὺς Κυνοσουρίς, „der Megarer Dionysios, Sohn des Pasion, Hundertschaft Kynosouris"); vgl. auch IG 7,1, Z. 17.

638 Hanell, Studien (Anm. 628) 138–141. Auch die Zahl der Strategen scheint ursprünglich fünf gewesen zu sein, obzwar es später infolge besonderer Umstände unter Demetrios nach 306 sechs Strategen gab. Besprechung bei Hanell, ebenda.

siert hat[639] –, bereiten uns die Komen Heraeis und Piraeis einiges Kopfzerbre-
chen. Den Namen „Heraeis" müssen wir notwendigerweise mit einem wichtigen
Heraheiligtum verbinden, obwohl es kein solches Heiligtum innerhalb der klassischen Polis von Megara gab. Es gab aber eines außerhalb, und zwar auf der
Halbinsel Perachora gegenüber von Korinth. Soweit ich weiß, ist jeder Forscher
bereit, „Heraeis" mit dem Heiligtum der Hera Akraia[640] auf Perachora zu verbinden. Zu Megara also muß die Halbinsel einst gehört haben. Diese Annahme wird
weiter durch das Vorhandensein von Heiligtümern der Hera Akraia in megarischen Kolonien bestätigt,[641] zumal dieser Sachverhalt doch sehr überraschen
würde, wenn Megara selbst niemals ein solches Heiligtum besessen hätte. Auf
die letzte Kome, die Piraeis, kommen wir jetzt zu sprechen. Entgegen der üblichen Annahme, der zufolge das Wort Πιραεῖς mit den Wörtern πέρα, „jenseits,"
oder Περαία, „jenseitiges Gebiet," zu verbinden wäre,[642] kann Πιραεῖς unmöglich die Bewohner einer Περαία bezeichnen, denn πιρ- oder πειρ- kann nicht auf
περ- zurückgehen.[643] In späterer Zeit hieß der Bewohner einer Περαία bekanntlich Περαΐτης. Zu früheren Zeiten hätte man zwar ein anderes Suffix (z.B. -ευς)
wählen können, aber der, welcher jenseits wohnte, hätte immer noch *Περαεύς
geheißen. Πιραεῖς hat also genauso wenig mit πέρα oder Περαία zu tun, wie
etwa Πειραιεύς, der Hafen Athens.[644] Die Lokalisierung der Piraeis auf der
Perachora-Halbinsel ist ohnehin sinnlos, zumal wir bereits eine Kome, die Heraeis nämlich, auf dieser relativ schmalen Halbinsel untergebracht haben. Zudem
hätten die Einwohner dieser Halbinsel den Namen „die jenseits Wohnenden"
eher aus korinthischer Sicht erhalten, nachdem Korinth diese Gebiete einverleibt
hatte. Solange die Gleichsetzung von Piraeis und Peraia galt, mußte man sich
unbeholfener Argumentation bedienen, um die Piraeis irgendwie auf Perachora
unterzubringen: eine der beiden auf Perachora beheimateten Komen sei sehr

---

639 N.G.L. Hammond, The main Road from Boeotia to the Peloponnese through the northern
   Megarid, ABSA 49, 1954, 117.
640 Der Name bedeutet entweder „Hera der Höhe" oder „Hera des Vorgebirges." Da das
   Heiligtum auf Perachora unfern des Meeres auf einem Kap lag, handelt es sich wohl um
   eine „Hera des Vorgebirges."
641 Siehe Hanell, Studien (oben Anm. 628) 207–218. Hera verehrten sieben megarische Kolonien (deren eine Herakleia hieß). Aus diesen sieben verehrten zwei sogar Hera Akraia:
   Byzantion (Dionysios von Byzanz, Fr. 9, GGM 2, p. 23) und Chalkedon (Stephanos von
   Byzanz, s.v. Ἥραια). Am Meere lag das Heraheiligtum des sizilischen Megara, weshalb
   Hammond, Heraeum (Anm. 607) 96 Anm. 12, es ebenfalls der Hera Akraia zuschreiben
   will.
642 Z.B. Legon, Megara (oben Anm. 609) 50.
643 Siehe P. Chaintraine, Dictionnaire étymologique, s.v. πέρα; Buck, Greek Dialects (Anm.
   149) § 9–11. In der Namensform Πιραεῖς stimmen die Handschriften überein, so daß ein
   Schreibfehler unwahrscheinlich ist.
644 Natürlich fehlt es nicht an irrigen Versuchen, Πειραιεύς mit πέρα zu verbinden: siehe
   Strab. 1,3,18, pp. 58–59. Salmon, Heraeum (Anm. 608) 196 Anm. 224, macht darauf
   aufmerksam, daß es im Osten der Korinthia nahe bei Epidauros ein Kap gab, das Σπείραιον
   oder Σπίραιον hieß (Thuk. 8,10,3 bzw. IG 4,926, Z. 4 und 18). Da es möglich ist, daß das
   anlautende σ wegfiel, kann man Πιραεῖς zur Not mit diesem Ortsnamen in Verbindung
   bringen. Ob die Piraeis wirklich einst dort wohnten, mag dahingestellt bleiben.

klein gewesen[645], den Namen Περαία habe die Halbinsel schon vor der Ankunft der nach ihr benannten Piraeis erhalten[646], usf. Die Dürftigkeit derartiger Argumente erkennt man jedoch auf den ersten Blick. Scheidet die Gleichsetzung von „Piraeis" mit „den jenseitigen" bzw. „jenen, die auf der Peraia wohnhaft sind" aus, so sieht man sofort, daß die Piraeis vielmehr anderswo wohnten. Auf die wahre Heimat dieser Kome gibt es aber keinerlei Hinweise, obschon man an eine Lokalisierung südlich der Geraneia denken könnte. Für unsere Zwecke aber wird diese Frage wohl ohne Belang sein, denn die Kome Heraeis genügt, um feststellen zu können, daß die Korinthier den Megarern Perachora samt dem Heiligtum der Hera Akraia entrissen. Es kann ferner kein Zweifel daran bestehen, daß die Wegnahme der Halbinsel sehr früh erfolgte; selbst Salmon gibt dies zu.

Da wir wissen, daß es um 700 einen Krieg zwischen den Megarern und ihren Nachbarn gab, daß die Feinde aller Wahrscheinlichkeit nach weder Athener noch Boioter waren, daß Korinth im Zeitraum etwa 720?–630 von den Megarern in einem Krieg besiegt wurde, daß Korinth Perachora in der Frühzeit von Megara eroberte, und daß Korinth die megarischen Komen gegeneinander aufhetzte, um Herrschaft über sie zu gewinnen, spricht doch alles dafür, daß Megara unter der Führung des Orsippos gegen Korinth Krieg führte. Diesem Schluß aber hat sich Salmon widersetzt.

Seine Argumente sind stark archäologisch, und Salmons Kenntnisse des archäologischen Befundes wollen wir auf keinen Fall anfechten. Er hat gezeigt, daß die Keramikfunde in Perachora von Anfang an eindeutig korinthisch sind.[647] In erster Linie stützt sich dieser Schluß auf die Farbe und Art des Lehms.[648] Da man aber megarische geometrische Keramik noch nicht gefunden hat, kann man argumentieren, daß die Megarer die Keramik ihrer Nachbarn importierten. Ein Gebiet, das sowieso nahe bei Korinth liegt, hätte korinthische Keramik wohl seit den frühesten Zeiten benutzen können. Daher glaube ich nicht, daß Salmon anhand der Keramikfunde beweisen kann, daß die Korinthier die Halbinsel schon im Jahre 800 besessen hätten.[649] – Im übrigen kann ich nur sagen, daß die Meinung Salmons, Megara habe Perachora im neunten Jahrhundert verloren, wenige wird überzeugen können. Denn der älteste Tempel in dieser Gegend

645 Legon, Megara (Anm. 609) 50.
646 Hammond, Heraeum (Anm. 607) 99 mit Anm. 29.
647 Salmon, Heraeum (Anm. 608) 178–192. Beunruhigend ist es jedoch, wenn er bezüglich der allerwichtigsten Stücke, der Koulouria, die man der Hera Akraia weihte, folgendes sagt: „no precise parallels have turned up in the Corinthia itself" (181) oder „no objects with the same kind of flat base have ever been found there [sc. Korinth]" (184) oder „[there is] nothing from Corinth to match the technique of sprinkling added particles over the bottom of the koulouria" (184).
648 Salmon, Heraeum (Anm. 608) 179–185 passim. Obwohl es einige Hinweise darauf gibt, daß korinthischer und megarischer Lehm einander gleich gewesen sein könnten (siehe Boardman und F. Schweitzer, Clay Analyses of archaic Greek pottery, ABSA 68 1973, 278–280), wird Salmon sicherlich recht haben.
649 Was die verschiedenen Tempel der Hera Akraia bzw. Limenia anlangt, ist es Salmon, Heraeum (Anm. 608) 161–178, gelungen, kultische Kontinuität nachzuweisen. Aber dies ist auch im Falle einer Eroberung zu erwarten.

wurde im ersten Viertel des achten Jahrhunderts erbaut,[650] und man wird doch annehmen müssen, daß die Kome Heraeis irgendetwas mit diesem ersten Tempel zu tun hatte.[651] Ferner setzt Salmons Meinung voraus, daß die Heraeis, obschon sie ihre Gebiete verloren hatten, ihre Identität dennoch mehrere Jahrzehnte hindurch aufrechterhalten konnten, bis schließlich der Synoikismos Megaras stattfand und ihnen einen festen Platz in der Staatsordnung Megaras zusicherte. Wenn aber der megarische Synoikismos – wie wir meinen – vor dem Verlust Perachoras stattgefunden und die Heraeis einen sicheren Platz in der Staatsordnung Megaras bereits eingenommen hatten, dann ist es ohne weiteres verständlich, daß sie trotz dem Verlust ihres Territoriums weiterhin bestehen konnten. Dabei ist es natürlich höchst unwahrscheinlich, daß die Dörfer Megaras ihren Synoikismos bereits im neunten Jahrhundert vollzogen.[652]

Zurück jetzt zum literarischen Material. Korinthische Versuche, Megara (vor dem Synoikismos allerdings) zu erobern, bezeugt Plutarch. Demon hingegen belegt eine korinthische Herrschaft über Megara, gegen welche die Megarer sich am Ende erfolgreich wehrten. Das Orsippos-Epigramm spricht vom erfolgreichen Kampf gegen Nachbarn, die, wie wir gesehen haben, nach dem Ausscheiden von Boiotern und Athenern Korinthier gewesen sein müssen. Wenn man nun bereit ist, anzunehmen, daß die Korinthier in die Gebiete Megaras vorstießen und weite (aber nicht alle) Teile der Megaris eroberten[653] und die dort wohnenden Megarer auch unterdrückten, dann kann man alle Zeugen ohne Umschweife miteinander in Einklang bringen: Der Sieg, den Orsippos errang, und der Sieg über Διὸς Κόρινθος waren ein und derselbe.[654] Die Megarer vermochten aber nicht, alle ursprünglich megarischen Gebiete, namentlich die Perachora-Halbinsel, zurückzuerobern. Die Datierung dieser Ereignisse um die Wende vom achten zum siebenten Jahrhundert dürfte kaum stören, denn dies paßt sehr gut zur Laufbahn des Orsippos. Zudem kann der megarische Synoikismos dann im späten achten Jahrhundert – vor dem Verlust Perachoras an die Korinthier –

---

650 Salmon, Heraeum (Anm. 608) 161.

651 Insbesondere weil es zwischen dem frühhelladischen und dem geometrischen Zeitalter (hier um 800 beginnend) keine Spuren menschlicher Tätigkeit an diesem Orte gibt (siehe Hanell, Studien [Anm. 628] 78–79). Wegen des archäologischen Befundes, laut dessen Geometrisches auf Frühhelladischem ruht, muß man annehmen, daß die Heraeis, die für den Kult der Hera Akraia verantwortlich gewesen sein müssen, diesen Kult erst nach 800 gepflegt haben können.

652 Siehe auch Legon, Megara (Anm. 609) 66–69. Das genaue Datum des Synoikismos ist wohl nicht zu erschließen, denn brauchbare Hinweise fehlen gänzlich. Die Kolonie Megara Hyblaia (gegründet 728) kann entweder der Polis oder der Kome ihren Namen verdankt haben; dasselbe gilt auch für das Ethnikon des Orsippos in der olympischen Siegerliste. Wir wissen nur, daß der Synoikismos vor dem Krieg, in dem Orsippos die Megarer anführte, stattgefunden hatte.

653 Die Herrschaft Korinths mag Demon ein wenig übertrieben haben.

654 Einzuwenden wäre jedoch, daß Demon von Orsippos gar nichts sagt, aber Demon kann den Namen des megarischen Helden, der für ihn unwichtig war, in dem Bericht vielleicht haben ausfallen lassen. Auf jeden Fall erscheint mir die Kombination dieser beiden Berichte leichter als die Annahme, daß es zwei erfolgreiche korinthische Eroberungen bzw. tiefe Vorstöße und zwei megarische Siege über die Korinthier zu dieser Zeit gegeben habe.

stattgefunden haben, was zur Aufrechterhaltung der Kome Heraeis ebenfalls sehr gut paßt. Daher können Kämpfe zwischen Korinth und Megara um 700 meines Erachtens als nachgewiesen gelten.

Jetzt muß untersucht werden, ob diese beiden Staaten in die Bündnisse von Chalkis und Eretria eingeordnet werden können. – Zuerst Korinth: Wie wir im dritten Kapitel sahen, eroberte Korinth einen eretrischen Posten auf Kerkyra gegen Ende des achten Jahrhunderts und vertrieb die eretrischen Siedler.[655] Zum Lelantischen Krieg paßt dies sehr gut. Auf der anderen Seite scheint Korinth mit Chalkis befreundet gewesen zu sein. Obgleich Chalkidier und Korinthier Kolonien im selben Gebiet gründeten, gibt es nie den geringsten Hinweis auf Feindschaft zwischen diesen beiden Staaten. Zwar ist dies ein *argumentum e silentio*, aber ein solches Argument kann unter Umständen sehr stark sein. Wir wissen z.B., daß es in Syrakus auf der Insel Ortygia einen Brunnen gab, den man mit dem Namen „Arethusa" versehen hatte.[656] Nun, Arethusa hieß auch der Brunnen von Chalkis, und es ist möglich, daß Chalkidier zuerst auf Ortygia gewesen waren. Aus irgendeinem Grunde hätten sie dann den Korinthiern die Insel überlassen. Mangels aller Hinweise auf Feindschaft zwischen Chalkis und Korinth liegt es doch nahe, daß Chalkis und Korinth dies freundschaftlich vereinbarten.[657] Außerdem lag an der Nordküste des korinthischen Golfes eine Kolonie Korinths, welche Chalkis hieß.[658] Einige vermuten hier eine ehemalige chalkidische Kolonie, die von den Korinthiern erobert wurde,[659] aber man kann ebensogut an eine Gemeinschaftsgründung denken, bei der Korinth die offizielle Mutterstadt war, während Chalkis hingegen die Ehre erhielt, der Pflanzstadt seinen Namen zu verleihen.[660] Ohne Hinweise auf Feindschaft ist wohl letzteres vorzuziehen.

Was Megara anlangt, so gibt es einen deutlichen Hinweis auf megarisch-chalkidische Feindschaft. Chalkis nahm zwar megarische Aussiedler, die Megara Hyblaia im Jahre 728 gründen sollten, in Leontinoi auf. (Vorher hatten diese Megarer in einem Ort namens Trotilon gewohnt.) Doch wurden sie recht bald von den Chalkidiern gezwungen, auch Leontinoi zu verlassen.[661] Den Grund dafür, warum die Chalkidier so handelten, wissen wir freilich nicht. Vielleicht taten sie den Korinthiern in Syrakus einen Gefallen.[662] Obzwar es andererseits Streitigkei-

---

655 Siehe oben, Kapitel 3, Teil 3, C. Man darf die euboiischen (eretrischen?) Kolonien in Illyrien auch nicht vergessen, denn sie sollen ja mit Korinth und Kerkyra verfeindet gewesen sein. Hier ist aber alles sehr unsicher – siehe oben, Kapitel 3, Teil 3, D.

656 Paus. 5,7,3.

657 Siehe Salmon, Corinth (Anm. 395) 66: „The probability is strong that Chalcis and Corinth determined together to carve up the central east coast of Sicily."

658 Thuk. 1,108,5.

659 Tausend, Mythos (Anm. 242) 506, der in diesem Bezug die Meinung von Curtius, Korinth (Anm. 398) 220 nicht ganz richtig wiedergibt.

660 Man denke an die chalkidische Kolonie Naxos (vgl. hierzu Curtius, Korinth [Anm. 398]).

661 Thuk. 6,4,1–2.

662 Diese Megarer hatten die größten Schwierigkeiten, einen festen Wohnsitz zu finden, weswegen die Vermutung naheliegt, daß die Korinthier in Syrakus sich darum bemühten, ihnen Probleme zu bereiten. Merkwürdigerweise hatten weder Korinthier noch Chalkidier derartige Schwierigkeiten auf Sizilien.

ten zwischen Chalkidiern und Megarern in Leontinoi gegeben haben kann, ist megarisch-chalkidische Feindschaft nach der Verstoßung der Megarer auf jeden Fall anzunehmen.

Wie steht es aber mit dem Verhältnis Korinths und Megaras zu Samos und Milet? Thukydides spricht vom korinthischen Schiffsbaumeister, Ameinokles, der auch in Samos tätig war.[663] Ob ihn Korinth nach Samos sandte, oder ob er sich auf eigene Faust dorthin begab, sagt Thukydides allerdings nicht. Den Samiern half Ameinokles auf jeden Fall beim Bau von Kriegsschiffen – gegen Ende des achten Jahrhunderts, wenn wir Thukydides Glauben schenken dürfen. Von dem Verhältnis Korinths zu Milet ist vor der Kypselidenzeit (etwa 630–550) nichts bekannt. Der Kypselide Periandros war zwar ein ausgesprochen guter Freund des milesischen Tyrannen Thrasyboulos,[664] aber die korinthischen Tyrannen können andere Bündnisse eingegangen sein, als ihre Vorgänger, die aristokratischen Bakchiaden. Einer Einordnung Korinths in das chalkidische Bündnis steht also nichts im Wege.

Das Verhältnis von Megara zu Samos ist sehr deutlich: Megara, das mehrere Kolonien in der Propontis und (wie Milet) entlang den Küsten des Schwarzen Meeres gegründet hatte, versuchte eine samische Kolonie in der Propontis, Perinthos, zu erobern.[665] Dies würde für megarisch-samische Feindschaft sprechen. Demgegenüber scheint Megara mit Milet befreundet gewesen zu sein – die beiden Staaten kolonisierten in derselben Gegend.[666] Ebenso wie im Falle von Korinth und Chalkis deutet sich Feindschaft zwischen diesen beiden Staaten nie an. Statt dessen hören wir von einem megarischen Angriff auf eine Kolonie von Samos, dem Todfeind Milets.[667] Somit dürfte sich eine klare Zuordnung ergeben haben. Dem chalkidischen Bündnis gehörte Korinth an, während Megara in das eretrische zu setzen ist.

663 Thuk. 1,13,3. Snodgrass, Heavy Freight in Archaic Greece, in: P. Garnsey (Hrsg.), Trade in the Ancient Economy, London 1983, 17, macht in diesem Zusammenhang darauf aufmerksam, daß es Ähnlichkeiten im samischen und korinthischen Schiffswesen gab.
664 Hdt. 5,92ζ.
665 Plut. Quaestiones Graecae, 57, pp. 303–304.
666 Zu den milesichen und megarischen Kolonien in der Propontis und im Schwarzmeerbereich Boardman, Greeks Overseas (Anm. 64) 238–255. Mir scheint unzweifelhaft, daß einige dieser Kolonien bereits im frühen siebenten Jahrhundert bestanden, da um diese Zeit die Kimmerier auf milesische Kolonisten in Sinope stießen (siehe oben zu Anm. 287).
667 Eine vollständige Behandlung milesischer „Verteidigung" der Propontis bei Burn, Trade-Leagues (Anm. 95) 20, 21, 36–37. In aller Kürze: Milet und seine Verbündeten, Chios (siehe oben Kapitel 5, Teil 2) und Megara, versuchten mit großem Erfolg, unerwünschte Kolonisten aus der Propontis zu vertreiben. Da die milesischen Kolonien zum größten Teil an den Küsten des Schwarzen Meeres lagen, spricht es doch für megarisch-milesische Freundschaft, daß Milet mit der Gründung von Stützpunkten (wie z.B. Byzanz) in der Propontis durch die Megarer einverstanden war.

4. THESSALIEN

Im Falle von Thessalien haben wir wieder eine klare Aussage über die Teilnahme am Lelantischen Krieg. Neben einigen chalkidischen Aussiedlern aus der Chalkidike traten thessalische Reiter unter der Führung des Kleomachos aus Pharsala zugunsten der (euboiischen) Chalkidier in den Krieg und halfen diesen, die Eretrier zu besiegen. Was die Wahrscheinlichkeit einer thessalischen Reiterei in dieser frühen Zeit betrifft, wiederhole ich, was wir im fünften Kapitel bemerkten: daß eine thessalische Reiterei in der ersten Hälfte des siebenten Jahrhunderts sehr wohl möglich war – trotz dem Fehlen sonstiger Belege von zu Pferd kämpfenden Reitern vor 600 in anderen Gebieten Griechenlands. Ich verweise auf die Besprechung in Kapitel 5, Teil 2.

Ein weiteres Problem ist quellenkritischer Natur: Nur Plutarch erwähnt in einer Schrift, deren Titel, Amatorius, eine gewisse Leichtfertigkeit verrät, die Teilnahme Thessaliens (sowie die der Chalkidier aus der Chalkidike).[668] Die Geschichte, die er dort vom thessalischen Feldherrn Kleomachos erzählt, ist eine homoerotische Anekdote, die schwerlich aus hocharchaischen Zeiten stammt.[669] Zum Glück aber nennt uns Plutarch seine Quellen: Aristoteles, aus dessen Bericht sich eine Teilnahme der Thessaler und der Chalkidier Thrakiens am Lelantischen Krieg ohnehin ergibt, und Dionysios von Chalkis, dessen Bericht Plutarch abweichende Namen der beteiligten Personen entnahm. Bei Aristoteles nun wird die homoerotische Anekdote mit einem Feldherrn der Chalkidier Thrakiens verbunden. Angesichts dessen, daß diese Anekdote einmal mit dem einen, einmal mit dem anderen Feldherrn verbunden wird, werden wir wohl annehmen dürfen, daß diese Wanderanekdote als solche nicht ernst zu nehmen ist. Sie wird in späterer Zeit erdichtet und an diese und jene berühmte Person angehängt worden sein. Dies setzt allerdings voraus, daß die Nachrichten über Kleomachos schon vor der Entstehung der homoerotischen Anekdote bekannt waren. Demzufolge gehört die ursprüngliche Geschichte vor die Tätigkeit jenes Aristoteles, den Plutarch zitiert. Dies bringt uns nun zu dem Aristotelesfragment.

Wir wissen leider nicht, welchen Aristoteles Plutarch meinte, denn neben dem Philosophen gab es einen chalkidischen Lokalhistoriker gleichen Namens.[670] Unser Fragment schreibt Jacoby dem Stageiriten zu,[671] während andere eher an den Chalkidier denken.[672] Für das erste spricht, daß Plutarch lediglich „Aristoteles" sagt, weshalb man zuerst doch an den berühmteren Träger jenes Namens denkt. Für das letztere spricht, daß der Gegenstand der Erzählung eine rein chalkidische Angelegenheit ist: deswegen wäre eher an den Lokalhistoriker zu

---

668 Plut. Amatorius, 17, pp. 760–761.
669 Kleomachos soll so gut gekämpft haben, weil ihm sein Eromenos zugeschaut haben soll. Wegen dieses homoerotischen Aspektes der Geschichte (u.a.) hat Fehling, Lehrstücke (Anm. 5) 202, die ganze Geschichte für erfunden erklärt.
670 Zu Aristoteles von Chalkis Jacoby, Kommentar zu FGrHist 423.
671 Jacoby, Kommentar zu FGrHist 423 sowie zu FGrHist 427, fr. 5. Das Fragment nahm Rose übrigens in seine Sammlung der Fragmente des Stageiriten auf (Nr. 98).
672 C. Müller, FHG 2, p. 142.

denken. Dieses Argument aber ist kaum entscheidend, denn auch der Stageirite hätte genügend Gelegenheit gehabt, diese Erzählung in seiner Politeia der Chalkidier unterzubringen.[673] Jacoby aber schlägt ferner vor, daß der Lokalhistoriker dem Philosophen als Quelle gedient habe.[674] Trifft dies zu, dann ist jede weitere Besprechung für unsere Fragestellung ohne Bedeutung. Dessen ungeachtet stützen sich die aristotelischen Politiensammlungen sicherlich auf lokale Quellen, so daß auf jeden Fall anzunehmen ist, daß die Geschichte von den Thessalern, die ihren chalkidischen Bundesgenossen zu Hilfe eilten, letzten Endes aus chalkidischer Quelle herrührt.

Das dritte Problem beschäftigt sich mit dem Denkmal, das Kleomachos, der Anführer der Thessaler, auf der Agora von Chalkis erhalten haben soll. Dort soll sich seine Grabstätte befunden haben, an der man späterhin ihm zu Ehren eine Säule (κίων) errichtet haben soll.[675] Dieses Denkmal hat Fehling zwar für schlicht erfunden erklärt,[676] doch ist dieses Urteil wahrscheinlich voreilig. Denn Chalkis hatte viele Standbilder und Denkmäler,[677] und es kann ein solches Denkmal in der Agora durchaus gegeben haben. Dabei will ich keineswegs behaupten, daß es dieses mit Sicherheit gab. Denn Chalkis hat man nie ausgraben können, und wir wissen einfach nicht, was alles auf der Agora stand. Was man über das Denkmal des Kleomachos sagen kann, hat Bakhuizen bereits gesagt,[678] und es muß an dieser Stelle nicht wiederholt werden.

Wenn sich das Grabdenkmal des Kleomachos wirklich auf der Agora befand, dann muß er der Stadt einen hervorragenden Dienst erwiesen haben. Daß er auch zu Chalkis starb und dort beerdigt wurde, läßt an einen Tod auf dem Schlachtfeld denken. Freilich können sich auch die Chalkidier dasselbe ausgedacht haben: diese Gedanken könnten die Chalkidier schließlich dazu veranlaßt haben, Kleomachos in die Tradition über den großen Krieg gegen die Eretrier einzufügen. Wir wissen aber, daß die Erzählung von Kleomachos spätestens im frühen vierten Jahrhundert schon bekannt war.[679] Mit anderen Worten, sie existierte vor dem Zeitalter der phantasievollen Erdichtungen hellenistischer „Geschichtsschreibung." Im frühen vierten Jahrhundert ist eine reine Erfindung, wie man sie aus hellenistischer Zeit kennt, eher nicht zu erwarten.[680] Wohl liegt aber eine lokale Erzählung vor, die – wenn das Denkmal des Kleomachos wirklich existierte und

---

673 Die erhaltenen Fragmente sind am leichtesten bei Bakhuizen, Chalcidian Studies 1 (Anm. 55) 144, zugänglich.

674 Jacoby, Kommentar zu FGrHist 423.

675 Plut. Amatorius, 17, pp. 760–761.

676 Fehling, Lehrstücke (Anm. 5) 201.

677 Material bei Bakhuizen, Chalcidian Studies 1 (Anm. 55) 90–91.

678 S.C. Bakhuizen, Ὁ μέγας κίων, the Monument for Kleomachos at Chalcis-in-Euboea, Festschrift Zadoks, Groningen 1976, 43–48.

679 Wenn die Säule dem sechsten Jahrhundert entstammte, wie Bakhuizen, Chalcidian Studies 1 (Anm. 55) 90–91, vermutet, dann könnte man die Erzählung ebenfalls in diese Zeit hinaufdatieren.

680 Die Ansicht Fehlings, Quellenangaben (Anm. 23) passim, schon Herodot hätte die reinsten Erfindungen aus dem dürftigsten Material gewoben, kann ich nicht teilen. Siehe auch oben zu Anm. 23.

schon bei (einem) Aristoteles erwähnt wurde – mit der Säule des Kleomachos verbunden war.[681] Wenn die Säule damals existierte, dann kann die damit verknüpfte Erzählung echt sein, da man sich an jemanden erinnern kann, dessen Wohltaten ihm ein Monument auf der Agora eingebracht haben, sofern das verursachende Ereignis nicht allzuweit zurückliegt. Viel hängt davon ab, wann die Säule errichtet wurde und wann die Erzählung von Kleomachos' Wohltaten erstmals schriftlich festgehalten wurde. Wenn aber die Säule, wie Fehling vermutet, erfunden wurde, um der Erzählung den Anschein von Glaubwürdigkeit zu verleihen, dann wird man die ganze Erzählung anfechten können. Da wir aufgrund unserer heutigen Kenntnis der Agora von Chalkis[682] nicht sagen können, ob es diese Säule gab oder nicht, müssen einige Aspekte der Frage offen bleiben.

5. PAROS UND NAXOS; SPARTA UND MESSENE U.A.M.

In diesem letzten Abschnitt des Kapitels zum Bündnissystem dürfen diejenigen Fälle behandelt werden, die weniger aussichtsreich sind: Paros und Naxos, Sparta und Messene, Kroton und Sybaris, Argos, Aigina, Delphi und einige andere Staaten, die von Zeit zu Zeit ins Gespräch gebracht worden sind. Die Anführung in diesem Abschnitt will nun nicht besagen, daß keiner dieser Staaten am Kriege hätte teilnehmen können; nur daß deren Teilnahme nach unseren Kenntnissen weder belegt, noch wahrscheinlich gemacht werden kann. Mit den Worten Belochs: „In die Geschichte aber gehört nur, was auf Grund unanfechtbarer Zeugnisse bewiesen, oder was aus solchen Zeugnissen mit Sicherheit, oder mit hoher Wahrscheinlichkeit erschlossen werden kann."[683]

*

Nikolaos Kontoleon ist der letzte, der für die Teilnahme von Paros und Naxos plädiert hat.[684] Da Marta Sordi seine Meinung ohne nähere Überprüfung in ihrer originellen Behandlung des Krieges übernahm,[685] muß hier klar Stellung bezogen werden, und zwar leider in größerem Umfange als dies nötig erscheinen will, denn schon im Jahre 1929 hatte Andrew Burn alles Wesentliche zu diesem Punkt gesagt.[686]

Daß Paros und Naxos des öfteren Krieg gegeneinander führten, kann nicht bestritten werden. Statt dessen kommt es auf die Zeugnisse für die zwischenstaatlichen Beziehungen dieser beiden Inseln an. Fünf Zeugnisse parischer und naxischer Beziehungen zu Chalkis und Milet führt Kontoleon dann auch an, nur ist

---

681 Bakhuizen, Μέγας Κίων (Anm. 678) 44, glaubt sogar, daß eine historische Inschrift an der Säule angebracht worden sei.
682 Eine knappe Zusammenfassung dessen, was über die Agora von Chalkis bekannt ist, findet sich bei Bakhuizen, Chalcidian Studies 1 (Anm. 55) 84–86.
683 Beloch, Zur Geschichte der älteren griechischen Lyrik, RhM 50, 1895, 267.
684 Kontoleon, Archilochus (Anm. 331) 82–84.
685 Sordi, Lega (Anm. 240) 45.
686 Burn, Trade-Leagues (Anm. 95) 19–21.

nicht jedes eindeutig. 1.) Gesandte schickte Milet zwar nach Paros,[687] doch bezeugen diplomatische Beziehungen ohne nähere Kenntnisse des Falls nicht unbedingt Freundschaft, denn auch Rom schickte Gesandte nach Karthago. 2.) Milet führte zwar einst Krieg gegen Naxos, aber an diesem Krieg nahm Paros nicht teil.[688] In Anbetracht dessen weiß ich nicht, ob man in diesem Falle annehmen sollte, daß der Feind eines Feindes ein Freund sein müsse. 3.) Obgleich Kontoleon behauptet, daß Paros, Erythrai und Milet gemeinsam Parion gegründet hätten, haben wir bereits gesehen, daß bezüglich der Gründung dieser Stadt nichts mit Sicherheit gesagt werden kann.[689] 4.) Die Beteiligung von Naxiern an der Gründung der Kolonie Naxos auf Sizilien muß der Meinung Kontoleons entgegen nicht unbedingt der Politik von Naxos entsprechen, wie der Fall der messenischen Auswanderer in Rhegion lehrt.[690] Die Wahl des Namens „Naxos" für die neue Stadt muß nicht unbedingt heißen, daß es sich um eine offizielle Gründung der Mutterstadt gehandelt habe. Denn, um ein Beispiel aus der Mythologie zu nehmen, der aus dem saronischen Salamis verbannte Teukros – den nach einer Version der Sage sein Vater nicht einmal an Land gehen ließ[691] – gründete auf Zypern eine Stadt, welche denselben Namen wie die Stadt trug, aus der er vertrieben worden war. Auch verfügten die Messenier, die nach Rhegion geflohen waren, im Laufe der Zeit die Umbennung des zu späterer Zeit von ihnen eroberten Zankle zu Messene im Andenken an ihre ehemalige Heimat. Ähnliches könnte vertriebene Naxier dazu bewogen haben, ihre neue Heimat im Westen „Naxos" zu nennen. Es ist jedenfalls auffallend, daß wir niemals von Behauptungen seitens der ägäischen Naxier hören, sie wären an der Gründung des sizilischen Naxos beteiligt gewesen. 5.) Unruhen in Milet sollen die Parier nach Ausweis von Herodot geschlichtet haben,[692] was in der Tat Freundschaft zwischen Paros und Milet belegt. Auf folgende relevante Zeugnisse ist Kontoleon leider nicht eingegangen: 6.) Auch Chalkis standen parische Schiedsrichter zu Diensten.[693] 7.) Eine Faktorei, Galepsos, welche die parischen Kolonisten aus Thasos gründeten, lag gegenüber von Akte, d.h. nahe an chalkidischen Gebieten,[694] was eher für freundschaftliche Beziehungen zwischen parischen und chalkidischen Kolonisten sprechen würde. 8.) Des weiteren wissen wir, daß die Freunde Milets (Megara und Chios) thasische Kolonisten in der Propontis und sogar westlich davon angriffen bzw. vertrieben – in bemerkenswertem Gegensatz zu der Faktorei Galepsos, die bestehen durfte.[695] Die Zeugnisse widersprechen

---

687 IG 12,5, 445, Z. 10.

688 Alle Hinweise mitsamt Besprechung sind oben Teil 2 zu finden.

689 Siehe oben Anm. 587.

690 Diese Messenier waren doch Flüchtlinge, die in Rhegion Aufenthalt fanden. Strab. 6,1,6, p. 257 = Antiochos von Syrakus, FGrHist 555, Fr. 9; Herakleides Lembos, De rebus publicis, 25 = Aristot. Fr. 611, 55 Rose; Paus. 4,23.

691 Paus. 1,28,11.

692 Hdt. 5,28.

693 Plut. Quaestiones Graecae, 30, p. 298.

694 Skylax, 67 (GGM 1, p. 54) und Thuk. 4,107,3. Eine andere Stadt gleichen Namens gab es auf Sithonia selbst (Hdt. 7,122), die mit dem thasischen Posten nicht zu verwechseln ist.

695 Dionysios von Byzanz, Fr. 30 (GGM 2, p. 37); Archil. Fr. 291 West = Philochoros, FGrHist 328, Fr. 43 = Harp. s.v. Στρύμη.

sich zum Teil, was nach der geographischen Lage der beiden Inseln zu erwarten ist: „The fact is that, lying as they do in the very centre of the Aegean, at an intersection of trade-routes, and liable as they were to be made a port of call by passing war-fleets from any quarter, the islanders had every reason for not pursuing too aggressive a foreign policy, but remaining on good terms with as many people as possible; always excepting the rival island."[696] Weder Paros noch Naxos kann mit Sicherheit in eines der beiden Bündnisse integriert werden.

*

George Forrest argumentiert, daß der erste Messenische Krieg ein Teil des Lelantischen Krieges gewesen sei,[697] was Salmon zu Recht „cavalier" genannt hat.[698] Denn das einzige Zeugnis von chalkidischen bzw. eretrischen Beziehungen zu Sparta oder Messenien in der Frühzeit handelt von jenen messenischen Flüchtlingen, welche Chalkis in Rhegion aufnahm.[699] Ich vermute, daß Chalkis so handelte, weil man diese Siedler in Rhegion gut gebrauchen konnte – unabhängig von anderen Überlegungen. Daß andererseits Samos Sparta während eines Krieges gegen die Messenier half, ist unwichtig, zumal wir nicht einmal wissen, während welchen Messenischen Krieges dies geschah.[700] Die Nachricht bei Pausanias, Korinth habe Sparta während des ersten Messenischen Krieges geholfen, dürfen wir nicht ohne weiteres akzeptieren, denn recht weniges kann den Gewährsleuten des Pausanias in diesem Abschnitt geglaubt werden.[701] Den milesischen Angriff auf Melos, eine Kolonie Spartas, haben wir bereits besprochen.[702]

*

Die zwei Erzfeinde Kroton und Sybaris hat Adolf Holm ins Gespräch gebracht,[703] wenngleich die Argumente für deren Teilnahme am Krieg mehr als dürftig sind. Gute Beziehungen zwischen Sybaris und Milet bezeugt Herodot,[704] während Holm die Auswanderung des Pythagoras von Samos nach Kroton als ein Zeugnis von samischer Freundschaft mit Kroton auffassen will. Dies reicht aber nicht aus.

696 Burn, Trade-Leagues (Anm. 95) 20–21.
697 Forrest, Colonisation (Anm. 244) 162.
698 Salmon, Corinth (Anm. 395) 68.
699 Siehe oben Anm. 690.
700 Hdt. 3,47. Forrest, Colonisation (Anm. 244) 162 glaubt, daß nur der erste Messenische Krieg gemeint sein könne. Warum man an den zweiten nicht denken soll (siehe Huxley, Early Sparta, London 1962, 74; Jeffery, Archaic Greece (Anm. 366) 120 und Anm. 6 auf 130–131), weiß ich nicht. P. Cartledge, Sparta and Samos: A Special Relationship, CQ 76, 1982, 258–259 hat sogar argumentiert, daß der Vorzug dem zweiten Messenischen Krieg zu geben ist.
701 Paus. 4,11,1. Zu seinen Gewährsleuten in diesem Abschnitt L. Pearson, The Pseudo-history of Messenia and its Authors, Historia 11, 1962, 396–426.
702 Siehe oben Anm. 574.
703 A. Holm, Lange Fehde, Festschrift Curtius, Berlin 1884, 25–30.
704 Hdt. 6,21; siehe auch Timaios, FGrHist 566, Fr. 50.

*

Donald Bradeen meint, daß Argos am Krieg beteiligt gewesen sei, und will in Pheidon sogar den Urheber des Krieges erblicken.[705] Chronologisch ist dies jedoch strengstens zurückzuweisen, da Pheidon in ein anderes Zeitalter als der Lelantische Krieg gehört.[706] Des weiteren sind die Beziehungen von Argos zu Chalkis und Eretria unbekannt.

*

Von Aigina ist nur bekannt, daß ein König von Samos diese Insel angriff.[707] Wann genau dies geschah, bleibt indes ungewiß,[708] und es wäre wohl am plausibelsten, diesen Angriff für einen schlichten Raubzug zu halten.

*

In einer längeren Argumentation hat Forrest zu zeigen versucht, daß Delphi dem chalkidischen Bündnis freundlich gesinnt war.[709] In aller Kürze: Allein Chalkis und seine Freunde sollen mit der Hilfe Delphis Kolonien gegründet haben, wohingegen es gar keine Geschichte geben soll, welche Eretria oder dessen Freunde mit Delphi verbinden würde. Dieser Gegensatz ist jedoch nicht so gravierend, wie es auf den ersten Blick erscheinen mag. Denn wenn oben richtig argumentiert wurde, daß auch Eretrier an der Neugründung von Zankle beteiligt waren,[710] dann verbindet eine Geschichte die Eretrier mit Delphi.[711] Außerdem hatten Milet und Chios – wie auch Samos – gar keinen Anlaß, in diesem Bezug sich an Delphi zu wenden, stand ihnen doch ein Orakel in Milet zur Verfügung.[712] Ferner scheint sich Delphi eher mit den Kolonien des Westens beschäftigt zu haben: da Milet hier keine Kolonien gründete, überrascht es doch nicht, daß Milet keine Auskünfte beim delphischen Apollon einholte. Von den Freunden Eretrias gründete schließlich allein Megara eine Kolonie im Westen, und angesichts der Schwierigkeiten, in welche die megarischen Siedler gerieten, könnte man fast meinen, daß Delphi gute Gründe gehabt hätte, seine Hilfe zu verschweigen. Wie dem auch sei, dieser eine Fall einer Koloniegründung der eretrischen Gruppe, bei der Delphi nicht mitwirkte, genügt keinesfalls für den Schluß, daß Delphi nur der chalkidischen Gruppe geholfen habe.

*

---

705 Bradeen, Lelantine War (Anm. 189) passim.
706 Siehe oben Anm. 387.
707 Hdt. 3,59,4.
708 Siehe Shipley, Samos (Anm. 545) 37–38, der doch dazu neigt, die Geschichte mit dem Lelantischen Krieg in Verbindung zu bringen, und Carlier, Royauté (Anm. 547) 445–446.
709 Forrest, Colonisation (Anm. 244) 165–169.
710 Siehe oben, Kapitel 3, Teil 3, B.
711 Kallim. Ait. 2, Fr. 43, Verse 74–77.
712 Siehe Forrest, Colonisation (Anm. 244) 167.

Was schließlich andere Staaten (Boiotien, Athen usf.) anbelangt, so ist alles in dem mehrmals erwähnten Aufsatz von Andrew Burn nachzulesen.[713] In seiner Einordnung dieser Staaten in die verschiedenen Bündnisse geht Burn zwar entschieden zu weit, doch sind fast alle Zeugnisse für die zwischenstaatlichen Beziehungen in der Frühzeit in seinem Aufsatz zusammengestellt.

6. ZUSAMMENFASSUNG

Die oben durchgeführten Einzeluntersuchungen erlauben uns, von folgenden Staaten als möglichen Kriegsteilnehmern zu reden: Samos, Milet, Korinth, Megara und Thessalien – wobei die Kriegsbeteiligung von Samos, Milet[714] und Thessalien[715] direkt belegt ist. Es gibt nun zwei Arten der Beteiligung dritter Staaten am Lelantischen Krieg, mit denen wir rechnen müssen: erstens mit dem Eingreifen der Bundesgenossen auf Euboia selbst zugunsten von Chalkis oder Eretria[716] und zweitens mit dem Eingreifen von Chalkis oder Eretria in die außerhalb Euboias stattfindenden Kämpfe der Bundesgenossen. Nur die erste Art der Beteiligung ist im Lelantischen Krieg direkt belegt (das Eingreifen der Thessaler sowie das der Chalkidier aus der Chalkidike in die Kämpfe auf Euboia), doch dürfen wir die zweite nicht deswegen außer acht lassen. Denn in dem Peloponnesischen Krieg ist diese zweite Art des öfteren belegt: man denke nur an das Eingreifen der Athener in die Kämpfe der Ambrakioten und der Akarnaner zugunsten der letztgenannten oder an das der Spartaner in die Kämpfe zwischen den Plataiaiern und den Thebanern auf seiten der Thebaner.

Im Falle der Milesier[717] und der Samier haben wir keinen Beleg von der Art der Beteiligung am Krieg, während uns die Quellen im Falle der Korinthier und Megarer keinen direkten Beleg[718] für deren Beteiligung überhaupt liefern. Obgleich demgemäß die Teilnahme weder von Korinth noch von Megara zwingend nachgewiesen werden kann, dürfen wir sie andererseits keineswegs ausschließen, zumal ein Eingreifen einer der beiden euboiischen Städte in die um 700 geführten Kämpfe zwischen Korinth und Megara als durchaus möglich gelten muß, während die [Theognis]-Stelle (891–894) zeigt, daß es den Korinthiern um 600 möglich war, sich in euboiische Angelegenheiten einzumischen.

Wenn lokale Kämpfe zwischen Korinthiern und Megarern oder zwischen Samiern und Milesiern kraft der Beteiligung von Euboiern daran (oder aber kraft

713 A.R. Burn, Trade-Leagues (Anm. 95) 14–37.
714 Hdt. 5,99,1.
715 Plut. Amatorius, 17, p. 760–761.
716 In diesem Falle müssen wir davon ausgehen, daß der dritte Staat nur die Krieger zur Verfügung stellte; d.h. die Verköstigung und Verpflegung dieser Truppen oblagen dem Staat, dem man zu Hilfe kam.
717 Wenn der milesische Angriff auf Karystos wirklich als Teil des Lelantischen Krieges anzusehen ist, dann hätten wir noch einen dritten Beleg der ersten Art der Beteiligung.
718 Nichtsdestoweniger griffen die Korinthier eretrische Kolonisten auf Kerkyra an: vielleicht sollten wir diesen Angriff als direktes Zeugnis der Beteiligung am Krieg auswerten.

der Beteiligung der dritten Staaten an den Gefechten zwischen Chalkis und Eretria auf Euboia selbst) einen Teil des Lelantischen Krieges darstellten, dann müssen wir auch damit rechnen, daß die Bundesgenossen in gewissem, ja vielleicht hohem Grade ihren eigenen Interessen folgten. Man entsinne sich, daß uns Thukydides über den Lelantischen Krieg nur sagt, daß es in ihm „am ehesten noch" gemeinsame Kriegsführung mehrerer Staaten gegeben habe.[719]

719 Siehe oben zu Anm. 28.

KAPITEL 7:
DIE KRIEGSURSACHEN

In diesem Kapitel wollen wir die Ursachen eines für die Verhältnisse der Frühzeit ungewöhnlich schweren Krieges untersuchen, wobei wir schon am Anfang unterstreichen, daß die Gründe, welche z.B. Korinth dazu bewogen haben mögen, an die Seite von Chalkis (oder sollte man sagen: gegen Eretria?) zu treten, mit den Gründen der ursprünglichen Fehde zwischen Chalkidiern und Eretriern nicht das geringste zu tun haben müssen. Eingedenk dieser Mahnung wagen wir zu sagen, daß der Lelantische Krieg drei Ursachen hatte: 1.) das Verlangen der Städte Chalkis und Eretria nach der fruchtbaren Lelantischen Ebene, 2.) die Stellung von Xeropolis zwischen Chalkis und Eretria und 3.) Konflikte im Rahmen des Handels und der Kolonisation. Dem dritten Punkt haben zwar die meisten Gelehrten besondere Beachtung geschenkt,[720] doch dürfen wir die ersten beiden keineswegs vergessen, denn nur sie betreffen den ursprünglichen Zwist.

Zu dem ersten Grund jedoch äußert sich Bakhuizen sehr skeptisch: „a war *merely* (meine Hervorhebung) about the possession of this plain is a scholarly construction"[721] (mit Bezug auf antike Gelehrte). Auf keinen Fall dürfen wir hier außer acht lassen, daß Griechenland im allgemeinen kein sehr fruchtbares Land ist. Es gibt nicht viele größere fruchtbare Ebenen, und wo solche vorhanden sind, führte man des öfteren um ihretwillen Krieg. Ein Beispiel liefert die Ebene des oberen Pamisos: „merely" wegen dieser fruchtbaren Landschaft war Sparta bereit, zwei äußerst schwere Kriege zu führen.[722]

Die Bemerkung Bakhuizens, „without control of the Lelantine Plain Chalcis could not exist as an independent state,"[723] trifft zwar das Richtige, wird aber von ihm unverständlicherweise als Argument dafür verwandt, daß die Ebene nicht der Grund für den Krieg zwischen Chalkis und Eretria gewesen sein könne. Doch war auch Messene ohne die Ebene des oberen Pamisos – um zunächst bei diesem Beispiel zu bleiben – nicht imstande, als unabhängiger Staat zu existieren, und nach dem Verlust seines Territoriums existierte es als unabhängiger Staat eben nicht mehr. Warum soll nun bei Eretria und Chalkis unvorstellbar sein, was bei Sparta und Messene in der Tat geschah? Nehmen wir doch ein anderes Beispiel. Nordöstlich des klassischen Megara und südwestlich von Eleusis liegt eine fruchtbare Ebene, der genaugenommen auch die Insel Salamis zugerechnet wer-

---

720 Z.B. Blakeway, Date (Anm. 243) 48; Burn, Trade-Leagues (Anm. 95) passim.
721 Bakhuizen, Chalcidian Studies 3 (Anm. 55) 34. Vgl. Boardman, Euboean Pottery (Anm. 64) 27.
722 Man besinne sich doch der Vorzüge dieser Landschaft: Μεσσήνην ἀγαθὸν μὲν ἀροῦν, ἀγαθὸν δὲ φυτεύειν, „Messene, gut zu pflügen, gut zu bepflanzen" (Tyrt. Fr. 5 West).
723 Bakhuizen, Chalcidian Studies 3 (Anm. 55) 34.

den sollte. Einst gehörten diese Gebiete zu Megara, doch führte Athen lediglich um dieser Gebiete willen mehrere Kriege, die erst in der Peisistratidenzeit erfolgreich abgeschlossen werden konnten, als Salamis endgültig in den Besitz der Athener überging.[724] In diesem Falle bestand Megara weiterhin als unabhängiger Staat, denn es hatte Land genug zwischen den Geraneia- und Kithairon-Gebirgen, um als eigenständiger Staat weiter existieren zu können. Für Megara war dies wohl ein glücklicher Zufall, denn hätte es keine anderen Territorien besessen, dann hätte auch es gleich Messene aufgehört zu existieren. Den Athenern hätte dies ebensowenig mißfallen, wie es den Spartanern mißfiel, daß Messene als unabhängiger Staat nicht mehr bestand. In beiden Fällen (Messene und Megara) können über die Kriegsursachen keinerlei Zweifel bestehen: entscheidend war die Begierde nach fruchtbaren Gebieten. Man sieht nicht recht ein, warum man die Fehde der Chalkidier und der Eretrier nicht als einen solchen Krieg betrachten sollte. Hätte eine eretrische Eroberung der Ebene zu der Vernichtung von Chalkis als unabhängigem Staate geführt, so hätte dies die Eretrier – entgegen, wie es scheint, den Meinungen einiger Gelehrter – ebensowenig gestört, wie die Vernichtung von Messene die Spartaner störte. Daß Eretria versucht haben sollte, Chalkis die fruchtbare Ebene zu entreißen, finde ich – im wahrsten Sinne des Wortes – menschlich.

Nach diesen Ausführungen können wir hier kurz darlegen, daß das Lelantische Gefilde ohne Zweifel eines Kampfes wert war. Obgleich Sir John Boardman das Feld geringschätzig als „a handfull of vineyards in…Chalcis' back garden"[725] beschreibt, waren die Triften und Auen Lelantons das fruchtbarste Gebiet auf der Insel Euboia.[726] Alfred Philippson sprach z.B. von „einer der üppigsten Kulturlandschaften Griechenlands…einer reich bewässerten Gartenlandschaft." Weiter heißt es bei ihm: „Ölbaum- und andere Baumpflanzungen, Reben, Gartenpflanzen aller Art bilden ein von zahllosen Wegen labyrinthisch durchzogenes Dickicht, in dem die zerstreuten Häuser…sich verstecken."[727] Die Ebene lobte Geyer zu Anfang dieses Jahrhunderts wie folgt: „das lelantische Feld überrascht noch heute durch seine ungemeine Fruchtbarkeit; es ist ein wahrer Garten."[728] Des weiteren sagt Theophrastos ausdrücklich, daß der lelantische Boden im Altertum bekanntermaßen ein fetter war,[729] während Kallimachos von dem ἀγαθὸν πεδίον Ληλάντιον, der „guten Lelantischen Ebene," spricht.[730] Durch ihre vielen Rebstöcke war die Ebene im Altertum berühmt,[731] und man nennt sie noch heute nach dem Weinbau „Ambélia."[732] Oliven[733] und Feigen[734] wuchsen dort im Altertum;

724 Plut. Sol. 7–10.
725 Boardman, Euboean Pottery (Anm. 64) 27.
726 C. Bursian, Geographie von Griechenland 2, Leipzig 1868, 401.
727 A. Philippson, Die griechischen Landschaften 1,2, Frankfurt 1951, 605–606.
728 F. Geyer, Topographie und Geschichte der Insel Euboia, Berlin 1903, 15.
729 Theophr. Hist. plant. 8,8,5.
730 Kallim. Del. 289.
731 Theogn. 892; vgl. 784: Εὐβοίης ἀμπελόεν πεδίον, „die an Rebstöcken reiche Ebene Euboias."
732 Bakhuizen, Chalcidian Studies 1 (Anm. 55) 131.
733 Herakleides Kre/itikos, 1,30; Plin. Nat. 15,69 und 71.

auch Weizen wurde angebaut.[734] Über den fruchtbaren Boden des Feldes urteilt Bakhuizen zu Recht: „It can support a large population."[736] Da es sich infolge all dessen von selbst versteht, daß Eretria und Chalkis sich um den Besitz dieses fruchtbaren Gebietes stritten, können wir die Einwände einiger Forscher dagegen ohne weiteres zurückweisen.

Dennoch möchte ich Bakhuizen Recht geben, wenn er meint, daß die antiken Aussagen bezüglich der Kriegsgründe gelehrte Konstruktionen seien, denn die antiken Gelehrten waren nicht besser informiert über die Ursachen dieses Krieges als wir. Nichtsdestoweniger wußten sie, daß fruchtbare Ebenen öfters zu Zankäpfeln wurden, und zogen den gebotenen Schluß. Also versicherte uns Strabon zu Recht, daß die Chalkidier und Eretrier περὶ Ληλάντου, „um Lelanton," gekämpft hätten,[737] auch wenn sein Gewährsmann lediglich eine Vermutung geäußert hatte. Dasselbe gilt auch von jenem Thukydidesscholion, aus dem wir erfahren, daß ἐπολέμουν οὗτοι [Chalkidier und Eretrier] πρὸς ἀλλήλους περὶ τοῦ Ληλαντίου πεδίου, „[Chalkidier und Eretrier] gegeneinander um die Lelantische Ebene kämpften."[738]

Als zweite Kriegsursache haben wir die Rolle der Stadt Xeropolis genannt, die äußere Feinde um 700 zerstörten. Im dritten Teil des zweiten Kapitels führten wir Argumente dafür an, daß Xeropolis die Mutterstadt Eretrias, Eretria dagegen ursprünglich die Hafenstadt von Xeropolis gewesen sei.[739] Angesichts dessen kommt allein Chalkis als die Stadt in Frage, welche Xeropolis verwüstete. Eine solche Zerstörung hätte offensichtlich den Zorn Eretrias erregt, hätte auch dazu beigetragen, daß der Krieg von seiten der Eretrier aufs erbitterste weiter geführt werden würde. Auf die Frage, warum Chalkis Xeropolis zerstört haben sollte, gibt es mehrere mögliche Antworten: zum einen war Xeropolis für Chalkis ein Pfahl im Fleische, denn Xeropolis kontrollierte Teile der Ebene, deren Gesamtheit Chalkis für sich selbst in Anspruch genommen haben mag; zum anderen kann es eine wachsende Bevölkerung in Chalkis nach mehr Getreidefeldern verlangt haben; und drittens kann Eretria, das zu dieser Zeit ebenfalls ein kräftiges Bevölkerungswachstum erlebt haben mag,[740] sehr wohl versucht haben, seine

734 Ath. 3, p. 75e, (chalkidische Feigen).
735 Theophr. Hist. plant. 8,10,4.
736 Bakhuizen, Chalcidian Studies 1 (Anm. 55) 131.
737 Strab. 10,1,12, p. 448.
738 Schol. Thuk. 1,15,1.
739 Siehe oben, Kapitel 2, Teil 3, B.
740 Mir scheint unzweifelhaft, daß Chalkis wie Eretria im achten Jahrhundert ein sehr starkes Bevölkerungswachstum erlebten – im achten Jahrhundert war dies anscheinend ein gemeingriechisches Phänomen (siehe u.a. Snodgrass, Archaic Greece, London 1980, 22–24). Allein die Tatsache, daß Chalkis und Eretria so viele Pflanzstädte – Chalkidike, Kyme, Naxos, Kerkyra u.s.w. – gründeten, spricht dafür, daß sich Euboia im achten Jahrhundert eines großen Überschusses an Menschen erfreute. Die Siedler müssen Leute gewesen sein, für die es auf Euboia keinen Platz mehr gab – sonst wären sie doch zu Hause geblieben und hätten die Risiken einer langen Seefahrt und die Gefahren ferner Lande nicht auf sich genommen. Was Eretria betrifft, so denkt man noch an die eretrische Weigerung, die heimkehrenden Aussiedler von Kerkyra gegen Ende des achten Jahrhunderts in die Stadt aufzunehmen: wahrscheinlich gab es in Eretria keinen Platz.

nunmehr zu einem Vorposten[741] gewordene Mutterstadt in der Ebene auszunut-
zen, um weitere Teile der Ebene unter seine Kontrolle zu bringen. Unter diesen
Umständen erscheint ein Versuch seitens der Chalkidier, den irritierenden Dorn
im Auge, Xeropolis, ein für allemal zu beseitigen, durchaus verständlich.

Es gibt aber eine weitere Überlegung: Obgleich wir oben die Meinung
vertraten, daß sich die Xeropolitaner im Laufe der Jahrzehnte nach Eretria
begeben hätten,[742] bleibt es nichtsdestoweniger möglich, daß einige Bürger auch
nach Chalkis übersiedelten. Wenn nun einige vornehme, chalkidische Familien
aus Xeropolis stammten, dann ist klar, daß Chalkis diesen Umstand ausgenützt
haben kann, falls es den eigenen Anspruch auf die ganze Ebene (einschließlich
der von Xeropolis aus kontrollierten Gebiete) geltend machen wollte. Daß Xeropolis in Anbetracht dieser Umstände zum Zankapfel zwischen Chalkidiern und
Eretriern wurde, wird ebenso selbstverständlich sein. Obwohl dem Streit letzten
Endes das Verlangen nach der fruchtbaren Ebene zugrunde gelegen hätte, dürften
auch echte, vaterländische Gefühle mitgespielt haben. Nach der Einnahme, die
zugleich eine Zerstörung war, hätte Eretria den besten Grund gehabt, entschlos-
sen weiter zu kämpfen.

Die letzten Zweifel an einem Versuch von Eretria, Chalkis die Ebene zu
entreißen, sollte die Rolle von Xeropolis aufzuheben vermögen. Denn wenn
Eretria kraft eines Postens in der Ebene Teile derselben besaß, dann kann ein
Kampf zwischen Chalkis und Eretria über die Kontrolle der Lelantischen Ebene
keineswegs aus geographischen Gründen abgelehnt werden, wie Boardman und
Bakhuizen es getan haben.[743]

Auf die letzte Ursache des Krieges, Konflikte im Rahmen des Handels bzw.
der Kolonisation, kommen wir jetzt zu sprechen. Wie ich bereits am Anfang des
Kapitels sagte, haben die meisten Forscher die Ursache des Krieges schlichtweg
im Handel selbst erblicken wollen. Andererseits aber halten einige einen aus
wirtschaftlichen Gründen geführten Krieg im siebenten oder gar achten Jahrhundert für völlig undenkbar.[744] In der Tat ist die Vokabel „Wirtschaftskrieg" fehl
am Platze; von „trade-leagues,"[745] deren Mitglieder in den Krieg gezogen wurden, damit die andere Liga nicht die Oberhand gewönne, kann keineswegs die
Rede sein. Es führt aber gleichermaßen in die Irre, Handel und Kolonisation
überhaupt nicht in Rechnung zu stellen, denn es war gerade in der Kolonisation
und dem Handel der Fall, daß weitentfernte Städte wie Milet und Eretria Beziehungen zueinander aufnahmen. Die Freundschaft zwischen Korinth und Chalkis
z.B., soweit wir in der Lage sind, die Sache zu beurteilen, entfaltete sich ausschließlich im Rahmen der Kolonisation des Westens, hat sich auch nur darin
entfalten können.[746] Obgleich die extreme These von zwei gegeneinander Krieg

---

741 Vgl. Popham et al. Lefkandi 1 (Anm. 130) 369.
742 Siehe oben, Kapitel 2, Teil 3, B.
743 Siehe oben zu Anm. 721 und 725.
744 Z.B. Tausend, Mythos (Anm. 242) 507.
745 Selbst Burn, Trade-Leagues (Anm. 95) 14, schrak vor dem Ausdruck gewissermaßen
     zurück und zog ihm den Terminus „entente cordiale" vor.
746 Siehe oben, Kapitel 6, Teil 3.

führenden „trade-leagues" aufgegeben werden muß, dürfen wir die Kontakte und Konflikte, die dem Handel und der Kolonisation erwuchsen, auf keinen Fall geringschätzen.

Zwischen Chalkis und Eretria ist allerdings nur ein möglicher Fall eines Streites im Rahmen der euboiischen Kolonisation belegt: die Stasis auf Pithekoussai. Die einschlägige Strabonstelle haben wir bereits besprochen: nicht nur ist sie völlig verworren und unverständlich, sondern der Vorfall ist für uns auch undatierbar.[747] Ferner wissen wir nicht einmal, ob die Stasis wirklich zwischen chalkidischen und eretrischen Aussiedlern tobte. Im Rahmen dieses Kapitels ist diese Textstelle trotz allem der Erwähnung wert, wenngleich wir sofort zugeben müssen, daß wir mit ihr nichts anzufangen wissen.

Im Falle von Milet und Samos ist es höchst unklar, wie diese Staaten in den Krieg gezogen wurden, es sei denn, daß irgendwie Handelsbeziehungen oder koloniale Konflikte im Spiele waren. Es ist zwar vorstellbar, daß es irgendwelche Adelsbeziehungen zwischen den kleinasiatischen Erzfeinden und den euboiischen Städten gegeben hat, doch sind diese vollkommen unbelegt und hätten sowieso nur vermöge bereits existierender Kontakte geknüpft werden können, welche der Natur der Dinge nach wohl Handelsbeziehungen gewesen wären.[748]

Nun, wir wissen, daß Eretria ein Inselimperium in den Kykladen besaß. An einigen Inseln des Ägäischen Meeres können sowohl Samos als auch Milet schon zu archaischer Zeit Interesse gehabt haben. Denn bereits in fr? harchaischer Zeit führte ein König von Samos Krieg gegen Aigina,[749] während der berühmteste Tyrann dieser Insel, Polykrates, ein anscheinend weitreichendes Inselimperium in spätarchaischer Zeit gründen sollte.[750] Des weiteren sollen es Samier gewesen sein, welche die Insel Amorgos zuerst besiedelten.[751] Im Falle Milets wissen wir von einem Angriff auf die Insel Naxos, den wir bereits besprochen haben.[752] Nach Strabon kolonisierte Milet außerdem die Inseln Ikaros und Leros,[753] deren Besiedlung durch die Milesier man gelegentlich in die frühesten Zeiten datiert hat.[754] Die kykladischen Inseln sind miteinander bekanntlich sehr eng verbunden, und von Ikaros bis Tenos, das in der archaischen Zeit Eretria untertan war, ist es kein weiter Weg. Kraft seiner Herrschaft über Andros, Keos und Tenos hatte Eretria folglich genügend Gelegenheit, mit Samos und Milet in Kontakt zu treten. Feundschaftlicher oder feindlicher Natur mögen diese Kontakte zwar gewesen sein, doch spricht die spätere Hilfe Milets an Eretria dafür, daß die Beziehungen zu Milet eher freundschaftlich waren, wohingegen die zu Samos eher feindlich gewesen sein dürften. Derartiger Überlegungen ungeachtet können Chalkidier wie Eretrier die Samier und Milesier auch auf dem Handelsweg nach Al Mina

---

747 Siehe oben, Kapitel 3, Teil 3, A.
748 Zu einem möglichen Falle von Adelsbeziehungen siehe unten zu Anm. 762.
749 Hdt. 3,59,4.
750 Hdt. 3,39,4.
751 Suid. s.v. Σιμμίας.
752 Siehe oben zu Anm. 592.
753 Strab. 14,1,6, p. 635.
754 Z.B. Hiller, RE, s.v. Milet, 1590.

kennengelernt haben. Denn wenn Sir John Boardman mit Recht einen Teil der „rhodischen" oder „ostgriechischen" Keramik in den ältesten griechischen Schichten Al Minas[755] für milesische bzw. samische Keramik hält, dann waren auch einige milesische bzw. samische Kaufleute in Al Mina zugegen.[756]

Während ihrer Tätigkeit in den Kykladen oder in Al Mina hätten sich Samos und Milet, die einander bisher freundlich gesinnt gewesen waren, in die Fehde von Chalkis und Eretria verwickeln lassen können, obgleich es *a priori* auch denkbar ist, daß Samier und Milesier ihrerseits schon verfeindet waren und daß Chalkidier und Eretrier in diesen Streit hineingezogen wurden. Nichtsdestoweniger scheint der Lelantische Krieg im späten achten Jahrhundert begonnen zu haben,[757] wohingegen Samier und Milesier im ersten Viertel des siebenten Jahrhunderts wahrscheinlich noch befreundet waren.[758] Auf jeden Fall hätten sich in Al Mina oder in den Kykladen Beziehungen anknüpfen können, die Samos und Milet in den Krieg der Chalkidier und Eretrier schließlich verwickelten. Obzwar es sich hierbei um Vermutungen ohne Beweiskraft handelt, gibt es wenige andere Gelegenheiten, die es Samiern und Milesiern ermöglicht hätten, die notwendigen Kontakte mit Chalkidiern und Eretriern aufzunehmen, die dann auch zu einer Teilnahme der beiden kleinasiatischen Städte am Lelantischen Krieg führen sollten.

Im Falle von Korinth und Megara dürfte es klar sein, daß diese beiden Staaten nur wegen kolonialer Beziehungen in den Krieg hätten treten können. Denn Korinth entriß den Eretriern den überaus wichtigen Posten auf Kerkyra,[759] das eine Schlüsselposition für den Verkehr mit dem Westen und den Küsten der Adria einnahm (nur in dieser Beziehung war es wichtig, diese Insel zu kontrollieren). Wir wissen dennoch nicht, ob die Eretrier auf Kerkyra die Korinthier (einschließlich deren Bundesgenossen?) vom Westen auszusperren versuchten und so den korinthischen Angriff heraufbeschworen oder ob Korinth den Posten aus eigenem Antrieb begehrte. Den eigentlichen Grund dafür haben wir bereits angeführt; als weitere Motivation käme noch hinzu, daß der beste Freund Korinths im Westen, Chalkis, mit der Mutterstadt jener Kolonie verfeindet war. In dem Kapitel zum Bündnissystem haben wir argumentiert, daß Korinth und Chal-

---

755 Zu Al Mina oben Kapitel 3, Teil 2.
756 Siehe Boardman, Greeks Overseas (Anm. 64) 49. Zur Anwesenheit „rhodischer" Keramik in den ältesten Schichten Al Minas Boardman (42). Boardmans Deutung der „rhodischen" Keramik scheint stichhaltig zu sein: Erstens wissen wir, daß nebst den Rhodiern Chier und vielleicht auch Lesbier im siebenten Jahrhundert in Al Mina waren (49). Unter diesen Umständen müßte man eigentlich erwarten, daß auch Milesier und Samier den Weg nach Al Mina gefunden hätten; d.h. ein Teil der „rhodischen" Keramik müßte milesisch bzw. samisch sein. Zweitens wissen wir, daß Milesier in Naukratis in Ägypten zugegen waren, wovon der Tempel des milesischen Apollon zeugt (120). Wiederum fehlt aber eindeutig milesische Keramik, wohingegen es sehr viel „rhodische" gibt. Daher erschließt Boardman (122), daß ein Teil der „rhodischen" Keramik milesisch sein müsse.
757 Siehe oben, Kapitel 4, Teil 5.
758 Siehe oben, Kapitel 6, Teil 1.
759 Plut. Quaestiones Graecae, 11, p. 293. Zur Datierung oben, Kapitel 3, Teil 3, C.

kis im Westen in freundschaftlichem Einvernehmen miteinander kolonisierten.[760] Treffen die dort angeführten Argumente zu, dann ist es klar, wie die chalkidisch-korinthische Freundschaft entstand.

Ich nehme ferner an, daß die chalkidisch-megarische Feindschaft aus der chalkidisch-korinthischen Freundschaft erwuchs. Da Chalkidier und Korinthier sich vorzüglich vertrugen, fingen beide an, in denselben Staaten ihre Feinde zu sehen. So z.B. trieben die chalkidischen Aussiedler in Leontinoi Megarer aus ihrer Stadt, obschon sie selbst diese zuvor in ihre Stadt aufgenommen hatten. Am Ende vermochten diese Megarer nur mit der Hilfe eines einheimischen Königs eine Pflanzstadt zu gründen, die sie nicht binnen kurzester Zeit wieder zu räumen hatten.[761] Daher kann ich mich des Eindrucks nicht erwehren, daß Korinthier und in geringerem Maße Chalkidier für die Schwierigkeiten der Megarer verantwortlich waren. Auf jeden Fall bleibt nach wie vor klar, daß sich chalkidisch-megarische Feindschaft in den Kolonien im Westen entwickelte. Was schließlich den Krieg zwischen Korinth und Megara auf dem Festland betrifft, so kann man mit hoher Wahrscheinlichkeit annehmen, daß dieser Krieg ähnlich der Fehde zwischen Chalkis und Eretria um die Lelantische Ebene aus ganz schlichten Gründen geführt wurde: Land- und Habgier.

Zuletzt Thessalien, das schließlich auch am Lelantischen Krieg teilnahm[762]: Thessalien gründete keine Kolonien, hatte auch keinen Grund, sie zu gründen, da es schon ohnehin im Besitze eines der fruchtbarsten Gebiete Griechenlands war. Dennoch lag die Grenze Thessaliens, nachdem es die Perioikenvölker unterworfen und somit sein Territorium stark erweitert hatte,[763] sehr nahe an dem nördli-

760 Siehe oben zu Anm. 656–670.
761 Thuk. 6,4,1. Hyblon, der König der Sikeler, war wahrscheinlich ein Feind der Korinthier in Syrakus und nahm sich deswegen der Kolonisten aus Megara an.
762 Siehe oben, Kapitel 6, Teil 4.
763 Für eine sehr späte Datierung der Unterwerfung der Perioikenvölker (ins letzte Jahrzehnt des sechsten Jahrhunderts) plädiert Sordi, Lega (Anm. 240) 61–65. Hier fehlt gewiß der Raum, auf die thessalische Frühgeschichte einzugehen, doch darf sicherlich bemerkt werden, daß dieser Datierung Frau Sordis recht wenige zugestimmt haben (siehe u.a. G.L. Cawkwell, JHS 80, 1960, 223; J.A.O. Larsen, A new Interpretation of the Thessalian Confederacy, CPh 55, 1960, 230; H.D. Westlake, CR 74, 1960, 56). Für mein Teil finde ich die Argumente Belochs, Gr. Gesch. I.2², 202, überzeugend, daß jener Skopas, der die Tribute der Perioikenvölker regelte (Xen. Hell. 6,1,19), viel eher der Σκόπας ὁ παλαιός, „Skopas der Ältere," der Großvater des jüngeren Skopas (Phainias von Eresos, Fr. 14 Wehrli = Ath. 10, p. 438c; vgl. Quint. Inst. 11,2,11), war. Diesen älteren Skopas muß man wohl ins zweite Viertel des sechsten Jahrhunderts datieren, zumal sein Enkel ein Zeitgenosse des Simonides war, welcher in den letzten Jahrzehnten des sechsten Jahrhunderts lebte (Cic. De orat. 2,86). Diese Regelung der Tribute durch Skopas ist nun das älteste Zeugnis von der Unterwerfung der Perioikenvölker, welche die Thessaler aber lange vor seinem Wirken hätten unterwerfen können. Auf jeden Fall spricht das Eingreifen der Thessaler zugunsten Delphis im ersten Heiligen Krieg zu Beginn des sechsten Jahrhunderts dafür, daß die Perioikenvölker den Thessalern schon zu dieser Zeit untertan waren – vgl. in diesem Zusammenhang die Ausführungen Larsens, ebenda, 230–231. Die Unterjochung der Perioikenvölker durch die Thessaler erfolgte also spätestens gegen Ende des siebenten Jahrhunderts.

chen Euboia. Da die Thessaler ihren Nachbarn im Süden gegenüber eine äußerst aggressive Expansionspolitik betrieben,[764] kann keineswegs ausgeschlossen werden, daß die Thessaler schon in der Frühzeit ein gewisses Interesse an euboiischen Angelegenheiten hatten. Unter diesen Umständen wäre es verständlich, daß diese sich einen Bundesgenossen auf Euboia aussuchten und ihm auch Hilfe leisteten. Ferner können die aristokratischen Hippobotai von Chalkis einen Adligen Thessaliens zu Hilfe gerufen haben, zumal Thessalien und das nördliche Euboia eng benachbart waren, so daß sich Adelsbeziehungen ohne weiteres hätten anknüpfen können. In späterer Zeit griffen thessalische Reiter ohnehin in zahlreiche Kriege ein: man denke nur an die Peisistratiden Athens, denen Reiter aus Thessalien im Kriege gegen Sparta halfen.[765] Kraft eines Bündnisses mit den Thessalern oder irgendwelcher Verbindungen mit einem Adelsgeschlecht der Stadt Pharsala also gelang es den Chalkidiern, thessalische Reiter zu erhalten, deren Einsatz in einer Schlacht gegen die Eretrier dann auch den Ausschlag gab.[766]

Die Motivation der chalkidischen Aussiedler in der Chalkidike, ihrer Mutterstadt zu Hilfe zu kommen, bedarf wohl keiner Erklärung.

764 Von den Thessalern sollen die Boioter mehr als 200 Jahre vor der Schlacht bei Leuktra (371) ihre Unabhängigkeit zurückgewonnen haben – Plut. Cam. 19,4. Dies würde bedeuten, daß die Thessaler Boiotien (und auch Phokis) kurz nach dem ersten Heiligen Krieg unterwarfen. An anderer Stelle aber sagte Plutarch (De Herodoti malignitate, 33, p. 866), daß die Schlacht, in der Boiotien seine Unabhängigkeit zurückgewann, kurz vor der bei Thermopylai stattgefunden habe, so daß es ungewiß bleibt, wann genau Thessalien dieser tiefe Vorstoß nach Mittelgriechenland gelang. Des weiteren sind mehrere Angriffe auf Phokis belegt: Hdt. 8,28; Paus. 10,1,3; Polyain. 6,18,2; – Plut. De mulierum virtute, 2, p. 244; Paus. 10,1,8–10; Polyain. 8,65; Polyb. 16,32; – Hdt. 8,27; Paus. 10,1,11; Polyain. 6,18,1. Daß diese Schlachten nicht auf eine einzige reduziert werden können, hat Larsen, Interpretation (Anm. 763) 231–234 gezeigt.
765 Hdt. 5,63,3.
766 Weitere Besprechung thessalischer Reiter oben zu Anm. 495.

KAPITEL VIII:
ERGEBNIS DES KRIEGES

In diesem letzten Kapitel kommen wir auf den Sieger des Lelantischen Krieges (zumindest was den Streit um die Lelantische Ebene betrifft) zu sprechen. In dieser Frage haben sich die meisten Forscher für Chalkis ausgesprochen,[767] wohingegen Sir John Boardman für Eretria eingetreten ist.[768] Meiner Meinung nach aber spricht der überwiegende Teil des verfügbaren Beweismaterials eher für einen chalkidischen Sieg.

Den ersten dürftigen Hinweis auf den Sieger liefert eine angebliche Antwort des delphischen Orakels an ein belangloses Nest,[769] das einen kleinen Sieg erfochten hatte, der es dennoch dazu veranlaßte, sich bei Delphi nach seiner Stellung unter den Städten Griechenlands zu erkundigen:

Γαίης μὲν πάσης τὸ Πελασγικὸν Ἄργος ἄμεινον,
ἵπποι Θεσσαλικαὶ, Λακεδαιμόνιαί τε γυναῖκες,
ἄνδρες, δ'οἳ πίνουσιν ὕδωρ καλῆς Ἀρεθούσης·
ἀλλ' ἔτι καὶ τῶν εἰσὶν ἀμείνονες, οἳ τὸ μεσηγὺ
Τίρυνθος ναίουσι καὶ Ἀρκαδίης πολυμήλου,
Ἀργεῖοι λινοθώρηκες, κέντρα πτολέμοιο·
ὑμεῖς δ', ὧ Μεγαρεῖς, οὐδὲ τρίτοι, οὐδὲ τέταρτοι,
οὐδὲ δυωδέκατοι, οὔτ' ἐν λόγῳ, οὔτ' ἐν ἀριθμῷ.[770]

„Das beste Land auf Erden ist das pelasgische Argos, die [schnellsten] Pferde sind die Thessaliens, die [schönsten] Frauen sind die Spartas, die [tapfersten] Männer sind die, welche das Wasser des guten Arethusa-Brunnens trinken; aber noch besser als diese sind diejenigen, welche zwischen Tiryns und dem mit vielen Schafherden versehenen Arkadien wohnen, die Argiver mit leinenen Brustpanzern, die Speerspitze des Krieges: Ihr aber, o Megarer, seid weder die dritten, noch die vierten, noch die zwölften, weder in Wort noch in Zahl."

767 Z.B. Burn, Trade-Leagues (Anm. 95) 36.

768 Boardman, Euboean Pottery (Anm. 64) 28–29. In erster Linie bezieht er sich auf die Keramikfunde aus Eretria, das trotz seiner (angeblichen) Niederlage im Kriege seine Produktion von Keramik in dem zu diesem Zeitpunkt schon entwickelten euboiischen Stil ohne jegliche erkennbare Verringerung fortsetzte. Diesen Vorschlag halte ich für gewagt: bezeugt Keramikproduktion wirklich Kriegserfolge?

769 Zwei Versionen des Epigrammes sind bekannt: in der einen (hier zitiert) ist der Adressat Megara, in der anderen Aigion (Ion von Chios, Fr. 37 von Blumenthal). Das Epigramm ist offenbar so aufgebaut, daß ein beliebiger Name eingesetzt werden kann.

770 Anthologia Palatina, 14,73. Vollständige Hinweise auf alle Belege dieses Epigramms bei Parke-Wormell, Nr. 1, oder Fontenrose, Nr. Q26.

Die Verse 4–6 sind offenkundig eine Interpolation: Wie denn sollen die Argiver besser als die Chalkidier sein, welche ausdrücklich die besten sind?[771] Es ist doch ganz unlogisch: wenn die Argiver die Besten gewesen wären, warum wurde der Chalkidier überhaupt Erwähnung getan? An sich aber ist die Interpolation aufschlußreich und trägt zur Deutung des Epigramms ein gutes Stück bei. Denn die Argiver konnte man als die tapfersten Krieger Griechenlands nur zu einer Zeit loben, zu der Argos die Vormachtstellung auf der Peloponnes noch nicht endgültig an Sparta abgetreten hatte. Nach den Lebzeiten Pheidons, des Tyrannen von Argos, können diese Zeilen daher unmöglich verfaßt worden sein. Da Pheidon spätestens zu Beginn des sechsten Jahrhunderts über Argos gebot,[772] muß dieses Datum einen ungefähren *terminus ante quem* des ursprünglichen Epigrammes abgeben, dessen hohes Alter sich allein dadurch andeutet, daß Sparta nur seiner schönen Frauen wegen gepriesen wird. Nach dem erfolgreichen Abschluß der messenischen (600) und tegeatischen Kriege (drittes Viertel des sechsten Jahrhunderts) wäre dies wohl nicht möglich gewesen.

Nun, wir argumentierten oben, daß der Lelantische Krieg um die Mitte des siebenten Jahrhunderts zu Ende ging.[773] Wenn Chalkis den Sieg kurz vor dem Abfassungsdatum unseres Epigrammes errang, dann wäre es ganz sinnvoll, daß der Verfasser die Chalkidier als die besten Krieger ganz Griechenlands rühmt. Die Thessaler, die im Epigramm um ihrer schnellen Rosse willen gelobt werden, darf man dabei keineswegs vergessen, denn eine Reitertruppe aus Thessalien soll den Chalkidiern zum Sieg in einer Schlacht verholfen haben.[774] Vielleicht wurde unser Epigramm kurz nach jenem glänzenden Sieg der Chalkidier und Thessaler geschrieben, der ganz Griechenland beeindruckt haben mag. Auf unsere Vermutungen hinsichtlich der Entstehungszeit des Epigrammes (vor etwa 600) paßt dies nun sehr gut. Ich wiederhole ferner, daß wir im fünften Kapitel aus anderen Gründen vorschlugen, daß der Einsatz thessalischer Reiter gegen Ende des Lelantischen Krieges erfolgte.[775] Dem, was wir vorhin über das Datum des ursprünglichen Epigrammes und dessen Verweis auf Thessaler und Chalkidier gesagt haben, fügt sich dieser Vorschlag nahtlos an. Dennoch gebe ich offen zu, daß all dies nur Vermutungen sind, die sich zu keinem stichhaltigen Nachweis eines chalkidischen Sieges im Lelantischen Krieg zusammenfügen.

Jenen sicheren Beweis eines chalkidischen Sieges findet man aber in der Tatsache, daß die Lelantische Ebene in der Zeit nach dem Krieg im chalkidischen Besitz war. Wie wir sehen werden, war eben dies der Fall, als die Athener im

---

771 Vgl. Strab. 10,1,13, p. 449, der das Epigramm als Indiz dafür auswertete, daß die Chalkidier einst die besten Männer Griechenlands gewesen waren. Man beachte ferner, daß Oinomaos von Gadara bei Eusebios (Praep. ev. 5,29) nur die ersten drei Zeilen des Epigrammes zitierte – offensichtlich erblickte er den Sinn des Epigramms, was die Besten unter den Griechen betraf, ausschließlich in jenen ersten drei Zeilen.

772 Siehe oben Anm. 387: Pheidon gehört frühestens ins dritte Viertel des siebenten Jahrhunderts, spätestens um 575.

773 Siehe oben, Kapitel 4, Teil 5.

774 Plut. Amatorius, 17, pp. 760–761.

775 Siehe oben Anm. 496.

Jahre 506 eine Kleruchie in der Ebene ansiedelten. Donald Bradeen hat jedoch argumentiert, daß dieses Argument keineswegs schlüssig sei, zumal die Ebene zwischen dem Ende des Lelantischen Krieges und der athenischen Eroberung den Besitzer mehrmals gewechselt haben könne.[776] Dergleichen erfahren wir aus den Quellen allerdings nicht, zumal Streitigkeiten zwischen Eretria und Chalkis nach dem Lelantischen Krieg sowieso nicht belegt sind.[777] Außerdem scheint ein weiteres Zeugnis dafür zu sprechen, daß Chalkis auch um 600 im Besitz der Ebene war. Denn im vierten Kapitel legten wir Theognidea 891–894 so aus, daß die Verse auf eine chalkidische Kontrolle der Ebene hinwiesen.[778] Trifft dies zu, dann wird ein wiederholter Besitzerwechsel höchst unwahrscheinlich.

Die obige Äußerung, daß die Athener Chalkis die Ebene im Jahre 506 entrissen, bedarf nun doch einiger Erörterung, zumal einige Einzelheiten, welche diese Eroberung betreffen, Gegenstand von Streitfragen geworden sind. – Herodot sagt, daß die Athener Chalkis besiegt und eine Kleruchie auf chalkidischem Gebiet angelegt hätten:

τῆς δὲ αὐτῆς ταύτης ἡμέρης οἱ Ἀθηναῖοι διαβάντες ἐς τὴν Εὔβοιαν συμβάλλουσι καὶ τοῖσι Χαλκιδεῦσι, νικήσαντες δὲ καὶ τούτους τετρα-κισχιλίους κληρούχους ἐπὶ τῶν ἱπποβοτέων τῇ χώρῃ λείπουσι· οἱ δὲ ἱπποβόται ἐκαλέοντο οἱ παχέες τῶν Χαλκιδέων.[779]

„Am selben Tage aber gingen die Athener nach Euboia hinüber und begegne-ten auch den Chalkidiern. Nachdem sie aber auch diese besiegt hatten, hinterließen sie 4000 Kleruchen auf dem Gebiet der Hippobotai. ‚Hippobo-tai' heißen aber die Aristokraten von Chalkis."

Zu Lebzeiten Herodots hingen noch die Ketten, mit denen man die chalkidischen Gefangenen gebunden hatte, auf der Akropolis. Mit dem Zehntel der für jene Kriegsgefangenen gezahlten Lösegelder wurde auf der Akropolis auch eine eher-ne Quadriga aufgestellt, an der eine historische Inschrift zu lesen war:

ἔθνεα Βοιωτῶν καὶ Χαλκιδέων δαμάσαντες
    παῖδες Ἀθηναίων ἔργμασιν ἐν πολέμου
δεσμῷ ἐν ἀχλυόεντι σιδηρέῳ ἔσβεσαν ὕβριν·
    τῶν ἵππους δεκάτην Παλλάδι τάσδ' ἔθεσαν.[780]

776 Bradeen, Lelantine War (Anm. 189) 225 Anm. 6.
777 Man beachte Strab. 10,1,12, p. 448, der meint, daß sich Chalkis und Eretria – abgesehen vom Lelantischen Krieg – normalerweise vertragen hätten.
778 Siehe oben, Kapitel 4, Teil 3.
779 Hdt. 5,77,2.
780 Hdt. 5,77,4. (Ob das hier in Anlehnung an Hude gedruckte ἀχλυόεντι richtig oder falsch sei, ist für unsere Zwecke irrelevant.) Die Inschrift (IG 1,2,394) zitiert Herodot in ihrer zweiten Fassung (siehe Meiggs und Lewis, GHI, Nr. 15) – in der ursprünglichen Inschrift waren die beiden Hexameter vertauscht. Anscheinend wurde das ursprüngliche Monument während der Perserkriege stark beschädigt und erst um die Mitte des fünften Jahrhunderts wieder aufgestellt. Was den Streit angeht, wo genau auf der Akropolis Ketten und Vierge-spann zu sehen waren, verweise ich auf die Besprechung bei Meiggs und Lewis.

„Die Söhne der Athener zähmten die Völker der Boioter und Chalkidier durch Kriegstaten. Mit einer dunklen, eisernen Kette löschten sie Arroganz aus. Ein Zehntel [sc. des Lösegeldes] weihten sie der Athena (in Form) dieser Pferde."

Obgleich Herodot nicht sagt, auf welchem Teil des chalkidischen Gebiets die Kleruchie angesiedelt wurde, erfahren wir diese Einzelheit dennoch aus der *Historia Varia* des Ailianos, der allerdings sieben Jahrhunderte nach dem Ereignis schrieb. Sein Bericht lautet wie folgt:

Ἀθηναῖοι κρατήσαντες Χαλκιδέων κατεκληρούχησαν αὐτῶν τὴν γῆν εἰς δισχιλίους κλήρους, τὴν Ἱππόβοτον καλουμένην χώραν, τεμένη δὲ ἀνῆκαν τῇ Ἀθηνᾷ ἐν τῳ Ληλάντῳ ὀνομαζομένῳ τόπῳ, τὴν δὲ λοιπὴν ἐμίσθωσαν κατὰ τὰς στήλας τὰς πρὸς τῇ βασιλείῳ στοᾷ ἐστηκυίας, ἅπερ οὖν τὰ τῶν μισθώσεων ὑπομνήματα εἶχον. τοὺς δὲ αἰχμαλώτους ἔδησαν, καὶ οὐδὲ ἐνταῦθα ἔσβεσαν τὸν τῶν Χαλκιδέων θυμόν.[781]

„Die Athener, nachdem sie die Chalkidier besiegt hatten, teilten deren Gebiet in 2000 Landlose auf, das sogenannte ‚hippobotische‘ Land. Der Athena aber weihten sie Temenē in einem Ort namens Lelanton. Den Rest hingegen vermieteten sie gemäß in der königlichen Stoa stehenden Stelen, welche die Aufzeichnungen der Mieten trugen. Die Gefangenen aber banden sie, und nicht einmal dann löschten sie die Arroganz der Chalkidier aus."

Unverkennbare Ähnlichkeiten zu dem herodoteischen Bericht weist nun die Bemerkung zu den Gefangenen und dem chalkidischen θυμός, „Arroganz," am Ende des ailianischen Berichtes auf. Aus diesem Grunde haben viele Forscher den Schluß gezogen, daß Ailianos sich auf die Kleruchie im Jahre 506 bezogen habe, auf die auch Herodot hinweist.[782] Daß Herodot von viertausend, Ailianos demgegenüber von zweitausend Kleruchen spricht, ist kein Argument dagegen, da ein bloßer Lapsus von seiten des Ailianos ohne weiteres angenommen werden kann. Demgegenüber ist die Erwähnung von den an den Stelen in der βασίλειος στοά, der „königlichen Stoa," angebrachten ὑπομνήματα, „Aufzeichnungen," gravierender. Diese ὑπομνήματα muß man evidenterweise mit der zweiten athenischen Kleruchie in Chalkis um die Mitte des fünften Jahrhunderts verbinden,[783] zumal derartige ὑπομνήματα im sechsten Jahrhundert schlechthin unvorstellbar sind.[784] Infolgedessen hat Ailianos offenkundig zwei Berichte miteinander ver-

781 Ail. Var. hist. 6,1.
782 Z.B. Böckh, Grote, Kirchhoff, Foucart, Duncker, von Wilamowitz, Busolt. (Nach H. Swoboda, Zur Geschichte der attischen Kleruchien, Serta Harteliana, Wien 1896, 30 Anm. 3.)
783 Die zweite Kleruchie ist in erster Linie durch IG 1,2,39 belegt.
784 Swoboda, Kleruchien (oben Anm. 782) 30–31 (dem die meisten Forscher seitdem gefolgt sind), argumentierte anscheinend aufgrund der ὑπομνήματα, daß sich die Nachricht bei Ailianos auf die zweite Kleruchie in Chalkis beziehe. H.B. Mattingly, Athens and Euboia, JHS 81, 1961, 131, der ebenfalls Swoboda folgte, fand die Ähnlichkeiten der Ailianos- und Herodotstellen jedoch beunruhigend, während M. Manfredini, La cleruchia ateniese in Calcide: un problema storico e una questione de critica testuale, SCO 17, 1968, 203–206,

schmolzen, ohne dabei zu merken, daß in seinen Quellen von zwei verschiedenen Kleruchien die Rede gewesen war. Sobald man dies erkennt, sieht man auch, daß die Bemerkung zum „hippobotischen Land" – gemeint ist ohne jeden Zweifel „das Land der Hippobotai" – ein Einschub aus anderer Quelle als der vorangegange Satz über die Einteilung des Gebietes von Chalkis in Lose ist. Ich übersetze noch einmal: „Die Athener besiegten die Chalkidier und teilten deren Land in zweitausend Lose auf" – nur das ganze Land der Chalkidier kann damit gemeint sein (bei der zweiten Kleruchie verlor Chalkis in der Tat sein ganzes Territorium an Athen); danach steht der Einschub aus der zweiten Quelle, der die Landlose wider alle Logik auf einen Teil des Territoriums von Chalkis beschränkt – „das sogenannte Hippobotische Land, und weihten der Athena an einer Stätte namens Lelanton Temenē." Darauf folgt die Beschreibung der ὑπομνήματα, woraus unverkennbar hervorgeht, daß Ailianos wieder aus seiner ersten Quelle schöpft Mit τὴν λοιπήν also knüpft Ailianos den Bericht seiner ersten Quelle an den seiner zweiten an. Dies bedeutet, daß die Stätte namens Lelanton zum „Hippobotischen Land" gerechnet wurde – worauf es für uns ankommt.

Schon die Erwähnung der Hippobotai in der zweiten Quelle des Ailianos ist entscheidend für eine Verbindung mit der Kleruchie des Jahres 506, da auch Herodot von der Wegnahme des Landes der Hippobotai spricht. – Plutarch sagt zwar, daß Perikles um die Mitte des fünften Jahrhunderts eine Kleruchie auf chalkidischem Gebiet angesiedelt und dabei die Hippobotai vertrieben habe,[785] doch zeigen die Parallelstellen bei Thukydides,[786] Philochoros[787] und Diodoros,[788] daß Perikles im Verlauf dieses Feldzuges eben keine Kleruchie in Chalkis ansiedelte. Höchstwahrscheinlich täuschte sich Plutarch in diesem Punkte, so daß anzunehmen ist, er habe sich in seiner Bemerkung bezüglich der Hippobotai im Zusammenhang mit Ereignissen des fünften Jahrhunderts ebenfalls getäuscht. – Dessenungeachtet bleibt nach wie vor unzweifelhaft, daß die Hippobotai in der Lelantischen Ebene wohnten. Da schon Herodot von der Vertreibung der Hippobotai im Jahre 506 sprach, müssen wir den Schluß ziehen, daß die Athener in diesem Jahre die Lelantische Ebene für die Ansiedlung der Kleruchen beanspruchten.

Wir fassen die Ergebnisse dieses kleinen Kapitels kurz zusammen: das Epigramm über die Vorzüglichkeit der Chalkidier deutet auf einen chalkidischen Sieg im Lelantischen Krieg hin. Der gleiche Schluß ergibt sich aus der Tatsache, daß die Chalkidier sowohl um 600 als auch im Jahre 506 die Lelantische Ebene besaßen.

---

sogar argumentierte, daß Ailianos der herodoteische Bericht als Quelle gedient habe. Manfredini (208) schlug ferner vor, daß die Einzelheit über die Lelantische Ebene einem Scholion zu Herodot entnommen sei.

785 Plut. Per. 23.
786 Thuk. 1,114,3.
787 Philochoros, FGrHist 328, Fr. 118 = Scholion zu Aristoph. Nub. 231.
788 Diod. 12,7.

ZUSAMMENFASSUNG

Als das achte Jahrhundert sich seinem Ende näherte, konnten Chalkis und Eretria mit Genugtuung auf hundert Jahre unerhörter Expansion zurückblicken: Euboiische Produkte hatten sie bis ins ferne Italien, bis an die östlichen Küsten des Mittelmeers gebracht. Kolonien hatten sie gegründet: im Norden auf einer dreifingerigen Halbinsel, die am Ende den Namen einer von ihnen tragen sollte; im Westen, in Italien wie auf Sizilien. Ihren Landsleuten waren sie mit der Gründung von Handelsfaktoreien im Osten vorausgeeilt. Chalkis und Eretria waren dank ihren Bemühungen zu den führenden Städten Griechenlands geworden. Allein es genügte ihnen nicht. Sie fingen an, sich um das fruchtbarste Feld der Insel zu streiten, die Lelantische Ebene, die sie voneinander trennte. Chalkis vernichtete Xeropolis, die Mutterstadt Eretrias, das seines günstigen Hafens wegen gegründet worden war.

Eretrier und Chalkidier kämpften gegeneinander jedoch auf ritterliche Weise gemäß ihrem Übereinkommen; Bogen und Schleudern verachteten sie, jenen Waffen Schwerter und Wurfspeere vorziehend. Korinth trat in den Krieg ein und nahm den Eretriern den wichtigen Posten auf Kerkyra ab, indessen es selbst Krieg gegen Megara führte. Zu dieser Zeit verloren die eretrischen Siedler in den euboiischen Kolonien im Westen alle Bedeutung. Aber auch Chalkis verlor an Einfluß im Westen, denn korinthische Keramik ersetzte die euboiische um 700. Im Westen gewann Korinth; es war trotz einigen Niederlagen auch gegen seinen Nachbarn Megara erfolgreich, denn es eroberte die Perachora-Halbinsel.

Unterdessen kämpften Chalkis und Eretria weiter. Auch andere Staaten waren nun am Krieg beteiligt, denn die Samier standen den Chalkidiern jetzt bei, während die Erzfeinde der Samier, die Milesier, sich der Sache der Eretrier angenommen hatten. Milet dürfte zu dieser Zeit Karystos auf Euboia verwüstet haben. In dieser Phase des Krieges trug Milet offenkundig den Sieg davon und baute seine Vormachtstellung im Osten des Ägäischen Meeres aus.

Chalkis und Eretria hatten ihren Streit aber noch nicht geschlichtet; sie setzten den Krieg mit unverminderter Härte fort. Zu Lebzeiten des Archilochos, um die Mitte des siebten Jahrhunderts, kämpften sie immer noch. Chalkidische Aussiedler von der Chalkidike leisteten ihrer Mutterstadt Beistand; den Ausschlag zugunsten von Chalkis gab schließlich eine Truppe thessalischer Reiter. Wie so oft zeigte sich aber, daß ein Krieg letzlich keinen Sieger kennt.

Euboia war zu einem rückständigen Gebiet geworden. Früher die führende Region Griechenlands, war es in den langen Jahren der Kämpfe von anderen überflügelt worden. Spätere Bedeutung von Chalkis (des Euripos wegen) und von Eretria (im vierten Jahrhundert) kann nicht darüber hinwegtäuschen, daß die goldene Zeit beider Städte vorüber war. So gesehen verloren Chalkis wie Eretria den Lelantischen Krieg, und die Frage nach dem Sieger stellt sich vielleicht nicht mehr in dieser Form.

BIBLIOGRAPHIE

(Die üblichen Nachschlagewerke – RE, CAH, LSJ u.d.m. – werden nicht angeführt, desgleichen die verschiedenen „chroniques des fouilles." Die Abkürzungen richten sich nach dem Muster der L'Année philologique)

D'Agostino, B., Osservazioni a proposito della guerra lelantina, DArch 1, 1967, 20–37.
Ahlberg, G., Fighting by Land and Sea in Greek Geometric Art, Stockholm 1971.
Ainian, A.M., Geometric Eretria, AK 30, 1987, 3–24.
Anderson, J., Ancient Greek Horsemanship, Berkeley 1961.
Ders., Greek Chariot-Borne and Mounted Infantry, AJA 79, 1975, 175–197
Andreiomenou, A., Γεωμετρικὴ καὶ ὑπογεωμετρικὴ κεραμικὴ ἐξ᾽ Ἐρετρίας 1, AE 1975, 206–229.
Dies., Γεωμετρικὴ καὶ ὑπογεωμετρικὴ κεραμικὴ ἐξ᾽ Ἐρετρίας 2, AE 1977, 128–163.
Dies., Γεωμετρικὴ καὶ ὑπογεωμετρικὴ κεραμικὴ ἐξ᾽ Ἐρετρίας 3, AE 1981, 84–113.
Dies., Γεωμετρικὴ καὶ ὑπογεωμετρικὴ κεραμικὴ ἐξ᾽ Ἐρετρίας 4, AE 1982, 161–186.
Dies., Γεωμετρικὴ καὶ ὑπογεωμετρικὴ κεραμικὴ ἐξ᾽ Ἐρετρίας 5, AE 1983, 161–192.
Dies., Skyphoi d'atelier de Chalcis, BCH 109, 1985, 49–75.
Dies., Keramik aus Eretria 1, AM 100, 1985, 23–38.
Dies., Keramik aus Eretria 2, AM 101, 1986, 97–111.
Dies., Vases protogéométriques et sub-protogéométriques 1–2 de l'atelier de Clacis, BCH 110, 1986, 89–120.
Auberson, P., Chalcis, Lefkandi, Érétrie au VIIIᵉ siècle, Contribution à l'étude de la société et de la colonisation eubéenne (Cahiers Bérard 2), Naples 1975, 9–14.
Aynard, J.-M., Le Prisme du Louvre, Paris 1957.

Bailey, D.R.S., Cicero's Letters to Atticus 3, Cambridge 1968.
Bakhuizen, S.C., Chalcis en Eretria, de twee rivalen op Euboea. Oud en nieuw, Hermeneus 35, 1964, 149–159.
Ders., Chalcidian Studies 2, Groningen 1970.
Ders., Le nom de Chalcis et la colonisation chalcidienne, Nouvelle contribution à l'étude de la société et de la colonisation eubéenne (Cahiers Bérard 6), Naples 1981, 163–175.
Ders., Ὁ μέγας κίων, the Monument for Kleomachos at Chalcis-in-Euboea, Festschrift Zadoks, Groningen 1976, 43–48.
Ders., Chalcidian Studies 3, Leiden 1976.
Ders., Chalcidian Studies 1, Leiden 1985.
Barron, J., Milesian Politics and Athenian Propaganda, JHS 82, 1962, 1–6.
Bearzot, C., La guerra lelantea e il κοινόν degli Ioni d'Asia, Santuari e politica nel mondo antiqo (CISA 9), Milano 1983, 57–81.
Beloch, K.J., Wann lebten Alkaeos und Sappho?, RhM 45, 1890, 465–473.
Ders., Zur Geschichte der älteren griechischen Lyrik, RhM 50, 1895, 255–267.
Ders., Griechische Geschichte, 1,1², Straßburg 1912; 1,2², Straßburg 1913.
Bengtson, H., Die Staatsverträge des Altertums 2, München 1962.
Bérard, C., Note sur la fouille au sud de l'Hérôon, AK 12, 1969, 74–79.
Ders., Architecture érétrienne et mythologie delphique. Le Daphnéphoréion, AK 14, 1971, 59–73.
Ders., L'Hérôon á la porte de l'ouest (Eretria 3), Berne 1970.
Ders., Topographie et urbanisme et l'Érétrie archaique l'Hérôon, in: (Hrsg.) Descœudres, J.-P. et al., Eretria 6, Berne 1978, 89–95.

Ders., Argoura fut-elle la capitale des futurs Érétriens?, MH 42, 1985, 268–275.

Bernard, P., Céramiques de la première moitie du VIIe siècle à Thasos, BCH 88, 1964, 77–146.

Bétant, E.-A., Lexicon-Thucydideum, Hildesheim 1961.

Blakeway, A., Prolegomena to the Study of Greek Commerce with Italy, Sicily and France in the seventh and eighth centuries B.C., ABSA 33, 1932–1933, 170–208.

Ders., The Date of Archilochus, Festschrift Murray, Oxford 1936, 34–55.

Boardman, Sir John, Pottery from Eretria, ABSA 47, 1952, 1–48.

Ders., Early Euboean Pottery and History, ABSA 52, 1957, 1–29.

Ders., Tocra 1 (ABSA Suppl. 4), London 1966.

Ders., Euboean Pottery in East and West, DArch 3, 1969, 102–125.

Ders. und Schweitzer, F., Clay Analyses of archaic Greek Pottery, ABSA 68, 1973, 267–283.

Ders., The Greeks Overseas, London 1980.

Ders., Al Mina and History, OJA 9, 1990, 169–190.

Boer, W. den., Laconian Studies, Amsterdam 1954.

Bowra, Sir Maurice, Signs of Storm, CR 54, 1940, 127–129.

Ders., A Couplet of Archilochus, in: On Greek Margins, Oxford 1970, 67–71.

Bradeen, D.W., The Lelantine War and Pheidon of Argos, TAPhA, 77, 1947, 223–241.

Ders., The Chalcidians in Thrace, AJPh, 53, 1952, 356–380.

Ders., The Fifth Century Archon List, Hesperia, 32, 1963, 187–208.

Brelich, A., Guerre, agoni e culti nella Grecia archaica (Antiquitas 1, 7), Bonn 1961.

Buck, C.D., The Greek Dialects, Chicago 1955.

Burn, A.R., The so-called 'Trade-Leagues' in Early Greek History and the Lelantine War, JHS, 49, 1929, 14–37.

Bursian, C., Geographie von Griechenland 2, Leipzig 1868.

Busolt, G., Griechische Geschichte 1, Gotha 1893.

Cairns, F., XREMATA DOKIMA I.G. 12,9,1273 and 1274 and the early Coinage of Eretria, ZPE 54, 1984, 145–155.

Cambitoglou, A, Zagora 2. Athens 1988.

Carlier, P., La royauté en Grèce avant Alexandre, Strasbourg 1984.

Carriere, J., Theognis, Paris 1975.

Cartledge, P., Sparta and Samos A Special Relationship, CQ 76, 1982, 243–265.

Cawkwell, G.L., Rez. von Sordi, M., La lega tessala, JHS 80, 1960, 223–224.

Charles-Picard, G. und C., Karthago (deutsche Übersetzung von La vie quotidienne à Carthage), Stuttgart 1983.

Clay, J.S., Ἄκρα Γυρέων: Geography, Allegory, and Allusion (Archilochus Fragment 105 West), AJPh 103, 1982, 201–204.

Cogan, M. und Tadmor, H., Gyges and Assurbanipal A Study in literary Transmission, Orientalia 46, 1977, 65–85.

Dieselben., Assurbanipal's Conquest of Babylon The first official Report – Prism K, Orientalia 50, 1981, 229–240.

Coldstream, J.N., Greek Geometric Pottery, London 1968.

Ders., Hero-Cults in the Age of Homer, JHS 96, 1976, 8–17.

Ders., Geometric Greece, London 1977.

Compernolle, R. van., Étude de chronologie et d'historiographie siciliote, Bruxelles 1959.

Costanzi, V., La guerra lelantea, A&R 5, 1902, 769–789.

Courbin, P., Une tombe géométrique d'Argos, BCH 81, 1957, 322–386.

Cozzoli, U., I Cimmeri, Roma 1968.

Curtius, E., Studien zur Geschichte von Korinth, Hermes 10, 1876, 215–143.

Delebecque, É., Le cheval dans l'Iliade, Paris 1951.

Desborough, V.R.d'A., Protogeometric Pottery, Oxford 1952.

Descœudres, J.-P., Zagora auf der Insel Andros – eine eretrische Handelsfaktorei?, AK 16, 1973, 87–88.
Ders., Euboeans in Australia, in: (Hrsg.) Descœudres, J.-P., et al., Eretria 6, Berne 1978, 7–19.
Ders. und Kearsley, R., Greek Pottery at Veii another Look, ABSA 78, 1983, 9–53.
Diakonoff, I.M., Media, in: Cambridge History of Iran 2, 1985, 36–148.
Dittenberger, W., Ethnika und Verwandtes, Hermes 41, 1906, 78–102, 161–219.
Donlan, W., Archilochus, Strabo and the Lelantine War, TAPhA 101, 1970, 131–142.
Dornseiff, F., Pindar's Stil, Berlin 1921.
Dover, Sir Kenneth, The Poetry of Archilochus, Fond. Hardt 10, Genève 1964, 183–222.
Drews, R., Basileus, New Haven 1983.

Ebeling, H., Lexicon Homericum. Hildesheim 1963.
Edmonds, J.M., Elegy and Iambus 2, London 1961.

Fehling, D., Die Quellenangaben bei Herodot, Berlin 1971.
Ders., Zwei Lehrstücke über Pseudo-Nachrichten, RhM 122, 1979, 199–210.
Fontenrose, J., The Delphic Oracle, Berkeley 1978.
Forrest, W.G., Colonisation and the Rise of Delphi, Historia 6, 1957, 160–175.
Ders., Two chronographic Notes, CQ 63, 1969, 95–110.
Ders., A History of Sparta, London 1980.
Fränkel, H., Dichtung und Philosophie des frühen Griechentums, München 1962.
Freedman, R.D., The Cuneiform Tablets in St. Louis, Diss. Columbia 1975.
Fritz, K. von., Griechische Geschichtsschreibung 1, Berlin 1967.

Gaebler, H., Erythrä, Diss. Berlin 1892.
Gardner, P., Catalogue of Greek Coins in the British Museum: Thessaly to Aetolia, London 1883.
Ders., A numismatic Note on the Lelantian War, CR 34, 1920, 90–91.
Gehrke, H.-J., Eretria und sein Territorium, Boreas 11, 1988, 15–42.
Gelzer, H., Das Zeitalter des Gyges, RhM 30, 1875, 230–268.
Ders., Sextus Julius Africanus 1, Leipzig 1880.
Ghali-Kahil, L., Études Thasiennes 7, Paris 1963.
Ginzel, F.K., Spezieller Kanon der Sonnen- und Mondfinsternisse, Berlin 1899.
Gjerstad, E., The Stratification at Al Mina (Syria) and its chronological Evidence, ActaArch 45, 1974, 107–123.
Glotz, G., Une inscription de Milet, CRAI 1906, 511–529.
Graham, A.J., The Foundation of Thasos, ABSA 73, 1978, 61–98.
Ders., The Historical Interpretation of Al Mina, DHA 12, 1986, 51–65.
Grayson, A.K., Assyrian and Babylonian Chronicles, Locust Valley, N.Y. 1975.
Greenewalt, C.H., Ritual Dinners in Early Historic Sardis (University of California Publications Classical Studies 17), Berkeley 1978.
Greenhalgh, P.A.L., Early Greek Warfare, Cambridge 1973.
Grimanis, A.P., Vassiliki-Grimani, M. und Karayannis, M.I., Instrumental Neutron Activation Analysis of Melian Potsherds, Procedings of the 1976 International Conference of the GDCh (Gesellschaft Deutscher Chemiker), München 1976, 1120–1127.
van Groningen, B.A., Theognis, Amsterdam 1966.
Gruben, G., Das Quellhaus von Megara, AD 19A, 1964, 37–41.
Gusmani, R., Lydisches Wörterburch, Heidelberg 1964.
Ders., Lydisches Wörterbuch, Ergänzungsband, Lieferung 3, Heidelberg 1986.

Habicht, C., Samische Volksbeschlüsse aus der hellenistischen Zeit, AM 72, 1957, 152–274.
Halliday, W.R., The Greek Questions of Plutarch, Oxford 1928.

Hammond, N.G.L., The Heraeum at Perachora and Corinthian Encroachment, ABSA 49, 1954, 93–102.

Ders., The main Road from Boeotia to the Peloponnese through the northern Megarid, ABSA 49, 1954, 103–122.

Ders., Epirus, Oxford 1967.

Ders., The Creation of Classical Sparta, Studies in Greek History, Oxford 1973, 47–103.

Ders., History of Greece, Oxford 1986.

Hanfmann, G.M.A. et al., Sardis, Cambridge, Mass. 1983.

Hannel, K., Megarische Studien, Diss. Lund 1934.

Harrison, E., Chalkidike, CQ 6, 1912, 93–103, 165–178.

Hartman, L.F., The Date of the Cimmerian Threat against Assurbanipal according to *ABL* 1391, JNES 21, 1962, 25–37.

Head, B.V., Catalogue of Greek Coins in the British Museum: Central Greece, Bologna 1963.

Helbig, W., Les ἱππεῖς athéniens, Paris 1902.

Ders., Über die Einführungszeit der geschlossenen Phalanx, SBAW 1911, 12. Abh, 3–41.

Hermann, C.F., Die Kämpfe zwischen Chalkis und Eretria um das Lelantische Gefilde, Gesammelte Abhandlungen, Göttingen 1849, 187–200.

Heubeck, A., Lydiaka, Erlangen 1959.

Hiller von Gaertringen, F., Inschriften von Priene, Berlin 1906.

Holm, A., Lange Fehde, Festschrift Curtius, Berlin 1884, 21–34.

How, W.W. und Wells, J., A Commentary on Herodotus 1, Oxford 1936.

Huxley, G.L., Argos et les derniers Tèménides, BCH 82, 1958, 588–601.

Ders., Rez. von Sakellariou, M.B., La migration grecque en Ionie, Gnomon 31, 1959, 698–704.

Ders., Theopompos and Melie, PP 15, 1960, 57–58.

Ders., Early Sparta, London 1962.

Ders., Early Ionians, London 1966.

Ders., The Malian Boat (Aristotle fr. 544), Philologus 119, 1975, 140–142.

Ivantchik, A.I., Les Cimmériens au Proche-Orient (Orbis Biblicus et Orientalis 127), Fribourg en Suisse 1993.

Jacoby, F., Apollodors Chronik, Berlin 1902.

Ders., The Date of Archilochus, CQ 35, 1941, 97–109.

Jeffery, L.H., Archaic Greece, London 1976.

Dies., The Local Scripts of Archaic Greece, Oxford 1990.

Jones, A.H.M., Sparta, Oxford 1967.

Kahil, L., Céramique de l'époque géométrique, subgéométrique et archaique, AD Chron. 22B1, 1967, 283–295.

Dies., Céramique géométrique et subgéométrique, AK 11, 1968, 99–101.

Dies., Contribution à l'étude de l'Érétrie géométrique, Festschrift Kontoleon, Athen 1980, 525–531.

Dies., Érétrie à l'époque géométrique, ASAA 49, 1981, 165–173.

Kaletsch, H., Zur lydischen Chronologie, Historia 7, 1958, 1–47.

Kearsley, R., The Pendent Semi-Circle Skyphos (BICS Suppl. 44), London 1989.

Kleiner, G. et al., Panionion und Melie, Berlin 1967.

Knudtzon, J.A., Assyrische Gebete an den Sonnengott 2, Leipzig 1893.

Kontoleon, N.M., Νέα ἐπιγραφαὶ περὶ τοῦ Ἀρχιλόχου ἐκ Πάρου, AE 1952, 32–95.

Ders., Οἱ ἀειναῦται τῆς Ἐρετρίας, AE 1963, 1–45.

Ders., Archilochus und Paros, Fond. Hardt 10, Genève 1964, 37–86.

Kourouniotes, K., Ἀγγεῖα Ἐρετρίας, AE 1903, 1–38.

Knoepfler, D., Ὀφρυόεσσα πόλις, AK 12, 1969, 83–87.

Ders., Le Date de l'annexion de Styra par Érétrie, BCH 95, 1971, 223–244.

Ders., Carystos et les Artémisia d'Amarynthos, BCH 96, 1972, 283–301.

Ders., Argoura Un toponyme eubéen dans la *Midienne* de Démosthène, BCH 105, 1981, 289–329.

Ders., Le calendrier des chalcidiennes de Thrace, JdS 1989, 23–59.

Ders., The Calendar of Olynthus and the Origin of the Chalcidians of Thrace, in: (Hrsg.) Descœudres, J.-P., Greek Colonists and Native Populations, Oxford 1990, 99–115.

Köhnken, A., Gebrauch und Funktion der Litotes bei Pindar, Glotta 54, 1976, 62–67.

Krause, C., Das Westtor (Eretria 4), Bern 1972.

Ders., Zur städtebaulichen Entwicklung Eretrias, AK 25, 1982, 137–144.

Kristensen, A.K.G., Who were the Cimmerians and where did they come from?, Copenhagen 1988.

Lambert, S.D., A Thucydidean Scholium on the Lelantine War, JHS 102, 1982, 216–220.

Lamprecht, C.F.F., De rebus Erythraiorum publicis, Diss. Berlin 1871.

Lanfranchi, G.B., I Cimmeri, Padova 1990.

Larsen, J.A.O., A new Interpretation of the Thessalian Confederacy, CP 55, 1960, 229–248.

Lasserre, F., Le fragment 74 d'Archiloque, MH 4, 1947, 1–7.

Ders., Les Epodes d'Archiloque, Paris 1950.

Ders., Strabon Geographie 7, Paris 1971.

Latacz, J., Kampfparänese, Kampfdarstellung und Kampfwirklichkeit in der Ilias, bei Kallinos und Tyrtaios (Zetemata 66), München 1977.

Lausberg, H., Handbuch der literarischen Rhetorik, München 1960.

Legon, R., Megara, Ithaca, N.Y. 1981.

Lehmann-Haupt, C.F., Zur Chronologie der Kimmeriereinfälle, Klio 17, 1921, 113–122.

Lenschau, T., De rebus Prienensium, Diss. Leipzig 1889.

Ders., Forschungen zur griechischen Geschichte im 7. und 6. Jahrhundert v. Chr, Philologus 91, 1936, 278–307, 385–411.

Ders., Die Gründung Ioniens und der Bund am Panionion, Klio 36, 1944, 201–237.

Lesky, A., Geschichte der griechischen Literatur, Bern 1963.

Lewis, D.M., The federal Constitution of Keos, ABSA 57, 1962, 1–4.

Lloyd-Jones, H., More about Antileon, Tyrant of Chalcis, CP 70, 1975, 197.

Lorimer, H.L., The Hoplite Phalanx with Special Reference to the Poems of Archilochus and Tyrtaeus, ABSA 42, 1947, 76–138.

Maas, P., How Antileon's Tyranny Ended, CR 70, 1956, 200.

Manfredini, M., La cleruchia ateniese in Calcide un problema storico e una questione de critica testuale, SCO 17, 1968, 199–212.

Martin, R., Problèmes de topographie et d'evolution urbaine, Contribution à l'étude de la société et de la colonisation eubéenne (Cahiers Bérard 2), Naples 1975, 48–52.

Mattingly, H.B., Athens and Euboia, JHS 81, 1961, 124–132.

Mauersberger, A., Polybios-Lexikon, Berlin 1956–1975.

Mazetti, C., Voprosy lidììskoì khronologii, VDI, 1978, Heft 2, 176, 175–178.

Meiggs, R. und Lewis, D.M., A Selection of Greek Historical Inscriptions, Oxford 1989.

Meritt, B.D., Wade-Gery, H.T. und MacGregor, M.F., The Athenian Tribute Lists 4, Princeton 1953.

Meyer, E., Geschichte des Altertums 1, Stuttgart 1884.

Miller, M., The Herodotean Croesus, Klio 41, 1963, 58–94.

Dies., The accepted Date for Solon Precise But Wrong?, Arethusa 2, 1969, 62–86.

Mosshammer, A.A., Phainias of Eresos and Chronology, CSCA 10, 1978, 105–132.

Myres, Sir John L., On the 'List of Thalassocracies' in Eusebius, JHS 26, 1906, 84–130.

Niese, B., Die ältere Geschichte Messeniens, Hermes 26, 1891, 1–32.

Olmstead, A.T., The Assyrians in Asia Minor, Festschrift Ramsay, Manchester 1923, 283–296.
Ders., History of Assyria, Chicago 1923.

Page, Sir Denys L., Various Conjectures, PCPS (N.S.) 7, 1961, 68–69.
Parke, H.W. und Wormell, D.E.W., The Delphic Oracle, Oxford 1956.
Parker, V., The Dates of the Messenian Wars, Chiron 21, 1991, 25–47
Ders., Zur griechischen und vorderasiatischen Chronologie des sechsten Jahrhunderts v. Chr.
    unter besonderer Berücksichtigung der Kypselidenchronologie, Historia 42, 1993, 385–
    417.
Ders., Bemerkungen zu den Zügen der Kimmerier und der Skythen durch Vorderasien, Klio 77,
    1995 (im Druck).
Ders., Vom König zum Tyrannen. Eine Betrachtung zur Entstehung der frühgriechischen
    Tyrannis, Tyche (im Druck).
Parpola, S., Letters from Assyrian Scholars to the Kings Esarhaddon and Assurbanipal 1,
    Neukirchen-Vluyn 1970; 2, Neukirchen-Vluyn 1983.
Payne, H., Necrocorinthia, College Park, Maryland 1971.
Ders. und Dunbabin, T.J., Perachora 2, Oxford 1962.
Pearson, L., The Pseudo-History of Messenia and its Authors, Historia 11, 1962, 396–426.
Pedley, J.G., Sardis M2, Cambridge, Mass. 1972.
Perotti, P.A., Archilocho fr. 2 D. GIF 37, 1985, 223–231.
Petrakis, B.C., Dédicace des ἀειναῦται d'Érétrie, BCH 87, 1963, 545–547.
Piccirilli, L., Sull'arbitrato fra Calcide e Andro e alcuni aspetti del diritto coloniale greco, BIDR
    72, 1969, 1–8.
Ders., Gli arbitrati interstatali greci 1, Pisa 1973.
Piepkorn, A.C., Historical Prism Inscriptions of Ashurbanipal (Assyriological Studies 5), Chi-
    cago 1933.
Popham, M.R. und Sackett, L.H., Levkandi 1: The Iron Age (ABSA Suppl. 11), London 1980.
Ders. et al., Euboean Exports to Al Mina, Cyprus, and Crete: A Reassessment, ABSA 78, 1983,
    281–290.
Ders. et al., Further Excavation of the Toumba Cemetery at Levkandi, 1984 and 1986, AR 1989,
    117–129.
Ders. et al., Lefkandi 2: The Protogeometric House at Toumba (ABSA Suppl. 22), London 1990.
Pouilloux, J., Recherches sur l'histoire et les cultes de Thasos (Études Thasiennes 3), Paris 1954.
Powell, J.E., A Lexicon to Herodotus, Hildesheim 1960.
Pritchett, W.K., The Greek State at War 4, Berkeley 1985.

Ragone, G., La guerra meliaca e la struttura originaria della lega ionica in Vitruvio 4,1,3–6,
    RFIC 104, 1986, 173–205.
Rankin, H.D., Archilochus Fg. 2. D., Fg. 7 (L.-B.), Emerita 40, 1972, 469–474.
Ders., Archilochus' Chronology and some possible Events of his Life, Eos 65, 1977, 5–15.
Ders., Archilochus of Paros, Park Ridge, N.J. 1977.
Renehan, R., Early Greek Poets some Interpretations, HSCPh 87, 1983, 1–29.
Ridgway, D., The Foundation of Pithekoussai, Nouvelle contribution à l'étude de la société et de
    la colonisation eubéenne (Cahiers Bérard 6), Naples 1981, 45–56.
Robertson, M., The Excavations at Al Mina, 4. The early Greek Vases, JHS, LX, 1940, 2–21.
Robinson, D.M., New Inscriptions from Olynthus and Environs, TAPhA 62, 1931, 40–56.
Ders., Inscriptions from Olynthus, 1934, TAPhA 65, 1934, 103–137.
Ders., Inscriptions from Macedonia, TAPhA 69, 1938, 43–76.
Roebuck, C., The early Ionian League, CP 50, 1955, 26–40.
Rohde, E., Γέγονε in den Biographica des Suidas, RhM 33, 1878, 161–220, 638–639.

Sackett, L.H. et al., Prehistoric Euboea: Contributions toward a survey, ABSA 61, 1966, 33–112.

Salmon, J., The Heraeum at Perachora and the early History of Corinth and Megara, ABSA 67, 1972, 159–204.

Ders., Wealthy Corinth, Oxford 1984.

Salviat, F., La colonisation grecque dans la nord de l'Égée, VIIIᵉ Congrès International d'Archéologie Classique, Paris 1963, 299–303.

Sandbach, F.H., ΑΚΡΑ ΓΥΡΕΩΝ once more, CR 56, 1942, 63–65.

Sapouna-Sakellarake, E., ῾Η εὐβοϊκὴ Κύμη τῆς ἐποχῆς τῶν ἀποικισμῶν, AE 1984, 151–160.

Scala. R. von., Studien in Polybios, Stuttgart 1890.

Ders., Die Staatsverträge des Altertums 1, Leipzig 1898.

Schefold, K., Die Grabungen in Eretria im Herbst 1964 und 1965, AK 9, 1966, 106–124.

Ders. und Auberson, P., Führer durch Eretria, Bern 1972.

Schmitt, R., The Bisitun Inscriptions of Darius the Great. Old Persian Text, London 1991 (Corpus Inscriptionum Iranicarum, 1,1, Texts 1).

Schwertfeger, T., Der Schild des Archilochos, Chiron 12, 1982, 253–280.

Servais, J., Le 'Colosse' des Cypsélides, AC 34, 1965, 144–174.

Ders., Hérodote et la chronologie des Cysélides, AC 38, 1969, 28–81.

Shipley, G., Samos, Oxford 1987.

Simpson, R.H., A Gazeteer and Atlas of Mycenean Sites (BICS Suppl. 16), London 1965.

Smith, K.F., The Tale of Gyges and the King of Lydia, AJPh 23, 1902, 261–282, 361–387.

Snodgrass, A.M., Early Greek Armour and Weapons, Edinburgh 1964.

Ders., The Hoplite Reform and History, JHS 85, 1965, 110–122.

Ders., Arms and Armour of the Greeks, London 1967.

Ders., Archaic Greece, London 1980.

Ders., Heavy Freight in Archaic Greece, in: (Hrsg.) Garnsey, P., Trade in the Ancient Economy, London 1983, 16–26.

Sordi, M., La lega tessala, Roma 1958.

Spalinger, A.J., Psammetichos, King of Egypt 1, JARCE 13, 1976, 133–147.

Ders., The Date of the Death of Gyges and its historical Implications, JAOS 98, 1978, 400–409.

Starr, C.G., The Decline of the Early Greek Kings, Historia 10, 1961, 129–138.

Ders., The Credibility of Early Spartan History, Historia 14, 1965, 257–272.

Stein, H., Herodot, Berlin 1901–1908.

Streck, M., Assurbanipal 2, Leipzig 1916.

Swoboda, H., Zur Geschichte der attischen Kleruchen, Serta Harteliana, Wien 1896, 28–32.

Szemerényi, O., Etyma Latina, Festschrift Pisani 2, Brescia 1969, 963–994.

Tadmor, H., Tri poslednikh desyatiletiya Assirii, Trudy dvadtsatb pyatogo meshdunarodnogo kongressa vostokovedov, Moskau 1962, 240–241.

Tarditi, G., La nuova epigrafe Archilochea e la tradizione biographica del poeta, PP 11, 1956, 122–139.

Ders., In margine alla cronologia di Archiloco, RFIC 87, 1959, 113–118.

Tarn, Sir William Woodthorpe, Hellenistic Military and Naval Developments, Cambridge 1922.

Tausend, K., Der lelantische Krieg – ein Mythos?, Klio 69, 1987, 499–514.

Ders., Amphiktyonie und Symmachie, Stuttgart 1992.

Taylor, J. du Plat., The Cypriot and Syrian Pottery from Al Mina, Syria, Iraq 21, 1959, 62–92.

Tedeschi, G., La guerra lelantina e la cronologia esiodea, Festschrift Stella, Trieste 1975, 149–167.

Themelis, P.G., ῾Ερετριακά, AE 1969, 143–178.

Ders., An eighth century Goldsmith's Workshop at Eretria, in: (Hrsg.) Hägg, R., The Greek Renaissance of the eighth Century B.C., Stockholm 1983, 157–165.

Thompson, d'A.W., Archilochus, fr. 56, CR 55, 1941, 67.

Thompson, R.C. und Mallowan, M.E.L., AnnArchAnth 20, 1933, 71–186.

Treidler, H., Eine alte ionische Kolonisation im numidischen Afrika – ihre historische und geographische Grundlage." Historia 8, 1959, 257–283.

Treu, M., Archilochos, München 1979.

Vallet, G., Rhegion et Zancle, Paris 1958.

Vanseveren, J., Inscriptions d'Amorgos et de Chios, RPh 68, 1937, 313–347.

Ventris, Michael und Chadwick, J., Documents in Mycenaean Greek, Cambridge 1973.

Wade-Gery, H.T., Hesiod, Phoenix 3, 1949, 81–93.

Ders., The Poet of the Iliad, Cambridge 1952.

Walbank, F.W., A historical Commentary on Polybius, Oxford 1957–1979.

Wallace, W.P., The Demes of Eretria, Hesperia 16, 1947, 115–146.

Warmington, B.H., Carthage, London 1960.

van Wees, H., Leaders of Men? Military Organisation in the Iliad, CQ 80, 1986, 285–303.

Ders., Kings in Combat: Battles and Heroes in the Iliad, CQ 82, 1986, 1–24.

Ders., The Homeric Way of War: The Iliad and the Hoplite Phalanx, G&R 41, 1994, 1–18, 131–155.

Welles, C.B., Royal Correspondence, New Haven 1934.

Westlake, H.D., Rez. von Sordi, M., La lega tessala, CR 74, 1960, 56.

Wilamowitz-Moellendorff, U. von., Panionion, SPAW 1906, 3. Abh, 1[38]-20[57].

Will, É., Korinthiaka, Paris 1955.

Winckler, H., Althistorische Forschungen 1, Leipzig 1897.

Zahrnt, M., Olynth und die Chalkidier, Kiel 1971.

PERSONEN-, ORTS- UND SACHREGISTER

(Wo in diesem Register Örtlichkeiten sowie die dort ansässigen Völkerschaften anzuführen wären, steht der Einfachheit halber nur das Toponym: d.h. für „Rheginer" siehe unter „Rhegion." Zwecks Erleichterung der Alphabetisierung werden griechische Wörter in lateinischer Transliteration angeführt. Hochgestellte Zahlziffern weisen auf Anmerkungen hin.)

Abanten 98f.
aeinautai 27[63]
Agamemnon 136[621]
Agesilaos 114[503]
agon 90, 117
Ägypten 65[272], 67[282], 75, 158[756]
Aigina 147, 150, 157
Aigion 161[769]
Aiolis 53
Aisymnet 125f.
Akadamis 123
Akanthos 48ff., 99[427],124, 129
Akarnanien 151
Akte (chalkidische) 48ff., 148
Al Mina 51f. , 91f., 157f., 28[64]
Alexander 89[393], 115
Alt-Chalkis 39
Alt-Eretria 39ff.
Alyattes 67[281], 126, 129, 133
Amantia (Amanten, Amantini) 57[231 und 232]
Amarynthos 31[94], 41f., 100, 108[472], 109, 118
Ambrakien 151
Ameinokles 90, 144
Amphidamas 23, 28f., 37, 88ff., 117f.
Amphitres (siehe Phitres)
Amurru 69
Anaia 123
Anatolien 68, 70, 72ff., 122[547]
Androklos 126
Andros 28[64], 31ff., 48ff., 91, 99[427], 124, 157
Anthemos 48
Antileon 85ff.
Anton 111
apoikoi 137
Apollon 30[85], 41[150], 42[154], 81, 117, 150, 158[756]
Apollon Lykeios 137[628]
Ardys 67[281], 70, 73[308], 76[320]
Arethusa 26, 143, 161

Argilos 48
Argos 22, 56[226], 59, 88, 104f., 137f. , 147, 150, 161f.
Aristoteles von Chalkis 20, 23f., 111, 145f.
Arkadien 98[421], 161
Artemis 41, 70[296], 100f., 109, 118, zum Beinamen Amarysia 41[149]
Asarhaddon 69
Assesos 125
Assurbanipal 64ff., 73, 75
Assyrien 23[50], 60, 64ff., 68[285], 73ff.
astygeitones 17, 19f.
Athen 17, 21, 31[94], 32[95], 47[169], 84, 86f., 92, 109, 114, 117, 134f., 137f., 140f., 151, 154, 160, 162ff.
Athena 117, 163ff.
Athos (siehe Akte)

Bakchiaden 28, 136, 138f., 144
Bakchios 136[621]
Barka 110
Basileidai (v. Erythrai) 28
basileios stoa 164
Batinetis 121
Bias 103[547]
biltu(-mandattu) 66
Boiotien 39, 115[509], 134, 139, 141f., 151, 160[764], 163f.
Bularchos 70[299]
Byzantion 79, 140[641], 144[667]

Chalkedon 79, 140[641]
Chalkidier auf der Chalkidike 20, 45ff., 111, 145, 151, 160
Chalkidike 45ff., 58, 91
Chalkis (korinthische Kolonie) 143
Chalkodon 42[154], 98
Charicrates 55
Chigi-Vase 105
Chios 16f., 45[159], 119f., 126, 128ff., 148, 150, 158[756]

INDEX ZITIERTER STELLEN

(Dieses Register gliedert sich in vier Teile: griechische und lateinische literarische Quellen, griechische Inschriften, Linear-B-Tafeln, assyrische Quellen. Scholiasten werden als Autoren behandelt. Hochgestellte Zahlziffern weisen auf Anmerkungen hin.)

GRIECHISCHE UND LATEINISCHE LITERARISCHE QUELLEN:

Aeneas Tacticus
15,9	84[364]
16,14	110[480]

Africanus (siehe unter Eusebios)

Agaklytos
FGrHist 411, Fr. 1	82[357], 83[358 und 360]

Ailianos
Fr. 80 Hercher	61
Var. hist. 2,27	110[480]
Var. hist. 6,1	86f., 117, 164

Aischylos
Fr. 703 Mette	26, 100
Prom. 730	68[285]

Alkaios
Fr. 75 Lobel-Page	28[67]
Fr. 296a Lobel-Page	85, 87
Fr. 357 Lobel-Page	26, 100

Andriskos von Naxos
FGrHist 500, Fr. 1	130

Antiochos von Syrakus
FGrHist 555, Fr. 9	54, 148

Anthologia Palatina
14,73	113[495], 161

Ape/ollas Pontikos
FGrHist 266, Fr. 5	82[357]

Apollodoros
Bib. 2,5,9	49, 79
Chronik	67[281], 80[349]

Apostolios
6,17	136[620]
11,10	136[620und621]

Archilochos
Fr. 2 West	97
Fr. 3 West	12f., 23, 59f., 81f., 92, 95ff., 102ff., 106, 116
Fr. 5 West	61, 79, 97
Fr. 14 West	102
Fr. 19 West	61, 63, 80
Fr. 20 West	61, 63, 71, 80
Fr. 34 West	102
Fr. 93a West	79
Fr. 102 West	61[253]
Fr. 105 West	13f.
Fr. 122 West	62, 80, 82
Fr. 216 West	61
Fr. 228 West	61[253]
Fr. 291 West	148
Fr. 295 West	60

Aristoteles
Ath.Pol., 15,2	108[473]
Fr. 98 Rose	20, 145f.
Fr. 168 Rose	130
Fr. 603 Rose	28[66]
Oik. 2,1, p. 1346	83[358]
Pol. 1289b	19f., 108f.
1304a	86
1305b	28[67]
1310b	88[387]
1311b	28[67]
1316a	86
Rhet. 1418	80[348]

Aristoteles von Chalkis
(siehe unter Aristoteles, Fr. 98)

Armenischer Kanon (siehe unter Eusebios)

HISTORIA-EINZELSCHRIFTEN

Herausgegeben von **Heinz Heinen, François Paschoud, Kurt Raaflaub, Hildegard Temporini** und **Gerold Walser**

45. **Robert J. Buck: Agriculture and Agricultural Practice in Roman Law.** 1983.. 59 S., kt. **4040 - 4**
46. **Gerold Walser: Summus Poeniunus.** Beiträge zur Geschichte des Großen St. Bernhard-Passes in römischer Zeit. 1984. 140 S. m. Katalog m. 43 Abb., 18 Taf., kt. **4183 - 4**
47. **Joseph Geiger: Cornelius Nepos and Ancient Political Biography.** 1985. 128 S., kt. **4414 - 0**
48. **Gerold Walser: Via per Alpes Graias.** Beiträge zur Geschichte des Kleinen St. Bernhard-Passes in römischer Zeit. 1986. 97 S. m. 58 Abb. auf 40 Taf., kt. **4541 - 4**
49. **Jack Martin Balcer: Herodotus & Bisitun.** Problems in ancient Persian historiography. 1987. 166 S. m. 7 Taf., kt. **4790 - 5**
50. **Herbert Benner: Die Politik des P. Clodius Pulcher.** Untersuchungen zur Denaturierung des Clientelwesens in der ausgehenden römischen Republik. 1987. 189 S., kt. **4672 - 0**
51. **Giuseppe Zecchini: Il Carmen de bello Actiaco.** Storiografia e lotta politica in età augustea. 1987. 109 S., kt. **4887 - 1**
52. **John F. Drinkwater: The Gallic Empire.** Separatism and Continuity in the North-Western Provinces of the Roman Empire, A. D. 260 - 274. 1987. 276 S., kt. **4806 - 5**
53. **Gerold Walser, Hrsg.: Die Einsiedler Inschriftensammlung und der Pilgerführer durch Rom (Codex Einsidlensis 326).** Facsimile, Umschrift, Übersetzung und Kommentar. 1987. 230 S. u. 8 Taf., kt. **4912 - 6**
54. **Edwin S. Ramage: The Nature and Purpose of Augustus' "Res Gestae".** 1987. 168 S., kt. **4892 - 8**
55. **Peter Herz: Studien zur römischen Wirtschaftsgesetzgebung.** Die Lebensmittelversorgung. 1988. 403 S., kt. **4805 - 7**
56. **Waldemar Heckel: The Last Days and Testament of Alexander the Great.** A Prosopographic Study. 1988. XIV, 114 S., kt. **5092 - 2**
57. **Leonhard Alexander Burckhardt: Politische Strategien der Optimaten in der späten römischen Republik.** 1988. 296 S., kt. **5098 - 1**
58. **Binyamin Shimron: Politics and Belief in Herodotus.** 1989. IX, 126 S., kt. **5240 - 2**
59. **Lukas Thommen: Das Volkstribunat der späten Römischen Republik.** 1988. 287 S., kt. **5187 - 2**
60. **Heinz E. Herzig / Regula Frei-Stolba, Hrsg.: Labor omnibus unus.** Gerold Walser zum 70. Geburtstag dargebracht von Freunden, Kollegen und Schülern. 1989. XVI, 278 S., kt. **4393 - 4**
61. **Raban von Haehling: Zeitbezüge des T. Livius in der ersten Dekade seines Geschichtswerkes:** Nec vitia nostra nec remedia pati possumus. 1989. 248 S., kt. **5117-1**
62. **Martin Frey: Untersuchungen zur Religion und zur Religionspolitik des Kaisers Elagabal.** 1989. IV, 125 S., kt. **5370-0**
63. **Michael Weiskopf: The so-called „Great Satraps' Revolt", 366-360 B.C.** Concerning Local Instability in the Achaemenid far West. 1989. 112 S., kt. **5387-5**
64. **Thomas Grünewald: Constantinus Maximus Augustus.** Herrschaftspropaganda in der zeitgenössischen Überlieferung. 1990. 320 S., kt. **5568-1**
65. **Marinus A. Wes: Michael Rostovtzeff, Historian in Exile.** Russian Roots in an American Context. 1990. XXXI, 106 S., Frontispiz u. 13 Fot. auf 12 Taf. i. Anh., kt. **5664-5**
66. **Edward Dabrowa: Legio X Fretensis.** A Prosopographical Study of its Officers (I-III Centuries A.D.). 1993. 128 S., kt. **5809-5**
67. **Angelika Mette-Dittmann: Die Ehegesetze des Augustus.** Eine Untersuchung im Rahmen der Gesellschaftspolitik des Princeps. 1991. 220 S., kt. **5876-1**
68. **Ralf Urban: Der Königsfrieden von 387/86 v. Chr.** Vorgeschichte, Zustandekommen, Ergebnis und politische Umsetzung. 1991. 203 S., kt. **5924-5**
69. **Stefan Link: Landverteilung und sozialer Frieden im archaischen Griechenland.** 1991. 189 S., kt. **5954-7**
70. **Sigrid Mratschek-Halfmann: Divites et praepotentes.** Reichtum und soziale Stellung in der Literatur der Prinzipatszeit. 1993. IX, 461 S., kt. **5973-3**
71. **Shlomo Berger: Revolution and Society in Greek Sicily and Southern Italy.** 1992. 123 S., kt. **5959-8**
72. **Stefan Rebenich: Hieronymus und sein Kreis.** Prosographische und sozialgeschichtliche Untersuchungen. 1992. 328 S., kt. **6086-3**
73. **Klaus Tausend: Amphiktyonie und Symmachie.** Formen zwischenstaatlicher Beziehungen im archaischen Griechenland. 1992. VIII, 273 S., kt. **6137-1**
74. **William T. Loomis: The Spartan War Fund: IG V, 1 and a New Fragment.** 1992. 84 S., 17 Taf., kt. **6147-9**
75. **Karl Strobel: Das Imperium Romanum im ,3. Jahrhundert'.** Modell einer historischen Krise? 1993. 388 S., kt. **5662-9**
76. **Christopher Tuplin: The Failings of Empire: A Reading of Xenophon.** 1992. 264 S., kt. **5912-1**
77. **Charlotte Schubert: Die Macht des Volkes und die Ohnmacht des Denkens.** Studien zum Verhältnis von Mentalität und Wissenschaft im 5. Jahrhundert. 1992. 200 S., kt. **6228-9**
78. **Joseph Roisman: The general Demosthenes and his use of military surprise.** 1993. 84 S., kt. **6277-7**
79. **Pedro Barceló: Basileia, Monarchia, Tyrannis.** Untersuchungen zu Entwicklung und Beurteilung von Alleinherrschaft im vorhellenistischen Griechenland. 1993. 345 S., kt. **6278-5**
80. **Brian M. Lavelle: The Sorrow and the Pity.** A Prolegomenon to a History of Athens under the Peisistratids, 560-510 B.C. 1993. 147 S., kt. **6318-8**
81. **Wolfgang Leschhorn: Antike Ären.** Zeitrechnung, Politik und Geschichte im Schwarzmeerraum und in Kleinasien nördlich des Tauros. 1993. XI, 576 S. m. 10 Taf., kt. **6018-9**
82. **Uwe Walter: An der Polis teilhaben.** Bürgerstaat und Zugehörigkeit im archaischen Griechenland. 1993. 242 S., kt. **6370-6**
83. **Michael Rostowzew: Skythien und der Bosporus, Band II.** Wiederentdeckte Kapitel und Verwandtes. A. d. Grundlage d. russ. Edition von V. Ju. Zuev m. Kommentaren u. Beitr. übers. u. hrsg. von Heinz Heinen. 1993. VIII, 263 S., 36 Taf. u. 4 Ktn. in Kartentasche, kt. **6399-4**
84. **Julia Sünskes Thompson: Demonstrative Legitimation der Kaiserherrschaft im Epochenvergleich.** Zur politischen Macht des stadtrömischen Volkes. 1993. VII, 103 S., kt. **6415-X**